Walter Hinck · Im Wechsel der Zeiten

Walter Hinck

Im Wechsel der Zeiten

Leben und Literatur

1998

BOUVIER VERLAG · BONN

Die Deutsche Bibliothek – CIP-Einheitsaufnahme

Hinck, Walter:
Im Wechsel der Zeiten : Leben und Literatur /
Walter Hinck. -
Bonn : Bouvier, 1998
ISBN 3-416-02804-X

Umschlaggestaltung: Michael Fischer, Köln. Druck und Einband: Druckerei
Plump KG, Rheinbreitbach. Gedruckt auf säurefreiem Papier.

Inhaltsverzeichnis

Vorspiel: Abende der Kindheit 9

Mit falschem Kompaß versehen

Kleine Papageien in Uniform 17
Auf nach Berlin! 20
Preußens und Hohenzollerns Gloria – im Gegenlicht
Fontanes 25
Freilicht-Spektakel und Film-Glamour 32
Komparse auf der Paradebühne der Reichshauptstadt .. 40
Scherbenhaufen der Reichskristallnacht 44
Das Land ein einziges Lager 47
Das Land braucht auch tüchtige mittlere Beamte 53
... „leben wie ein Gott in Frankreich"? 59

Schmerzliche Lektionen

Zwischen Hamburg und Staraja Russa 69
Lautgestöber aus dem Äther. Die Schreie der Verwun-
deten 74
Reißende Wasser – hinreißende Tänzerin 81
Gerettete Savebrücke. Krieg nach dem Krieg 89
Habsburgs Nachhut. Kriegsgefangenenlager 233 97
Ich Ophelia 102
Hamlet in Belgrad 108
In den Kellern des Kommissars 112
Die Falle schnappt zu 119
Man zeigt mir die Instrumente. Das Urteil 123
Zwangsarbeit 129

Wiedergeboren

Am Ende des Tunnels das Licht und die Freiheit 139
Göttingens Magneten. Helmuth Plessner 144
Die alte Burschenherrlichkeit? 152
Bertolt Brecht 157
Universitätsstreik: Ein Kultusminister muß gehen.
Curd Jürgens dreht einen Film 165

Tribünen der Literatur

Die Leiden des alten Assistenten 173
Glückliche Kieler Sommer 181
Die Aula als Theater. Kölns Universität 184
Kölns Literaturquintett: Böll, Bender, Becker, Brinkmann,
Wellershoff 193
Zwischen wechselnden Freundschaften: Hans Mayer,
Marcel Reich-Ranicki, Walter Jens 207
Die Klagenfurter Literaturarena. Ein neuer Erzähler. ... 215
Theater, Theater 223

Ein Riß vernarbt

„Wo der König / Sah zum letzten Mal Granada" 239
Der chinesische Drache. Towarischtsch Nikolaj und sein
Aufpasser 247
„Inzwischen fallen die Reiche". Im Sturmwirbel um
Günter Grass 258

Für Sigrid

Ohne sie hätten dieses Buch und andere nicht geschrieben werden können.

Vorspiel: Abende der Kindheit

Abende, immer wieder Abende – Abende als Wegmarken der Erinnerung. Gewiß, auch Morgenbilder drängen sich ein: die Rückkehr des Winters im Heimatort, einem niedersächsischen Marktflecken bei Bremen, meine Mutter, die mich am Geburtstagsmorgen aus dem Bett hebt, zum Fenster trägt und auf den frischen Märzschnee zeigt – in der Berliner Schulzeit die Straßenbahnfahrt in der Frühe, von der Sommerwohnung in Karolinenhof nach Grünau, der Blick auf den See und die Regattastrecken der Olympiade von 1936 – das Erwachen auf dem blanken kalten Erdboden nach der ersten Nacht in der Kriegsgefangenschaft, der Aufbruch zu einem langen qualvollen Marsch – das fröhliche Herabsteigen vom Göttinger Hainberg beim ersten Tageslicht, nach dem studentischen Sommerfest – das Hellblau des Himmels im geöffneten Fenster nach dem Weckruf der Vögel, am ersten Morgen in Hoffnungsthal bei Köln. Aber selbst der Morgen des Lebens, die Kindheit, ist prall von Abenden. Nicht zu reden von den Halb- und Wunschträumen vor dem Einschlafen, wo die Phantasie Freikarten für Eisenbahnfahrten ausgab und mir die Fähigkeit zu fliegen bescherte.

Früh fiel der Abend in unsere Fenster ein. Ehe die Sonne unter die gegenüberliegenden Dächer sank, verschwand sie schon im Laub unseres Baums. Lindenbäume paradierten auf der Gegenseite der Straße vor dem Gasthof, der auch Lindenhof hätte heißen können – unser Baum war ein Kastanienbaum. Um die Zeit der Blüte, wenn er seine Kerzen aufsteckte, nannten wir ihn unsern Sommer-Weihnachtsbaum. Im Herbst war Erntezeit für uns Kinder. Wir sammelten die Kastanien, benutzten sie als Wurfkugeln oder als Bastelmaterial für Spielzeug. Der Kastanienbaum war unsere Naturuhr, er zeigte die Jahreszeiten an. Im Sommer gehörte er uns auch am Abend. Ich durfte länger aufbleiben und noch eine Stunde mit den Eltern auf der Bank vor dem Hause sitzen, während die letzten Heuwagen auf dem Pflaster vorüberrumpelten und eine herrliche Duftwolke uns streifte oder während – von meinem Vater verflucht und von mir bewundert – der Geselle des Fahrradschlossers mit seinem neuen Motorrad seine „Braut" spazierenfuhr und mächtig Gas gab, um dem Mädchen zu imponieren und vor den Dorfbewohnern zu prahlen. Manchmal setzte sich unser Nachbar, der Apotheker, zu uns, und wenn einmal seine Tochter dazukam, so konnte mein Vater, bei allem Respekt, nicht an sich halten, wie einen Kehrreim das Lob ihrer schönen Beine zu singen.

Wirklicher Gesang drang an manchem Sommerabend von der Gastwirtschaft herüber, in der mein Vetter Hinrich, der junge Wirt, den *maître de plaisir* spielte, Eier- und Negerkuß-Wettessen veranstaltete, Leute in den April schickte und auch neue Schlagerplatten auf dem Grammophon abdudeln ließ, weil er den Wettstreit mit dem Gasthof zum Vorbeck gewinnen wollte, der ein elektrisches Klavier zu bieten hatte. Viele der kessen Songs aus den zwanziger Jahren, „Ausgerechnet Bananen", „Oh Donna Klara, ich habe dich tanzen gesehn" oder „Am Sonntag will mein Süßer mit mir segeln gehen", sorgten so im Dorf für einen Hauch von großstädtischer Verworfenheit. Die Lieblingsplatte meines Vetters aber war der Schlager, der besonders an lauen Sommerabenden sentimentale Gemüter weichmachen konnte:

Waldeslu-hu-hust, Waldeslu-hu-hust,
Ach, wie einsam schlägt die Brust.
Meinen Vater kenn ich nicht,
Meine Mutter liebt mich nicht,
Und sterben mag ich nicht,
Bin noch zu jung.

Gesungen wurde noch viel damals, aber das Volkslied war kaum noch im Munde des Volkes. Meine Mutter ist wohl keine Ausnahme gewesen, obwohl mir aus der Zeit, da ich mich noch nicht schämte, auf ihrem Schoß zu sitzen, allein ein Lied in Erinnerung geblieben ist, ein Volkslied:

Wenn ich ein Vöglein wär,
Und auch zwei Flügel hätt,
Flög ich zu dir.

An Abenden, wo meine Mutter und ich allein zu Hause waren, gehörte der Gesang zum stillschweigenden Ritual; ich ließ mich nicht ins Bett bringen, bevor ich nicht dieses Lied gehört hatte. Aber meine Mutter sang auch den Tag über, bei der Hausarbeit. Das Lied, von dem sie nicht loskam, war gewiß nicht das stärkste in ihrem Repertoire:

Es war einmal
Ein treuer Husar,
der liebte sein Mädel
ein ganzes Jahr.
Ein ganzes Jahr und noch viel mehr,
die Liebe na-ham keine Ende mehr.

Ihr erster Mann hatte sich im Weltkrieg als Husar den Tod geholt, deshalb hing sie an diesem Lied. Mein Vater, der sich als Witwer die Witwe zur Frau genommen hatte, sah pietätvoll darüber hinweg, daß er den Schlager eigentlich für einen Schmarren hielt. Küchenlieder lernte ich durch das Dienstmädchen des Apothekers kennen. Sie sang auch am Abend in ihrer Kammer, am liebsten:

Ich weiß nicht, was soll es bedeuten,
daß ich so traurig bin;
Ein Märchen aus alten Zeiten,
Das kommt mir nicht aus dem Sinn.

Sie sang es, als sei es ein schmachtender Schlager, sie konnte auch nur ein paar Strophen auswendig; und ich wußte noch nicht, daß es ein Lied von Heinrich Heine war.

Bei einem Lied bin ich nicht sicher, ob ich es in meiner Kindheit wirklich hab singen hören oder ob sich nicht nachträglich zu Bildern der Erinnerung von selbst das Wort und der Klang des Anfangsverses einstellen: „Es dunkelt schon auf der Heide". Außerhalb des Ortes, in der Geestlandschaft, gab es damals noch Heideflächen, die um die Äcker und Wiesen einen losen Gürtel legten. Manche Wiesen gingen auch in Moore über; nicht weit entfernt liegt das große Teufelsmoor (das Künstlerdorf Worpswede war eines der Ziele von Fahrradtouren). Wenn meine Tante, die Gastwirtsmutter, zu Verwandtenbesuchen oder Hochzeiten in Nachbardörfern aufbrach, ließ sie den Kutschwagen anspannen, und fast immer durfte ich mit aufsteigen. Alle Erinnerungen an die Fahrten ziehen sich in wenigen, aber scharf umrissenen Eindrücken von der Rückkehr am Abend zusammen: das gedämpfte Geräusch der Hufe und Räder im Sandweg, dem sogenannten Sommerweg neben der Straße aus Kopfsteinpflaster, der ruhige Gang der Pferde, der den Kutschwagen in eine wiegende Bewegung versetzte, der Widerschein des letzten Abendrots auf der Heide – nie war mir als Kind Arkadien näher als in solchen Augenblicken.

Obwohl ich immer blindes Vertrauen zum Kutscher hatte und obwohl Pferde damals zum ganz normalen Alltag des Dorfes gehörten und ein Sommer ohne die Attraktion des Reiterfestes kein Sommer gewesen wäre, hielt ich doch zu Pferden Distanz. Zwar fand sich später beim Aufräumen von Schränken ein Foto aus der Kindheit, das mich als kleinen „Pöks" hoch zu Roß zeigt, aber die Idee zur Aufnahme stammte sicherlich wieder von meinem immer zu Ulk aufgelegten Vetter; ich mache auf dem Foto auch alles andere als ein glückliches Gesicht und habe offensichtlich nach dem Zügel gegriffen wie nach einem Strohhalm. Und nie spürte ich später Sehnsucht nach den höheren Kavalierswonnen des Reitsports. Das mag mit einem frühen Schreckerlebnis zu tun haben.

Damals waren Dörfer weit davon entfernt, Stätten der Kurzweil zu sein. Gerade erst hatte das elektrische Licht seinen Einzug gehalten. „Petroleums-Abschiedsball" und „Lichtball" lese ich später in Anzeigen zweier Gastwirte in der Ausgabe der Kreiszeitung vom 8. März 1922, dem Tag meiner Geburt. Zerstreuung fanden junge Leute ja weder in Diskotheken noch beim Fernsehen; das Kino hatte noch nicht einmal die Kreisstadt erreicht. Da mußte man sich für die Abende noch etwas einfallen lassen. Und viele Aktivitäten junger Burschen entstanden aus dem Bedürfnis, sich gegenseitig zu übertrumpfen. Zur Advents- und Weihnachtszeit als Knecht Ruprecht oder Weihnachtsmann an die Fenster zu klopfen und in Türen zu treten, zählte noch zu den harmlosen Vergnügen. Die Kinder reagierten auch keineswegs zimperlich, wenn es nicht zu schlimm kam. Das aber geschah am Weihnachtsabend eines der Jahre, wo der Weihnachtsmann für mich noch eine Figur war, mit der meine Phantasie nicht zu Rande kam, so daß ich zwischen Ehrfurcht und Angst schwankte. Wir hatten gerade zu Hause nach Familienbrauch, von meiner Schwester auf dem Klavier begleitet, die Weihnachtslieder gesungen, als sich draußen ein Höllenlärm erhob, ein Gemisch aus Hufegetrappel und bedrohlichem Gebrumme. Eltern und Geschwister, deren Überraschung wohl nicht ganz echt war, nahmen mich fürsorglich in die Mitte und führten mich in den Flur. Plötzlich wurden beide Flügel der Haustür aufgerissen, und draußen sah ich nicht den Mann mit Mantel und Sack, der mir nicht unvertraut erschienen wäre, sondern ein bärtiges Ungeheuer auf einem schnaubenden und sich aufbäumenden, weil selbst erschreckten Pferd. In panischem Entsetzen riß ich mich von der Hand meines Vaters los und floh in die hinterste Ecke des Flurs. Ein gutgläubiges Einverständnis der Eltern war mißbraucht worden.

Etwas wie das Grausen vor einem Apokalyptischen Reiter muß mich damals gepackt haben. Später konnte ich über den Vorfall lachen, glaubte, meine Phantasie sei mit mir durchgegangen – später, nachdem ich dem Kinderglauben Ade gesagt hatte. Dazu gab den letzten Anstoß der Besuch eines Weihnachtsmanns, der schwer an einem riesigen Sack schleppte und plötzlich rücklings in einen Sessel sank. „Au!" und „Verdammter Dübel!" tönte es aus dem Sack, und ich erkannte die Stimme meines Vetters Gustav. Der hatte übrigens recht, den Teufel zu verfluchen, denn der Weihnachtsmann war kein anderer als jener Dorfschreck, den alle nur Jan Dübel nannten.

Die aufregendste Weihnachtszeit fiel in das letzte Jahr, in dem noch alle Geschwister im Hause beisammen waren. Da vorgezeigt werden sollte, was meine Schwester beim Klavierunterricht gelernt hatte, mein Bruder eine angenehme Stimme hatte und ich zur Not mit der „zweiten Stimme" mithalten konnte, studierte mein Vater mit uns ein Lied ein, das ich sehr liebte. Als ich später entdeckte, daß es im Umkreis Kölns und Triers als geistliches Volkslied entstanden ist, war ich in Köln schon heimisch geworden.

> Es ist ein Ros entsprungen
> Aus einer Wurzel zart,
> Wie uns die Alten sungen,
> Aus Jesse kam die Art
> Und hat ein Blümlein bracht
> Mitten im kalten Winter
> Wohl zu der halben Nacht.

Gedacht war unsere Darbietung als Beitrag zu einer Adventsfeier. Aber da sie bei den Zuhörern einschlug, mußten wir sie noch ein paarmal bei anderen Gelegenheiten wiederholen. Ich merkte, daß ich zunehmend Gefallen daran fand, vor ein Publikum zu treten. So verdanke ich dem Lied eine wichtige Selbsterfahrung: die Entdeckung meiner Freude am prickelnden Lampenfieber, am Rollenspiel, an der gebannten Aufmerksamkeit und auch am Beifall anderer.

Mit falschem Kompaß
versehen

Kleine Papageien in Uniform

Aber man hörte im Dorf auch schon andere Gesänge als Schlager und
Volkslieder, Weihnachts- und Kirchenlieder. Die öffentlichen Auftritte des „Stahlhelm" hatten sich so gut wie auf die Gedenkfeiern am
Kriegerdenkmal und auf das Mitsingen der Strophen von Uhlands
„Ich hatt einen Kameraden" beschränkt; die Welfenpartei, die immer
noch – wenn auch mehr deklamatorisch als ernsthaft – an die Wiederherstellung des 1866 von Preußen geschluckten Königreichs Hannover glaubte, hielt ihre Wähler vor allem durch Heimatfeste bei der
Stange; und die Leute vom „Reichsbanner Schwarz-Rot-Gold", die
man gelegentlich sah, kamen alle von auswärts – nur wenige Stimmen entfielen bei den Wahlen auf die Sozialdemokraten, nur zwei auf
die Kommunisten. Mehr und mehr Zulauf aber erhielten die Natio-
nalsozialisten, und unversehens eroberten der Marschtritt und die
Kampflieder der SA die Straße. Mein Vetter Hinrich, der Gastwirt,
stieß rasch zu den Parteigängern – wenn auch vielleicht zunächst nur,
weil er sich von den Nazis am meisten Remmidemmi versprach. Bald
nannte der Volksmund seinen Gasthof das Braune Haus.

Und wieder spiegelt ein Abend die Summe der Erlebnisse, auch
der vergessenen. Es war ein Wintertag; wir waren nach Schulschluß
und Mittagessen zu den Wiesen am Bahndamm geeilt, die oft unter
Wasser standen und bei Frost eine Eisdecke trugen. Da die flache
Landschaft keinen Rodelsport erlaubte, war unser eigentliches Win-
tervergnügen das Schlittschuhlaufen. Wir hatten uns beim Schlei-
fendrehen vor den Augen der Mädchen und beim Eishockeyspiel
mit selbstgeschnittenen Schlägern warmgelaufen. Als wir vor Einbruch der Dämmerung mit roten Backen heimkehrten, öffnete sich
im Braunen Haus ein Fenster, und mein Vetter rief mir zu: „Adolf
Hitler ist Reichskanzler. Heute abend Fackelzug!"

Die Wochenschau- und Filmaufnahmen vom Abend des 30. Januar 1933 in Berlin, vom Fackelzug zur Reichskanzlei, gehören
mittlerweile in Fernseh-Dokumentationen zum meistbenutzten historischen Bildmaterial. Unter den ganz anderen Verhältnissen aber
war die Demonstration der „Machtergreifung" in unserem Dorf
kaum weniger exemplarisch. Die blitzschnelle Umsetzung von Anweisungen der Berliner Propagandazentrale im fernsten Winkel der

Provinz muß alle frappiert haben, die immer noch keinen rechten Begriff von nationalsozialistischer Massenlenkung hatten. Selbst ich, ein naiver Beobachter, war erstaunt über den großen Auflauf. Schleusen schienen sich plötzlich geöffnet zu haben. Menschen, von denen ich es nie vermutet hätte, scharten sich mit den uniformierten Fackelträgern um einen Parteiredner, harrten im Trommelfeuer seiner markigen Parolen aus und stimmten – mitgerissen – ins dreifache „Sieg Heil!" ein, auch die beiden Ortsgendarmen, die sich immer um den Anschein parteipolitischer Neutralität bemüht hatten, aber jetzt mit Hakenkreuzbinden am Ärmel erschienen waren.

Uns Jungen machte die Explosion einer Aufbruchsstimmung mächtigen Eindruck. Schließlich waren wir so unvorbereitet nicht. Als vor ein paar Jahren ein früherer Spielgefährte, Fritz Schmölder, Arztsohn und später in Bremen selber Arzt, an unsere Freundschaft wiederanknüpfte, schickte er mir ein Foto, auf dem ich mich in Reih und Glied mit einer Jungengruppe wiederfinde: Die meisten sind mit einem Holzsäbel bewaffnet, alle tragen einen Papierhelm. Das Soldatenspielen ging weiter, als hätte es die verheerenden Materialschlachten des Weltkriegs nicht gegeben. Nicht alle Väter sahen es unbedingt gern, andererseits galt Pazifismus im Dorf als nicht stubenrein. Vom Soldatenspielen zu den Geländespielen in „Jungvolk" und „Hitlerjugend" führte eine folgerichtige Linie, und so trafen sich bald alle, die mit Holzsäbel und Papierhelm vor dem Fotografen aufmarschiert waren, wieder dort, wo sie ein Käppi, eine Uniform und ein Fahrtenmesser tragen durften.

Unser Bedürfnis, in einer Gemeinschaft aufzugehen, machte uns anfällig für das Versprechen neuer nationaler Größe, unsere Begeisterungsfähigkeit widerstandslos gegen jegliche Verführung der Propagandasprache. Bar jeder historischen Erfahrung, glaubten wir „Pimpfe" bald, die skeptischen Erwachsenen, und seien es die Eltern, belehren zu müssen. Mit Schadenfreude gegen mich selbst habe ich später immer den Vorfall erzählt, bei dem meiner jugendlichen Besserwisserei und meinem Nachplappern von Phrasen ein Denkzettel verpaßt wurde, dessen Treffsicherheit erst ein Jahrzehnt danach voll erkennbar werden sollte. Für den Schaukasten des „Jungvolks" hatte ich einen Anschlag gemalt, auf dem in Großbuchstaben zu lesen war: „Wir sind die Garanten der Zukunft". Das protzige Plakat hing nur einen Tag. Über Nacht hatte jemand das Wort

18

„Garanten" durchgestrichen und „Granaten" darübergeschrieben. Volkes Witz war boshaft, aber er saß.

Doch waren wir Pimpfe eben Papageien, in jeder Beziehung Unreife, die eine Uniform zu kleinen Wichtigtuern machte. Im übrigen hatten wir an den Zeltlagern und den Geländespielen auch wirklichen Spaß; unter dem Hitlerjungen steckte der Pfadfinder. Und wie sollten wir uns der Faszination von Liedern entziehen, die zum Teil schon in der Jugendbewegung und der sozialistischen Jugend gesungen worden waren, wie der Faszination des Gemeinschaftsgesangs an Lagerfeuern?

Bei den Abendfeiern mit Fackelglanz und manchmal auch bei den Lagerfeuern schauten wir Jungen aber nicht nur ins Licht oder in die Sterne, sondern auch auf die Gesichter der „Jungmädel", die mit im Kreis standen oder saßen. Das Nebeneinander von Jungen und Mädchen, in der Schule ganz selbstverständlich, war an solchen Abenden der Normalität entrückt; ein geheimer Stromkreis entstand, dessen Spannung auch beim gemeinsamen Nachhausegehen noch vorhielt. Vom Feuerschein und vom Gemeinschaftserlebnis ging auch erotische Verzauberung aus. Wenngleich sie sich bei uns noch eher in kindlicher oder linkisch-verlegener Haltung als im Verlangen nach Berührung äußerte – die magnetische Anziehung war da.

In einem Dorf, aus dessen Straßenbild und Alltag damals die Landwirtschaft noch nicht verdrängt war – in den niedersächsischen Bauernhäusern, von denen noch einige standen, lebten Menschen und Tiere tagsüber in einem großen Raum zusammen –, brauchte man als Kind auf alles, was mit Geschlecht und Fortpflanzung zusammenhängt, nicht eigens aufmerksam gemacht zu werden. Nur gab es Schwierigkeiten und Hemmungen, solche Beobachtungen auf die Beziehungen der Menschen und auf sich selbst zu übertragen. Daß etwas Irritierendes von Mädchenbeinen und -röcken und dem mehr und mehr sich abzeichnenden Busen von Mitschülerinnen ausging, beunruhigte mich zunächst nicht, machte mich aber bald doch neugierig. Genau genommen: die Neugier wurde erst durch meinen – sechs Jahre älteren – Bruder geweckt, der anscheinend schon über erstaunliche Erfahrungen verfügte. Wenn wir zusammen in einem Zimmer schliefen, was nur ausnahmsweise geschah, wurden die Abende zur Frage- und Aufklärungsstunde, und das Eingeweihtwerden hatte einen vorher nie gekannten süßen

Reiz des Verbotenen. Und was mir mein Bruder vom anderen Geschlecht berichtete, von eigenen Erkundungen, war so abenteuerlich, daß ich atemlos lauschte, aber doch nicht alles für bare Münze nahm.

Auf nach Berlin!

Der erste schöne warme Frühlingssonntag im Jahr 1937. An solchen Tagen griff mein Vater zum Stock, nicht zu dem, der lange Zeit auf dem Küchenschrank in Wartestellung gelegen hatte – mehr der Warnung als des Gebrauches wegen –, sondern zum Spazierstock. Er hatte eine ganze Sammlung von Spazierstöcken, einer davon trug eine Plakette mit dem Ortskennzeichen Davos. Als seine erste Frau an Lungentuberkulose gestorben war, stellte man auch bei ihm einen Schatten auf der Lunge fest und verordnete ihm eine Kur in Davos, wo er allerdings in keinem Sanatorium Berghof und bei keinem Hofrat Behrens Patient war, sondern in einer bescheidenen Pension lebte, dafür aber den Kurort rechtzeitig und im Unterschied zu Hans Castorps Vetter als geheilt verließ. Während des Frühlingsspaziergangs, zu dem mein Vater mit uns aufbrach, sollte etwas beraten und endgültig entschieden werden. Aus Berlin war eine Einladung, ein Angebot meines Onkels Hermann eingetroffen.

Ich war fünfzehn Jahre alt geworden und hatte bis dahin die Mittelschule der Kreisstadt besucht. Wollte ich das Abitur machen, mußte ich jetzt die Schule wechseln. Ein Gymnasium in Bremerhaven hielt eine Freistelle für mich bereit. Damit war einiges, aber nicht genug gewonnen. Für Zimmermiete und Unterhalt in Bremerhaven fehlte das Geld.

Mein Vater hatte sich in den zwanziger Jahren mit einem Grundstückskauf übernommen und war von der Wirtschaftskrise in doppelter Weise überrumpelt worden. Den kleinen Gewinn, den die Schneiderwerkstatt mit zwei Gesellen abwarf, fraßen die Schulden. Überhaupt war mein Vater kein Mann mit Sinn für das Wirtschaftliche (um so mehr mußte meine Mutter mit dem Pfennig rechnen). Ihm lag eher das Künstlerische als das Ökonomische. Er spielte zwei Instrumente (Trompete und Schlagzeug). Immer unvergeßlich geblieben ist mir der Tag, an dem wir unser erstes Radio bekamen. Wir hörten abends vom Sender Hilversum ein Oboenkonzert, und am Ende sagt mein Vater nur: „Wer bei solcher Musik sterben könnte!" (Ich erinnere mich an diesen Wunsch auch deshalb so genau, weil die Wirklichkeit des Todestages ihm so sehr widersprechen sollte.) Ein Orchestermusiker wäre mein Vater gern geworden, und man steckte ihn auch während des Ersten Weltkriegs in die Militärkapelle des Standorts Minden, aber von den Umständen und der Ausbildung her blieben ihm die höheren Weihen der Musik verwehrt. Alles blieb brotlose Kunst. Auch von den „Segnungen" jener Maßnahmen, durch die Hitler, wie es hieß, „die Arbeitslosen von der Straße" holte, wurde meinem Vater nichts zuteil. Dabei hatte er sich durchaus, vom Aufbruchsrausch des Jahres 1933 mitgetragen, zunächst einen Aufschwung in den eigenen Verhältnissen erhofft. Aber schon früh begann auch eine Warnglocke in ihm zu schlagen. Ihm war die Diktatur und vor allem das Gehabe ihrer kleinen Statthalter in der Provinz verdächtig und bald zuwider. Er hielt mit seiner Meinung, auch in den Gastwirtschaften, nicht hinter dem Berg, nicht einmal dort, wo mein Vetter hinter der Theke stand. Nun war Vetter Hinrich zwar kein Demokrat, aber auch kein Denunziant; hinterbracht wurden die despektierlichen Reden den Ortsgrößen der „Kampfverbände" und der Partei von anderen. Und eines Sonntagmorgens erschien ein ortsbekannter Faulpelz, der sein Fortkommen in der SS suchte, in unserem Haus und verlangte eine Entschuldigung.

Also die „nationale Erneuerung" Deutschlands trug zur Verbesserung unserer wirtschaftlichen Lage nichts bei. Daß die Freistelle am Gymnasium in Bremerhaven für mich ein Tor zur Zukunft war, das sich nicht öffnen wollte, machte meinen Vater trauriger als mich; ich begriff noch nicht, was auf dem Spiel stand. In diesem Augenblick erschien wie ein – es läßt sich nicht besser sagen – *deus ex machina* mein Onkel Hermann, genauer sein Brief aus Berlin.

Mein Onkel war unter sechs Geschwistern das Nesthäkchen, der Benjamin gewesen, von den Brüdern wie den Schwestern geliebt, so daß alle dazu mithalfen, daß er über den Rand der Dorf- und Elementarschule hinausblicken konnte. Sein Berufsweg hatte ihn ins Bankfach und nach Berlin geführt, seine Tüchtigkeit in eine ansehnliche Position mit schönen Aussichten. Insofern war er ein Gegen-

stück zu meinem Vater. Beide aber hatten einen Hang zur Unangepaßtheit. Zwar fühlte sich mein Onkel in seiner Bank nicht als ein
„Knecht des Kapitals", aber er war in zu kargen Lebensverhältnissen
aufgewachsen, um sein soziales Gewissen im Dorf zurückzulassen.
Kurz, er war der SPD beigetreten. Das brachte ihn im Jahr 1933 in
die Lage der doppelten Unangepaßtheit. Er wurde kaltgestellt, weil
er nicht daran dachte, nach dem Verbot der SPD die Flucht nach
vorn an- und in die NSDAP einzutreten. Er wurde, immerhin noch
als Filialleiter, in die Berliner Provinz geschickt, nach Adlershof.
Seine Ehe, mit Tante Martha, war kinderlos geblieben. Dies hatte
für die zahlreichen Nichten und Neffen Onkel Hermanns, zumindest für die älteren, durchaus seine erfreuliche Seite. Die Berliner
Wohnung wurde zum beliebten Anlaufpunkt, so daß in der zweiten
Generation der Großfamilie ein Berlin-Besuch als obligatorische
Bildungsreise galt. Meine Schwester Annelise hatte sogar eine Zeitlang in Berlin gearbeitet.
   So völlig unvorbereitet traf uns also der Ruf aus Berlin nicht. Nie
hat später mein Onkel über seine Beweggründe gesprochen, aber es
waren wohl Familiensinn und der Wunsch, eine Dankesschuld zu
begleichen, die ihn dazu brachten, mich für eine Zeitlang sozusagen
an Sohnes Statt anzunehmen. Denn darauf lief das Angebot im Brief
hinaus. Er hatte sogar schon meine Aufnahme in die Albrecht-Dürer-Schule vorbereitet. Die Hand war ausgestreckt, wir brauchten
nur einzuschlagen.
   Meinem Vater merkte man, als er den Brief las, das Aufatmen,
die Befreiung an. Zu Überlegungen war nicht viel Zeit; die Oster-
ferien hatten schon begonnen, der Anfang des neuen Schuljahres
stand unmittelbar bevor. Wie für meinen Vater gab es für mich kein
Wenn und Aber, allerdings lockte mich weniger das Abitur als das
Abenteuer: Meine Neugier auf Berlin, auf die Hauptstadt, war geweckt. Die Bedenken kamen von meiner Mutter. Ihr verdunkelte
wohl die österliche frohe Botschaft aus Berlin plötzlich den Hori-
zont, der ihre bisherigen Vorstellungen von meinem weiteren Leben
bestimmt und auch begrenzt hatte. Im übrigen war ich nun einmal
das einzige Kind aus der zweiten Ehe, ihr einziges leibliches Kind.
Und dieses Kind sollte jetzt dem Moloch, in dessen Gestalt ihr Berlin erschien, überlassen werden. Eine andere Furcht kam hinzu. Ihr
waren an meinem Vater die Züge des musikmachenden Dorfbohe-

miens im Innersten fremd, ja unheimlich – und tatsächlich bereitete nur ihr die Sorge, wie die Familie über die Runden zu bringen sei, schlaflose Nächte. Sie pflegte ihre Verachtung männlicher Unsolidität in dem Wort „Lebemann" zusammenzufassen. Wo aber konnte die Verführung größer sein als in Berlin? Kurz, sie sah mich schon als einen künftigen Berliner „Lebemann".

Die Entscheidung, die der Frühlingsspaziergang bringen sollte, stand im Grunde schon fest; es gab aber für meinen Vater und mich noch Überzeugungsarbeit zu leisten. Wir bogen von der Straße in einen Feld- und Waldweg ein, und meine Mutter ging einen schweren Gang. Immer wieder rührt mich in der Erinnerung ihre schließliche Hilflosigkeit und ihr letzter Versuch, mich zu ködern, sich an die Hoffnung auf einen dankbaren Sohn zu klammern: „Haben wir denn nicht gerade erst das Radio bekommen, das du dir so sehr gewünscht hast?" Die trockene Antwort meines Vaters, ein Radio habe der Onkel in Berlin auch und außerdem sei ich da dem Sender viel näher, brach den Widerstand. Meine Mutter wurde schweigsam, und mein Vater und ich hatten Gott sei Dank Takt genug, nicht in der Triumphstimmung von Siegern heimzukehren.

Als wir zu Hause ankamen, hatte sich der tätige Sinn meiner lebenstüchtigen Mutter schon auf die neue Situation eingestellt und alte Energien neu mobilisiert. Nun wurde sofort die Reise und Übersiedlung nach Berlin geplant, überlegt, was in die Koffer hineinmußte und was hineinpaßte, Einigkeit darüber erzielt, daß ich noch eine neue Hose brauchte – und es gab auch keinen mütterlichen Protest, als mein Vater kurzweg bestimmte: „Der Junge kriegt Knickerbockers!"

In diesen Knickerbockers stand ich, kaum eine Woche später, in der Frühe neben meinen Koffern auf dem Bahnhof, nun doch etwas beklommen – zu rasch hatte sich die große Wendung der Dinge vollzogen. Mein Vater, der meine Unsicherheit spürte, rühmte noch einmal meine Chance, nun „in die Welt" hinauszukommen. Meiner Mutter mochten andere Gedanken durch den Kopf gehen. Drei Jahre zuvor, im März 1934, hatte Hitler die Allgemeine Wehrpflicht wiedereingeführt, und seitdem standen am Tag des „Einrückens" in die Kaserne die jungen „Gemusterten" in der Frühe mit ihren Koffern (Pappkoffern) auf dem Bahnsteig wie jetzt ich. Nun rückt, mag meine Mutter gedacht haben, der arme Junge nach Berlin zur Schule ein.

Als das Taschentuch, das sie zum Winken und zum Abwischen der Tränen bereitgehalten hatte, meinen Blicken entschwunden war, fiel ich für einen Moment in die Leere. Ich war noch nie zu einer längeren Reise aufgebrochen, und schon gar nicht allein. Jetzt verließ ich endgültig eine überschaubare, im Ablauf ihrer Gewohnheiten ganz berechenbare Welt, und das Ziel, der Riesenschauplatz eines ungewissen Abenteuers, lag noch eine lange Tagesreise entfernt. Der Zug brachte mich nach Visselhövede, zur Eisenbahnstrecke Bremen-Berlin mit ihren wichtigsten Stationen Soltau und Uelzen in der Lüneburger Heide, Salzwedel und Stendal in der Altmark und Rathenow im Havelland.

Diese Orte sind rasch aufgezählt, nicht aber die unendlich vielen kleinen Stationen, die dazwischen lagen. Denn selbstverständlich kam nur die billigste Beförderungsart, der Personenzug und die dritte Wagenklasse, in Frage. Mir wurde die Fahrt im „Bummelzug" nicht einen Augenblick langweilig; ich erlebte sie als einzige Sightseeing-Tour. Und die Wegzehrung war so nach meinen Wünschen ausgesucht, als hätte ich eine letzte, eine Henkersmahlzeit bestellt. Dabei fuhr ich gerade jetzt erst richtig ins Leben hinein.

Berlin begrüßte mich, es war schon später Abend, mit Lichtergirlanden. Empfangshalle für die Reisenden aus dem Nordwesten und Westen war der Lehrter Bahnhof. Eine Minute lang vielleicht stand ich verloren auf dem Bahnsteig, dann hatten mein Onkel und meine Tante mich gefunden. Für einen Augenblick lang stutzte mein Onkel, ein hochgewachsener Mann. Und ich wußte, warum. Obwohl ich offensichtlich in den Körpermaßen meiner kleinen und zarten Mutter nachschlug und Onkel Hermann keinen Riesen erwartete, muß ihn mein Anblick doch für den Bruchteil einer Sekunde verwirrt haben. Und ich fühlte mich schuldig: Ich hätte wirklich zwischen dem zehnten und dem fünfzehnten Jahr ein wenig mehr zulegen sollen. So tat nun ein kleiner Schüler seinen ersten Schritt ins große Berlin.

Wir fuhren mit der S-Bahn zum Bahnhof Hermannstraße in Neukölln. Das war die nächstgelegene Station zur Wohnung in der Hertastraße. Die S-Bahn rumpelte und schepperte schon damals auf unverwechselbare Weise; es war für mich das Willkommenslied Berlins, wurde zu einem ganz und gar vertrauten Geräusch und weckt noch heute bei Besuchen heimatliche Gefühle.

Als wir die Koffer im Gästezimmer, das nun ganz mir gehören sollte, abgestellt hatten, sagte mein Onkel: „Jetzt wird erst einmal ein kräftiges Abendbrot genommen." Er sagte es von seiner Höhe mit Bestimmtheit zu mir herab, als wollte er mir bedeuten: Jetzt wird aber endlich mit dem Wachsen Ernst gemacht! Da ich von meiner Mutter mit Proviant versorgt war, als ginge die Fahrt nicht nach Berlin, sondern nach Sibirien, hatte ich noch reichlich von dem Überschuß, den man „Hasenbrote" nennt, und beteuerte, keinen Hunger zu haben. Da kannte ich aber nun Tante Martha schlecht. „Ein Junge in deinem Alter hat immer Hunger." Sie schlug ein paar Spiegeleier in die Pfanne, das war ihre Art von Inbesitznahme. Als ich dann in der Tat mit Appetit meine erste Lektion geschluckt hatte, genoß sie ihren Triumph und blickte so zu Onkel Hermann hinüber, als wollte sie sagen: Den Jungen kriegen wir schon hin!

Preußens und Hohenzollerns Gloria – im Gegenlicht Fontanes

Am nächsten Tag ließ ich mir den Weg zur Schule zeigen, und am Morgen darauf stand ich vor dem Direktor. Er geleitete mich in meine Klasse und stellte mich meinen neuen Mitschülern vor, die allesamt schon jahrelang zusammen waren.

Günter de Bruyn, ein jüngerer Mitschüler in der Albrecht-Dürer-Schule (kennengelernt haben wir uns erst 1991 im Darmstädter P.E.N.-Präsidium), hat im ersten Teil seiner Autobiographie, „Zwischenbilanz. Eine Jugend in Berlin" (1992), den ergrauten Oberstudiendirektor Dr. Sachrow als einen Mann beschrieben, der im Krieg bei Siegesfeiern in strammer Haltung knappe vaterländische Reden hielt, Hitler und seine Partei dabei allerdings auszusparen pflegte. Der Historiker Sachrow war, obwohl national gesinnt, kein Nazi, sondern ein Preuße, genauer: eine Art Lordsiegelbewahrer der brandenburgisch-preußischen Dynastiegeschichte. Ausgerechnet dieser Hohenzollerntümelei verdankte ich später, aus Gründen, die noch zu erklären sind, ein besonderes Wohlwollen meines Direktors. Daß er mich von Anfang an etwas unter seine Fittiche nahm, hing wohl mit seinen eigenen Erfahrungen zusammen: Er war aus der Provinz nach Berlin gekommen und konnte sich vorstellen, was mir in der Klasse bevorstand.

Da meine Mitschüler keine genaueren Vorstellungen von der geographischen Lage meines Heimatorts hatten, schlugen sie ihn einfach der Lüneburger Heide zu, die ihnen, aus der nach 1933 obligatorisch gewordenen „Germanenkunde", zumindest durch ihre Hünengräber bekannt war. Wäre ich wirklich ein Hüne gewesen oder wenigstens ein hervorragender Handballspieler (in den Sportstunden im Freien wurde Feldhandball gespielt, nicht Fußball), ich hätte mir leicht Respekt verschafft. Aber da ich allenfalls als Schrumpfgermane durchging und beim Handball wohl mit Flinkheit aufwartete, nicht aber mit Wurfstärke, konnte ich durch nichts imponieren. Ohnehin hätte es jeder Neuling in der Klasse schwer gehabt. Und nun erst dieser Zugereiste aus der niederdeutschen Provinz!

Tatsächlich war der Tonfall oder doch die Klangfarbe der niederdeutschen Aussprache des Hochdeutschen mein größtes Handicap. Ich sprach ein hartes, rollendes R und das St wirklich als S-t. Dieses S-t mögen später Politiker wie der Bundeskanzler Helmut Schmidt oder der Fernsehjournalist Günter Gauß höchst wirkungsvoll kultiviert haben – unter berlinernden Mitschülern aber s-tolperte ich s-tändig über diesen S-tein des Ans-toßes, war ein Anlaß zu immer neuer Gaudi.

Abwarten, bis sich der Spaß endgültig erschöpft hätte, wollte ich nicht. Und so nahm ich bei meinen Mitschülern einen Schnellkurs im Berlinern. Nie zuvor und nie wieder habe ich etwas mit solcher Behendigkeit gelernt. Bald stellte ich auf dem Schulhof jeden meiner Lehrmeister in den Schatten, als Außenseiter allenfalls noch kenntlich durch eine theatralische Überakzentuierung, aber auch dieses Überberlinische von Schmieren- und Provinztheatern verlor sich rasch. Nur in einem Falle hatte ich keinen Grund, meine sprachliche Herkunft zu verbergen, zog sogar Vorteile aus ihr: im Englisch-Unterricht. Obwohl meine Eltern mit uns Kindern nur Hochdeutsch sprachen, beherrschte ich das Plattdeutsch – damals noch die Verkehrssprache des Dorfes. Das Plattdeutsche hat mit dem Englischen Klangähnlichkeit nicht nur durch das S-t, sondern auch durch seine Art zu diptongieren, Vokale zu Doppellauten zu dehnen. Mit diesem Pfund konnte ich wuchern. In englischer Aussprache war ich der Klassenmeister.

Paradoxerweise wurde ich es auch auf einem Gebiet, wo mir meine Mitschüler alles voraushatten: in der „Berlinkunde". Eines der wenigen Fotos aus der Schülerzeit, die sich erhalten haben, zeigt ein Gesicht, in dem vor allem die Neugier in den Augen auffällt. Ja, ich war seit meinem ersten Tag in Berlin geradezu besessen von Neugier und Wißbegier. Mein Vater hatte recht gehabt: Ich fühlte mich, und zwar erst jetzt, „in die Welt" versetzt. Nicht nur hatte ich hier in Berlin sozusagen einen zweiten Vater und eine zweite Mutter gefunden – ich war tatsächlich wie neugeboren. Und die großen Entdecker und die Siedler der Pionierzeiten können sich nicht mit mehr Elan ins unbekannte neue Land gestürzt haben als ich jetzt in die Stadt Berlin mit ihrer steingewordenen Geschichte.

Den ersten Wegweiserdienst ließ sich mein Onkel nicht nehmen, er fuhr mit mir zu den Punkten in der Innenstadt, von denen aus sich Exkursionen lohnten. Alle weiteren Erkundungen unternahm ich dann allein; stundenlang war ich zu Fuß unterwegs. So wurde die Stadt zwischen dem (seit dem Kriegsende und der Teilung Deutschlands verschwundenen) Potsdamer Bahnhof und dem Alexanderplatz, dem Tiergarten und dem Kurfürstendamm buchstäblich erwandert. Zur ersten Pflicht erklärte mir mein Onkel natürlich die Allee „Unter den Linden". Ich habe später, zumal im Streit um die Frage, ob Bonn Regierungssitz der Bundesrepublik bleiben oder Berlin wieder Hauptstadt werden solle, diese Straße gegen das Vorurteil von Berlin als dem Hort des preußischen Militarismus ins Feld geführt. Man wird in Europa und der Welt keine Repräsentationsstraße finden, in der sich neben den Palais und den Bauten des Staatsdienstes so eindrucksvoll Oper, Universität und Staatsbibliothek, also Wahrzeichen der Kultur, behaupten. Wer sich nur an das Preußen des Soldatenkönigs hält, übersieht das Preußen der großen Baumeister und eines Wilhelm von Humboldt.

Die Nachbarschaft von Kunst- und Residenzwahrzeichen fand ich auch im nördlichen Teil der Insel zwischen den Spreearmen wieder, im Schloß am Lustgarten und in den Museen der Museumsinsel, unter denen mich das Pergamonmuseum besonders faszinierte, weil mir hier die bloße Sage von einer vergangenen Hochkultur endlich zur Anschauung wurde. Und immer wieder zog es mich, sozusagen im Vorübergehen, zum Schauspielhaus am Gendarmenmarkt. Ich konnte mir nicht erklären, warum ich lieber hier stand als vor dem Opernhaus am Opernplatz. Es kann nicht nur Schinkels, des Erbauers, und schon gar nicht der klassizistischen Form wegen gewesen sein. Mir ist allgemein das Schauspieltheater unendlich viel wichtiger geworden als das Operntheater. Vielleicht war schon Vorahnung, eine Art Vorentscheidung im Spiel.

Abseits kultureller Zentren großgeworden, hatte ich einen wahren Kunsthunger mit nach Berlin gebracht. Aber ebenso groß war meine historische Wißbegier. Daß diese nun in Berlin von den Zeugnissen vor allem der brandenburg-preußischen Geschichte befriedigt wurde, war eher Zufall, hatte nichts mit einem anerzogenen oder geweckten Borussentum zu tun. Meine historische Neugier wäre sicherlich an den Stätten der Antike und der Renaissance in Rom nicht geringer, eher größer gewesen. Andererseits hatte natürlich der bisherige Unterricht in Nationalgeschichte, auch in der Provinz Niedersachsen, dem ehemaligen Königreich Hannover, für einen klaren Vorrang des Preußischen gesorgt. Und wo es noch an eindeutigen Wegmarken mangelte, da setzte sie nun Direktor Sachrow, der überhaupt nicht unglücklich war, wenn einer der Geschichtslehrer ausfiel, weil er darauf brannte, Vertretungsstunden zu geben. Auch Vertretungen in anderen Fächern münzte er in Geschichtslektionen um.

Günter de Bruyn hat das Steckenpferd Dr. Sachrows wunderbar skizziert, sein methodisches Geschick, von den in Berlin sichtbaren Zeugnissen auszugehen, bestimmte Zahlenreihen als Sprungschanze in die Geschichte zu benutzen und die Hohenzollern aus wirtschaftlichem und militärischem Wettstreit immer als Sieger hervorgehen zu lassen. Es konnte nicht ausbleiben, daß solche Geschichtsstunden mir auf meinen Stadtwanderungen manchen Wiedererkennungseffekt bescherten, andererseits auch die Routen von vornherein bestimmten.

Und überall auf diesen Routen kündeten die Denkmäler und Hallen von Preußens und Hohenzollerns Glanz und Gloria: seien es die Standbilder auf den öffentlichen Plätzen, im Tiergarten oder auf den Brücken (eine der auffälligsten Ausnahmen war die Potsdamer Brücke mit den Standbildern von Siemens, Helmholtz, Röntgen und Gauß), seien es die Quadriga auf dem Brandenburger Tor oder die Siegessäule, die Hitler vom Königsplatz (dem heutigen Platz der Republik) zum Großen Stern versetzen ließ, weil er einen markanten Blickfang für seine monumentale Ostwestachsen-Straße brauchte. Geradezu eine Zusammenballung von Ruhmeshallen war an der Straße „Unter den Linden", neben der Neuen Wache, das Zeughaus.

Dieses Museum der brandenburgisch-preußischen Geschichte, mit seinen Waffen- und Geschützsammlungen, seinen Herrscher- und Feldherrenhallen, hatte etwas von einem Beinhaus. Nur durch anlaßgebundene Ausstellungen kam in seine Gruftatmosphäre gelegentlich etwas frische Luft. Aber das Zeughaus bot eben Geschichte für die Augen. Sehr bald übertraf ich mit meinen stadtgeographischen und historischen Kenntnissen meine Mitschüler. Ihnen war, weil sie ohnehin hier zu Hause waren, Berlin keine Wanderung wert. Direktor Sachrow, dem meine Fortschritte in der Berlinologie und Borussologie nicht verborgen blieben, quittierte seine offensichtlichen Lehrerfolge mit Genugtuung, sah mich vielleicht sogar als einen Proselyten. Aber ein Bekehrter, ein Borussomane war ich keineswegs geworden. Ich war nicht wie er mit dem Herzen bei der Sache. Die brandenburgisch-preußische Historie bot nur die nächstliegenden Gelegenheiten zur Geschichtserkundung.

Dennoch habe ich für Dr. Sachrow immer mehr Achtung empfunden als für meinen ersten Berliner Geschichts- und Deutschlehrer Dr. Claus (ich bin nicht einmal sicher, ob meine Erinnerung an den Namen genau ist). Claus war Soldat im Weltkrieg gewesen, Reserveoffizier, und man hatte immer den Eindruck, daß er viel lieber Major oder Oberst im Generalstab geworden wäre als Studienrat im Schuldienst. Der 21. März 1933, der „Tag von Potsdam", an dem Hitler und Hindenburg sich in der Garnisonkirche die Hand reichten, war für ihn zum Symbol und zum Appell geworden, sich als Deutschnationaler nun ganz dem Genie des „Führers" anzuvertrauen. Er war Verfechter einer großdeutschen Ideologie, aber seine Vorstellung von Großdeutschland ging über die großdeutsche Idee des 19. Jahrhunderts weit hinaus.

Ein Bild hat sich mir dauerhaft eingeprägt. Ich sehe ihn nach dem Einmarsch der deutschen Truppen in Österreich, nach dem „Anschluß" im März 1938 vor der Klasse an der entrollten Karte von Europa stehen. Er vollzieht mit einer Handbewegung noch einmal die Eingliederung Österreichs, um dann mit einer Armbewegung die Tschechoslowakei einzuschließen und mit einer weiteren Gebärde nach Polen und der Ukraine vorzustoßen. Die folgenden Jahre sollten zeigen, daß Osteroberungspläne wie diese keine bloßen Sandkastenspiele blieben. Dr. Claus meldete sich bei Ausbruch des Zweiten Weltkriegs sofort freiwillig zur Armee zurück.

In Dr. Sachrow und Dr. Claus begegneten mir also zwei Vertreter deutschnationaler und preußischer Prägung, die nach 1933 getrennte Wege gingen. Ich bekam aber auch eine Vorstellung, zumindest eine Ahnung von einer ganz anderen Spielart von Preußentum, und zwar durch eine Begegnung auf einem der Schulausflüge in die Mark Brandenburg. Ziel waren Rheinsberg und Neuruppin. Zunächst besichtigten wir Schloß Rheinsberg. Erinnert wurde an den Konflikt zwischen Friedrich Wilhelm I. und dem Kronprinzen und mit einigen dunklen Andeutungen an das Freundschaftsverhältnis des jungen Friedrich zum Leutnant von Katte, an dessen Hinrichtung vor den Augen des Kronprinzen, in Küstrin am 6. November 1730. Alles dies gab Anlaß zu einigen Abschweifungen zum Vater-Sohn-Konflikt im deutschen Drama. Hellere Seiten bot uns die Lektion zur Geschichte Rheinsbergs als Residenz des Kronprinzen, der bald das Schloß umbauen und Park und Gärten anlegen ließ, zumal durch Knobelsdorff. Wir genossen den Blick auf den Rheinsberger See, fuhren nach Altruppin, um uns hier an einem weiteren märkischen See zu erfreuen, auf einem Spaziergang entlang am Ruppiner See, von Altruppin zum drei Kilometer entfernten Neuruppin.

Von 1732 bis zur Thronbesteigung im Jahre 1740 war Friedrich II. Regimentschef in Neuruppin. Da sich das „Dritte Reich" als Vollendung eines preußisch geprägten Deutschen Reiches, Hitler als Erbe auch Friedrichs des Großen verstand, gehörte schon aus diesem Grunde ein Besuch in Neuruppin zum Pflichtpensum der Schule. Doch war Friedrich nur die eine Seite der Medaille Neuruppin (im übrigen hatte sich unser Bild Friedrichs des Großen ganz an Otto Gebührs Kinogestalt im Film „Der Choral von Leuthen" und damit am Schlachthelden des Siebenjährigen Krieges ausgerichtet). Die andere Vorzeigefigur Neuruppins war ein Sohn der Stadt, der Apothekersohn Theodor Fontane.

Der Romanautor Fontane hatte seine Renaissance erst nach dem Zweiten Weltkrieg. Was den Schriftsteller dem Literaturkanon der Schule im „Dritten Reich" empfahl, waren seine Balladen, zumal

30

seine frühen zur preußischen Geschichte der friderizianischen Zeit und der Befreiungskriege („Schill"). Denn sie verknüpften den Heldenbegriff noch mit dem Soldatischen. Was allerdings seine Preußenbilder für das Soldatenidol der nationalsozialistischen Erziehungspolitik problematisch machte, war die Darstellung menschlicher Bedingtheiten friderizianischer Helden. So folgt Fontanes Lied vom „alten Derffling" dem Aufstieg Dörflingers vom Schneider zum Feldherrn, setzt aber gegen die glänzende militärische Karriere den stillen Tod des kranken Greises. Daß der alte Dörflinger statt des Säbels einmal die Nadel führte, bleibt unvergessen. Solche anekdotische und humoristische Darstellung roch den Nazis gefährlich nach „Demokratismus". Humaner Gesinnung verdächtig war zwar die späte Ballade „Herr von Ribbeck auf Ribbeck im Havelland", aber zumindest im Berlin-Brandenburgischen machte ihr Heimatkolorit sie unangreifbar.

Auf unserem Schulausflug wurde in Neuruppin eine Pause eingelegt, in der sich jeder nach Belieben bewegen konnte. Zu zweit nahmen wir Platz auf einer Bank in der Nähe des Seeufers, auf der schon jemand saß, ein Mann um die fünfzig. Er zog uns ins Gespräch und stellte sich als Schriftsteller vor, der über die Bücher anderer schreibt. Sein Name sagte mir nichts, er ist mir auch in den folgenden Jahren auf keinem Buchdeckel begegnet, und so habe ich ihn vergessen. Die Gestalt des geheimnisvollen Fremden, nicht nur in der Literatur trifft man auf sie, sondern gelegentlich eben auch im Leben. Unser Banknachbar war jemand, der offenbar vom Literaturunterricht im „Dritten Reich" wenig hielt. Außerdem regte er sich darüber auf, daß der größte Theaterkritiker nach Theodor Fontane, Alfred Kerr, in Deutschland verleugnet werde, und bekannte sich, einmal in Fahrt gekommen, unverhohlen als einen Liberalen, was uns Schülern so unheimlich vorkam, so verboten, daß wir uns vorsorglich umschauten. Aber aufstehen und weggehen konnten wir auch nicht, denn er begann von seinem Lieblingsgegenstand zu erzählen, von Theodor Fontane. Heute umschreibe ich die Erscheinung, die er für uns war, am besten durch einen Vergleich. Er hatte etwas von der Gestalt des Fonty in Günter Grass' Roman „Ein weites Feld".

Er erzählte ein paar Romanhandlungen nach, beschrieb einige Figuren, von denen ich den alten Stechlin besonders leibhaftig vor mir sah, weil der Stechlin-See ein Nachbarsee des Rheinsberger Sees ist und sich so Romanlandschaft und Romanfigur unmittelbar in unsere Tageserlebnisse einfädelten. Er nahm uns für Effi Briest ein und gegen den starren Ehrenkodex, dem ihr Mann sich unterwirft. Und er schilderte alles mit den Augen des Autors, er gab uns eine Ahnung von der skeptischen Haltung Fontanes gegenüber einem lauten, auftrumpfenden Preußentum, von seiner feinen Ironie und seiner Abneigung gegen engstirnige Parteinahme. Vielleicht hatte der Mann auf der Bank seit langem keine so willigen und gefesselten Hörer gefunden wie uns. Vielleicht auch hatte er hier schon häufiger die Gelegenheit benutzt, Ausflügler zu beeindrucken. Jedenfalls hatten wir, als wir zum vereinbarten Sammelplatz zurückkehrten, die denkbar unterhaltsamste und lehrreichste Pause hinter uns.

Das Preußen, das uns der Mann mit Fontane so lebendig erstehen ließ, hatte mit dem, das uns die vorbereitenden Schulstunden und die Vorträge während des Ausflugs selbst vermittelten, wenig zu tun, auch mit dem gefilterten, durch leichte Opposition zum „Dritten Reich" ins Hehre getriebenen Preußenbild Dr. Sachrows nicht. Es stand ganz im Gegensatz zu jenem Preußen der Geschütze, der Schlachten, Feldherren- und Herrscherbilder, das in der Museumswelt des Zeughauses aufbewahrt wurde. Es hatte nichts vom Todesatem einer zum Waffenfundus und zu Masken und Posen erstarrten Geschichte. Es zeigte Menschen nicht auf dem Podest der Heroen, sondern in jenen Irrungen und Wirrungen, wo sie Individuen und deshalb Denkende, Fühlende, Leid und Glück Empfindende, Handelnde, Schuldige und Opfer sind. So geriet der Ausflug nach Rheinsberg und Neuruppin unvermutet auch zum *Streifzug in die Literatur* und ein unwilhelminisches Preußen.

Daß uns in der Albrecht-Dürer-Schule niemand zum späten Fontane, dem Romanautor hingeführt hat, wundert mich noch heute. Von einem zumindest hätte ich es, im Rückblick, erwartet, von meinem zweiten Deutsch- und Geschichtslehrer, Dr. Neumann.

Freilicht-Spektakel und Film-Glamour

Günter de Bruyn lernte diesen Studienrat später kennen als ich: erst im Kriegsjahr 1943, als die Schüler zum Dienst in der Flugabwehr abkommandiert waren und Dr. Neumann sie am Einsatzort unterrichtete, in der Wohnbaracke der Flakhelfer oder in der Nähe der Flakstellungen. Was ich aus de Bruyns Autobiographie über ihn erfahre, bestätigt meine guten Erinnerungen, übertrifft sie aber auch. Offenbar hatte Dr. Neumann im vierten Kriegsjahr längst die hoffnungslose Lage des „Dritten Reichs" erkannt und hielt nun, indem er den Spielraum rhetorisch-ironischer Möglichkeiten nutzte, mit seiner Verachtung Hitlers nicht hinter dem Berg. Als der „einzig politisch Denkende" unter seinen Lehrer dieses Jahres imponierte er de Bruyn, durch „Universalwissen und Mut". Geradezu halsbrecherisch ist die im Kapitel „Kunsthonig" zitierte sarkastische Bemerkung über Hitler und das „Tausendjährige Reich".

In meiner Klasse unterrichtete er zwischen 1938 und 1940, in den letzten beiden Jahren vor dem Abitur. Keineswegs schon desperat erschien die Lage des Hitlerregimes zu dieser Zeit, so daß sich Dr. Neumann mit verwegenen Vorbehalten den Schülern gar nicht hätte verständlich machen können. Eine Erfolgsserie blendete die Massen: das Spektakel der Berliner Olympiade von 1936, der „Anschluß" Österreichs, die „Befreiung" des Sudetenlandes, die Einverleibung der Tschechoslowakei und nach dem Beginn des Krieges, im September 1939, der Blitzsieg über Polen. In solcher Zeit zeigte schon Flagge, wer die Hakenkreuzfahne nicht hißte, waren, auf die Schule bezogen, Teilnahmslosigkeit inmitten des nationalen Jubels und Rückzug in eine kühle historische Objektivität schon fast eindeutige Stellungnahmen. Und daran ließ es Dr. Neumann nicht fehlen. Aber er begann seine Technik der ironischen Distanzierung vom Hitlerregime erst zu entwickeln.

Schon sein fast unmerkliches Eintreten ins Klassenzimmer unterschied sich auffällig vom forschen Auftreten seines Vorgängers. Nie wäre man auf den Gedanken gekommen, daß ihm Befehlsgewalt über Soldaten irgendeine Form von Genugtuung bereitet und Offiziersschulterstücke etwas bedeutet hätten. Er war ein Zivilist mit Leib und Seele. Seine Stimme schloß jeden Kommandoton, seine Erscheinung alles Autoritäre aus. Er verschaffte sich Respekt auf andere Weise. Er ließ bei Widersetzlichkeiten und faulen Ausreden durchblicken, wie wenig sie ihn persönlich berührten, weil er sich keinen Illusionen hingebe und ohnehin nur für wenige rede. Er sagte es nicht direkt, aber er gab zu verstehen, daß ihm Faulpelze und intellektuelle Blindgänger völlig gleichgültig seien. So prallten alle Provokationen an ihm ab. Sicherlich ist auf diese Weise keiner ein besserer Schüler geworden, doch lernte er wenigstens geistige Überlegenheit anerkennen.

Natürlich hatte sich die Schule an Lehrpläne zu halten, und die ließen an der Blickweise, unter der Kleists „Prinz Friedrich von Homburg" oder Hebbels „Agnes Bernauer" zu deuten waren, keinen Zweifel. Aus dem Insubordinationsfall des Prinzen von Homburg machte die nationalsozialistische Literaturlehre einen Subordinationsfall, bei dem als oberster Leitsatz die Forderung des Kurfürsten galt, „daß dem Gesetz Gehorsam sei". Und daß Agnes Bernauer vom Herzog Ernst dem Staatsinteresse geopfert wird und auch Herzog Albrecht sich schließlich ihm beugt, wurde zum willkommenen Exempelfall für das Recht des „Führers", Gehorsam und Gefolgschaft auch mit drakonischen Maßnahmen zu erzwingen. Dr. Neumann, der nicht den Ehrgeiz hatte, wissenschaftliche Vorlesungen zu halten, aber gern in freier Rede dozierte, pflegte nur bei Lehrmeinungen, die er vielleicht am liebsten mit Kopfschütteln vorgetragen hätte, den Urheber zu bezeichnen, so als wolle er die Verantwortung von sich schieben. Sein Trick war es, solche Lehrmeinungen mit hundertzehnprozentiger Deutlichkeit vorzutragen, so daß in der Argumentation zugleich eine Andeutung von Unsinnigkeit aufschien. Richtig zu würdigen verstand ich diese subtile Art von Einschränkung erst viel später. Aber ich bin sicher, daß Dr. Neumann den Sinn für den Reiz und das Vergnügen ironischer Sprache bei mir erst geweckt hat.

Zur Gegenwartsliteratur sich zu äußern, vermied er, soweit es ging. Ich hatte im Bücherschrank meines Onkels Thomas Manns Roman „Die Buddenbrooks" gefunden und hätte nach der Lektüre gern mehr vom Autor gelesen und mehr über ihn erfahren. In der Neuköllner Stadtbibliothek waren seine Werke sekretiert. Ich handelte mir mit meiner Nachfrage eine Zurechtweisung ein: ins feindliche Ausland gegangene Verräter lese man in Deutschland nicht. Weder war ich mutig genug, mich mit einer heiklen Frage an Dr. Neumann zu wenden, noch rücksichtslos genug, ihn in eine schiefe Lage zu bringen. So blieb der erste Roman, „Die Buddenbrooks", für lange Zeit meine letzte, meine einzige Thomas-Mann-Lektüre.

Nie ließ sich Dr. Neumann zu Versuchen herbei, jüdische Autoren und Literatur der zwanziger Jahre (nach nationalsozialistischer

Sprachregelung der „Systemzeit") abzuwerten oder gar lächerlich zu machen. Darin unterschied er sich vom Musiklehrer, von dem mir vor allem zwei Schulstunden in Erinnerung geblieben sind. In der einen beeilte er sich, das von Baldur von Schirach geschriebene Lied der Hitlerjugend „Vorwärts! Vorwärts! Schmettern die hellen Fanfaren", unmittelbar nach seiner Entstehung mit uns einzuüben. In der anderen versuchte er die Minderwertigkeit der jüdischen Musik am Klavier zu illustrieren. Mendelssohn-Bartholdy sollte die typisch jüdische Art, das Deutsche in der Musik nur nachzuempfinden, belegen. Daß uns die Beispiele unseres Lehrers wenig sagten und wir ihm nicht recht folgen konnten, habe ich mir mit unserer mangelnden musikalischen Bildung erklärt. Regelrecht vernichten wollte er offensichtlich Kurt Weill, den Vertreter einer „entarteten" jüdischen Musik der „Systemzeit". Aber hier kehrte sich seine Waffe gegen ihren Zweck. Wir fanden, auch wenn keiner sich traute, dem Lehrer zu widersprechen, die Songs aus der „Dreigroschenoper" so übel nicht, ja eigentlich recht schmissig. Schließlich lag die Berliner Uraufführung erst ein Jahrzehnt zurück, und in der Familie manches Mitschülers waren die zündenden Melodien Weills noch nachgesungen worden.

Den Namen Brecht, den der Musiklehrer in diesem Zusammenhang nannte, aber wie ein unreines Wort nur mit Widerwillen in den Mund nahm, erwähnte Dr. Neumann nie. Bei Fragen der Gegenwartsliteratur, sofern sie nicht direkter Unterrichtsstoff war, nahm er es in Kauf, für nicht ganz kompetent gehalten zu werden. Aus diesem Grund fiel mir – in anderer Weise als bei Dr. Sachrow – im Deutschunterricht eine besondere Rolle zu.

Und das kam so. Mein Onkel hielt, als Mann des Bankfachs, den „Berliner Börsen-Courier". Diese Zeitung war zwar nicht wie vor 1933, als noch Herbert Ihering als Theater- und Filmkritiker in ihr schrieb und Wolfgang Koeppen in die Redaktion geholt hatte, liberal orientiert, aber sie überschlug sich nach ihrer Wiederzulassung doch nicht gerade in Erbötigkeit gegenüber der NSDAP, hielt zumindest im Feuilleton auf eine unterkühlte Berichterstattung, was sie gegenüber dem „Völkischen Beobachter" und seinen Nachbetern durchaus als liberal erscheinen ließ, auch wenn sie es in dieser Hinsicht nicht mit der „Frankfurter Zeitung" aufnehmen konnte. Jedenfalls studierte ich, hungrig nach Informationen über Literatur und Theater, eifrig das Feuilleton. Natürlich war es das von Goebbels gegängelte literarische Leben des „Dritten Reiches", über das der „Börsen-Courier" berichtete, nicht das des Exils, von dem allenfalls polemisch die Rede war. Aber ich war zu unwissend, um von der Bedeutung der emigrierten Schriftsteller mehr als eine ungefähre Ahnung zu haben. So konnte ich den Mangel an neutraler Information über sie auch nicht als Verlust empfinden. Dr. Neumann hatte bald entdeckt, daß ich über Neuerscheinungen auf dem laufenden war, und trat, wenn sich ein Blick auf aktuelle Literatur nicht vermeiden ließ, das Wort an mich ab.

Er selbst wußte mit den Soldatentum und Krieg verherrlichenden Romanen, die zur Mehrzahl schon vor 1933 entstanden waren, nun aber unerhörten Aufwind bekamen, mit der Blut- und Bodendichtung und den Größen der Reichsschrifttumskammer anscheinend nichts anzufangen. Unter den Gegenwartsautoren zählte Hans Carossa, nach dem ich mich erkundigte, zu den wenigen im Lande, denen er eine Zukunft gab. So holte ich mir aus der Stadtbibliothek nach und nach Carossas Bücher: „Eine Kindheit", „Verwandlungen einer Jugend", „Der Arzt Gion" und „Geheimnisse des reifen Lebens". Erst nach dem Krieg, als meine Generation die deutschen Exildichter und die Großen der europäisch-amerikanischen Literatur zu entdecken begann, ist mir deutlich geworden, wofür Carossa doch auch als Ersatz hat dienen müssen.

In seinen 1993 posthum veröffentlichten Tagebüchern schreibt Carossa über die Jahre nach 1933: „Welche Gnade ist es, diese verworrenen Zeiten so still abseits verleben zu dürfen." Er preist den Freiraum, den ihm als Schriftsteller die Arztpraxis in abgeschiedener Gegend verschaffte. Sein Credo, daß sich Dichtung und Politik wechselseitig ausschließen, hatte gerade angesichts des nationalsozialistischen Terrors, den er im Unterschied zu seinem Freund Ernst Bertram, dem George-Schüler und Germanisten, mißbilligte, doch etwas höchst Problematisches und ließ ihn paradoxerweise oder auch folgerichtig später in eine Falle von Goebbels tappen, der ihn als Präsidenten einer vom Berliner Propagandaministerium gesteuerten „Europäischen Schriftstellervereinigung" mißbrauchte. Das Verhältnis von Schriftstellern der „Inneren Emigration" zu denen des Exils hat gewiß seine heiklen Seiten und ist nach dem Krieg durch Selbstgerechtigkeit einiger Daheimgebliebener zusätzlich belastet worden. Doch zu bedenken bleibt die Rolle von Schriftstellern wie Carossa zu der Zeit, als die Literatur von der NS-Kulturpolitik dirigiert wurde – ihre Rolle für ein nicht angepaßtes Publikum oder für Leser meiner Generation.

Carossas Verständnis von Dichtung als einer „Naturform" des Geistes, in der Arzt und Dichter identisch werden durch die Aufgabe zu heilen, war meilenweit von der nationalsozialistischen Blut- und Bodenideologie und dem Literaturkonzept der Reichsschrifttumskammer entfernt. Carossas Bücher öffneten uns eine Gegenwelt zur Welt der Fahnen und Fanfaren, der Lieder und Parolen, in die uns die Hitlerjugend zu bannen versuchte. Auch wenn nur wenigen die „Gnade" des Lebens im stillen Abseits zuteil wurde, nur wenigen dieses Leben ein Ziel sein konnte, war doch Carossas Sprache mit ihrer völligen Immunität gegen die pathetisch-rhetorische Phrase Gegensprache zu Goebbels' Propagandadeutsch. So enthielt seine Dichtung ein Gegengift gegen die nationalsozialistische Indoktrination. Solche Wirkungsmöglichkeiten von Literatur waren mir damals nicht bewußt und ließen mich auch nicht ernsthaft an einer höheren „Sendung" Hitlers zweifeln. Ein Gegengift war die Lektüre Carossas gleichwohl – ein langsam wirkendes.

Für Bücherkauf und Konzert- oder Theaterkarten reichte mein Taschengeld nur sehr bedingt. Dieses Taschengeld verdiente ich mir durch Nachhilfestunden – mein Onkel schoß nur wenig zu, er wollte mich zur Sparsamkeit erziehen. Zuerst hatten er und meine Tante mich noch ins Theater mitgenommen, aber da sie Liebhaber der Operette waren und ich dafür keine Begeisterung zeigte, wollten sie mir nicht länger aufdrängen, was ich so offensichtlich verschmähte. Doch gab es in Berlin den schönen Brauch, daß den Schulen und der Hitlerjugend Freikarten angeboten wurden, für Hauptproben im Theater und im Konzertsaal, aber auch für Veranstaltungen anderer Art. Ich habe kein einziges Angebot ausgelassen, saß in der Philharmonie und auch im Olympiastadion, ganz oben, um das Festspiel zur 700-Jahr-Feier Berlins oder Fußball-Länderspiele zu sehen, auch den berühmten Kreisel von Schalke 04 zu bewundern.

Die Berliner Bühnen waren der nationalsozialistischen Führung als kulturelles Aushängeschild willkommen; sie wurden – so der Titel von Hans Daibers Buch über das Theater im Machtbereich Hitlers – zum „Schaufenster der Diktatur". Sie profitierten aber auch von der Rivalität zwischen dem preußischen Ministerpräsidenten Hermann Göring und dem Reichspropagandaminister Joseph Goebbels. Preußische Staatstheater waren das Opernhaus Unter den Linden und das Schauspielhaus am Gendarmenmarkt (auch das Schillertheater, bevor es Stadttheater wurde). Dem auf Repräsentation bedachten Göring gefiel es, über sie schützend seine Hand zu halten, was bekanntlich vor allem Gustav Gründgens als Intendant des Staatsschauspiels auszunutzen verstand. Obwohl durch den „Berliner Börsen-Courier" über wichtige Veränderungen informiert, war ich viel zu naiv, irgendwelche Schachzüge und Intrigenspiele zu durchschauen, war also ein völlig unbefangener Zuschauer.

Freikarten an die Schulen wurden vor allem für Klassiker-Inszenierungen angeboten, und am unvergeßlichsten ist mir eine Aufführung von „Wallensteins Tod". Ein Ereignis ganz anderer Art war die Freilichtaufführung von Wagners Oper „Rienzi", an einem herrlichen Sommerabend auf der neuerbauten „Dietrich-Eckart-Bühne" (der heutigen Waldbühne), wo die künstlichen Zypressen und Palmen des Bühnenbilds mit den natürlichen Fichten des Hintergrunds eine widerspruchs- und effektvolle Kulisse bildeten. Regisseur dieser Aufführung wie auch des Festspiels im Olympiastadion, „Berlin in sieben Jahrhunderten deutscher Geschichte", war ein Experte für große Freilicht-Spektakel, Hans Niedecken-Gebhard. Er hatte nach dem Kriege in Göttingen einen Lehrauftrag für Theaterwissenschaft; dort lernte ich ihn als Student 1951 kennen. Nie wieder habe ich eine so spektakuläre Massenchoreographie wie beim Festspiel im Olympiastadion erlebt. Monumentale Freilicht-Aufzüge als künstlerisches Seitenstück zu den Massenaufmärschen der Reichsparteitage in Nürnberg!

Den weitaus größten Teil meines Taschengelds trug ich zu den Kinokassen. Gegenüber dem Theater hatte das Kino den Vorteil, daß man den Besuch nicht vorher planen mußte und daß die Lichtspielhäuser leicht erreichbar waren, das nächste in nur ein paar Minuten. Aber daß man den Kinobesuch spontan zum Bestandteil des Alltags machen konnte, war doch nur ein Nebengrund meiner Vorliebe für den Film. Ich war fasziniert von dieser neuen Kunstform des zwanzigsten Jahrhunderts, von diesem die Bühnenbretter verlassenden Theater, das mit der beweglichen Kamera in die Landschaften und die fremden Städte hinausging und für die darstellende Kunst etwas Ähnliches vollzog wie die Erfindung des Flugzeugs für den Verkehr. Das Theater, das Welt durch die Bühnenbild-Illusion herbeizaubern mußte, hatte Flügel bekommen und versetzte uns mit dem Bild im Nu in die Wälder oder auf die weiten Ebenen, auf den Ozean oder ins Gebirge; und das Kameraauge war zugleich Mikroskop, es holte in Großaufnahmen das kleinste Detail, das Zucken einer Lippe und den heimlichen Wink des Auges zu uns heran. Noch war der Film nicht durch den Fernsehfilm verschlissen, und für mich war er eine taufrische Kunst.

Noch etwas von der Glanzzeit des deutschen Stummfilms, der utopischen und grotesken Visionen des Expressionismus, zu erhaschen, war ich zu spät nach Berlin gekommen. Auch tauchten Meisterwerke des französischen, englischen und amerikanischen Films nicht mehr in deutschen Kinos auf. Was die Prüfstellen passierte, war zwar artistisch beachtliches, aber harmloses Kino. Auf harmlose Unterhaltung zielte auch die Mehrzahl der deutschen Produktionen, aber gar so schlecht, wie die ideologiekritische Filmhistorie der sechziger und siebziger Jahre sie machte, waren die Filme der UFA und der TOBIS nicht in ihrer Gesamtheit. Da ich Berlin im Frühjahr 1940 wieder verließ, war die Produktion der sogenannten Durchhalte-Filme kaum angelaufen. Zwar diente ein Teil der Filme einer – oft geschickt verpackten – nationalsozialistischen Indoktrination oder der Verherrlichung des Soldatentums, doch überwiegt für mich in der Erinnerung eindeutig der Anteil flotter Liebeskomödien.

Ich erlebte die letzten Jahre vor dem Krieg als eine kinoselige Zeit. Die Babelsberger Studios waren in aller Munde. Die Premieren fanden in den großen Filmpalästen des Zentrums statt, die Schauspieler lebten im Berliner Westen und gaben dem Film Glamour, der Presse Zeilenfutter. Selbst die nicht hinter vorgehaltener Hand, sonder offen kolportierte Affäre des kleinen und klumpfüßigen Propagandaministers mit der Filmdiva Lida Baarova, die der Ehemann mit einer legendären Ohrfeige ahndete, trug zur Popularität des Films bei. Ich erlag der Faszination, fühlte mich den Stars der Zeit ganz nahe. Erst als uns nach dem Krieg die Filmstudios mit den großen Werken des Auslands, mit den Sternstunden der Filmgeschichte bekannt machten, begriff ich ganz, wieviel falschem Zauber ich aufgesessen war. Der Junge vom Lande glaubte, hier die große Welt, die Gegenwelt zu seinem Dorf gefunden zu haben. Was dem deutschen Film durch die ins Exil getriebenen Filmkünstler verloren gegangen war, wußte er nicht.

Komparse auf der Paradebühne der Reichshauptstadt

Womit konnte Berlin dem Jungen aus der Provinz sonst noch imponieren? Mit den großen Kundgebungen und Staatsakten der Reichshauptstadt. Ich war in der ersten Berliner Zeit von all den neuen Eindrücken so übermannt worden, daß ich es gar nicht eilig hatte, mich – wie es vorgeschrieben war – zur Hitlerjugend in Neukölln „umzumelden". Es kam hinzu, daß wir im Sommer in Karolinenhof am Langen See, einer Siedlung zwischen Grünau und Schmöckwitz, ein Gartenhaus bewohnten, so daß ich für viele Wochen Neukölln schon wieder nach der letzten Schulstunde verließ. Aber schon bald nahm mich einer meiner Mitschüler, ein „Stammführer" der Hitlerjugend, beiseite und machte mir klar, daß ich endlich „meinen Dienst antreten" müsse. So war es um die schöne Ungebundenheit nun geschehen. Andererseits hielt sich der Freiheitsverlust in Grenzen. Man darf sich das Neukölln von damals nicht als eine Hochburg der Partei oder der Hitlerjugend vorstellen. Hatte es auch nicht geraden den Ruf eines Proletarierviertels wie Moabit, so doch den eines von Arbeitern stark durchsetzten Stadtteils. Dazu eine kleine literarhistorische Erinnerung. An jener der Oberschulen Neuköllns, die bis 1933 Karl-Marx-Schule hieß, hatte es 1930 nach einer Aufführung von Brechts Schuloper „Der Jasager" in einer Diskussion der Schüler so nachhaltige Einwände gegeben, daß Brecht dem Stück eine zweite Fassung gab, die den Titel „Der Neinsager" erhielt. Neukölln hatte also alles andere als eine „braune" Vergangenheit. Es fiel auch in meiner Klasse niemand durch ausgefallene Parteigläubigkeit auf; selbst dem „Stammführer" war es mehr um Korrektheit als um Eifer zu tun; im übrigen schrieb er Deutschaufsätze, die sogar von Dr. Neumann gelobt wurden. Die vier katholischen Mitschüler waren mit einer Ausnahme keine Mitglieder der Hitlerjugend; außerdem waren sie von ihren Eltern offenbar dazu erzogen, beim Jubeln über die Taten des „Führers" nicht in der ersten Reihe zu stehen.

Ich trat einen „Dienst" in der Hitlerjugend an, der eigentlich keiner war. Die Sommermonate verbrachte ich in Karolinenhof, die Ferien zu Hause, im Heimatdorf. In der Neuköllner Hitlerjugend nahm ich eher eine Gastrolle wahr. Ich kann mich auch an keinen einzigen „Heimabend" genauer erinnern, sondern nur an einen Wochenendausflug zu den Rüdersdorfer Kalkbergen und Kunstseen östlich von Berlin, und auch das nur, weil die Fahrtenromantik um ein prickelndes Erlebnis bereichert wurde: In einem großen Raum der Jugendherberge schliefen sowohl Jungen wie Mädchen (was wir nur einer Fehlplanung verdankten und was auch mehr unsere Phantasie als unseren Tatendrang bewegte). Es war allenfalls „Dienst nach Vorschrift", den wir Neuköllner Hitlerjungen leisteten.

Die eigentliche Aufgabe der Berliner Hitlerjugend bestand ohnehin darin, die Kulisse und Staffage der großen parteipolitischen Veranstaltungen zu bilden, das jubelnde Spalier bei Besuchen befreundeter Staatsmänner und bei der Rückkehr des „Führers" von staatsmännischen Großtaten. Mit den „Organisationen", vor allem der SA und dem Bund Deutscher Mädchen (BDM), lieferten wir für Übertragungen des Rundfunks den tönenden Hintergrund, die Jubelchöre, und für die Wochenschau des Kinos das Schauspiel des mit seiner Parteiführung in Begeisterung vereinten Volkes. So hatten wir überall im Reich unser Publikum. Wir waren Komparsen auf der großen Bühne der Reichshauptstadt.

Bei der ersten Maifeier im Olympiastadion, die ich mitmachte, stand im Mittelpunkt die Rede des Propagandaministers, seine einmal kämpferische, einmal salbungsvolle Hymne auf den „Tag der Arbeit", den Deutschland nicht mehr in der Knechtschaft des internationalen Kapitals, der Plutokratie, aber auch nicht mehr unter dem Diktat der kommunistischen „Internationale", sondern als freien nationalen Feiertag begehe. Solche Gedanken kannte ich schon, neu aber waren für mich die wohleingeübten Farbenspiele der Mädchen des BDM auf der gegenüberliegenden Stadionseite: Durch das Anbeziehungsweise Ausziehen der Jacken zauberten sie Buchstabenbänder, Parolen und auch Embleme auf den Hintergrund.

Meistens war unsere Auftrittsrampe die West-Ost-Achse, über die man vom Olympiastadion zur Stadtmitte, zur Allee Unter den Linden beziehungsweise zur Wilhelmstraße, zur Reichskanzlei, gelangte. Eben diesen Weg entlang fuhr bei seinem Staatsbesuch im September 1937 Benito Mussolini mit Adolf Hitler. Die Straße war mit mächtigen Pylonen gesäumt, die – wie ich später bei Hans Daiber las – von Benno von Arent, dem „Reichsbühnenbildner", entworfen waren. Wir standen früh am Straßenrand, hörten aus den Lautsprechern die Übertragung der Veranstaltung, in der die Reden des „Duce" und des „Führers" die Achse Berlin-Rom feierten, wurden mit Marschmusik vertröstet und betäubt, bis die Abfahrt der Regierungschefs aus dem Olympiastadion gemeldet wurde, hörten die Wellen unerhörten Beifalls näherrollen, stimmten in die Ovationen, das „Duce! Duce! Duce!", schon ein, bevor uns die Wagenkolonne erreichte, und ließen, vom Tosen der Massen mitgerissen, die im Mercedes aufrecht stehenden Staatsmänner, den römisch gestikulierenden Mussolini und den im steifen „deutschen" Gruß verharrenden Hitler, mit ihrem Troß an uns vorüberrauschen. Wieder waren wir Zeugen, ja Mitspieler eines „historischen" Augenblicks gewesen. Mussolini, Staatsschauspieler eines Volkes, dem man über Theater und Theatralik nichts erzählen mußte, soll von der Inszenierung seines Berlin-Besuches geradezu hingerissen gewesen sein.

Eine Anschauung von der nationalsozialistischen Propaganda-Strategie erhielten wir nach dem Sieg Francos im spanischen Bürgerkrieg. Immer wieder waren Nachrichten von der Unterstützung Francos durch deutsche Verbände dementiert worden. Als es aber den Sieg zu feiern galt und man die deutsche Teilnahme als eine Probe für den Ernstfall, als eine Art Manöver mit scharfer Munition plausibel machen konnte, ließ man die Maske fallen und inszenierte einen Triumphmarsch der Legion Condor über die Berliner West-Ost-Achse. Wieder wurden wir auf unsere Plätze beordert. Die Heerstraße heraufkommend, ins Spalier eintauchend, vorbei an der Siegessäule am Großen Stern – zum erstenmal seit ihrer Versetzung diente sie ganz ihrer Funktion – zogen die Truppenteile der Legion Condor: die Wagen der Nachrichten- und Transportverbände und vor allem die Panzer, die ihre Feuertaufe bestanden hatten. Und über alles hinweg brausten die Flugzeugstaffeln, deren Führung sich damit brüsten konnte, Guernica ausradiert zu haben. Uns waren bei dieser Siegesparade das Unrecht und die Schrecken nicht bewußt, die solche Demonstration überlegener militärischer Macht vergessen machen sollte, waren, der Legende von der Unbesiegbarkeit deutscher Waffen erlegen, unwissentliche Claqueure einer makabren Schaustellung.

Mit Ereignissen wie dem Besuch Mussolinis oder dem Einzug der Legion Condor wurde Berlin zum Schaufenster, in das mit Hilfe von Goebbels' Propagandanetz auch die Bewohner entlegenster Winkel Einblick hatten. Wenn ich in den Ferien nach Hause, ins Heimatdorf kam, genügte die Andeutung, dabei gewesen zu sein, daß mich so mancher beneidete oder gar bewunderte. Lautverstärker jeder meiner Berichte war – wer wohl sonst? – mein Vetter Hinrich, der Wirt des „Braunen Hauses". Seine Gaststube war Umschlagplatz aller Neuigkeiten, auch der Gerüchte, und seine Fähigkeit, „Leben in die Bude" zu bringen, machte sie tatsächlich zu einem Anziehungspunkt, selbst für heimliche Nazigegner. Er wußte meine Statistenrolle an der Berliner Paradestraße so auszuschmücken, daß sie den kleinen Hitlerjungen zu einem Helden machte, auf den das ganze Dorf stolz zu sein hatte. Er hob mich überhaupt ständig aufs Podest, ich wurde zu seinem Vorzeigevetter, zu einem Renommierstück. So ließ er sich keine Gelegenheit entgehen, Situationen herbeizuführen, wo ich mit meinen Französisch- und Englischkenntnissen glänzen sollte. Vor allem war ich sozusagen das Ohr, das er in Berlin hatte; und meine bescheidenen Erzählungen waren ihm viel zu einfach, er dramatisierte und überhöhte sie.

In der Albrecht-Dürer-Schule der Reichshauptstadt Berlin wurden zu Hitlers fünfzigstem Geburtstag am 20. April 1939 Bücher „als Zeichen der Anerkennung" verteilt; auch ich war unter den Beschenkten. Ich weiß nicht, wofür ich ausgezeichnet wurde (vielleicht belohnte Dr. Sachrow meine Wanderungen durch die Geschichte Brandenburgs und Preußens), wohl aber besitze ich noch das Buch: Erhard Witteks „Männer. Ein Buch des Stolzes" in 54. Auflage. Stolz war auch mein Vetter Hinrich. Und so erklärte er, wie ich bei meinem nächsten Besuch erfuhr, die Angelegenheit gewissermaßen zur Reichssache: der „Führer" persönlich habe mir das Buch in der Reichskanzlei überreicht.

Vetter Hinrich hatte Instinkt für das Theatralische. In allem ging er über das Maß dessen, was er selber glaubte, um der Wirkung willen hinaus; so entstand eine seltsam überzogene Dorfoptik der Vorgänge von Berlin. Gänzlich überschätzt wurde von ihm der „Idealismus" des Hitlerjungen von Neukölln.

Denn natürlich nutzte die Begeisterungsfähigkeit der Ovationsstatisten von Beruf, die wir inzwischen geworden waren, sich ab. Manche rückten zwar zum Jubel an, aber verdrückten sich noch vor der eigentlichen Vorstellung und verschwanden in einem der

U-Bahn-Eingänge an der West-Ost-Achse. Es war denn auch mehr der Reiz, dem schlechten Beispiel zu folgen, als der Wille zum Protest, der mich bei einem letzten Spalierdienst pflichtvergessen werden ließ. Wir erwarteten – wenn mich nicht alles täuscht – die Rückkehr Hitlers aus dem gerade „befreiten" Sudetenland. (Oder war es seine Rückkehr aus dem gerade besetzten Prag?) Wieder mußten wir uns lange in Geduld üben. Da konnte ich der Versuchung des nahen U-Bahn-Eingangs nicht widerstehen und tauchte unter.

Scherbenhaufen der Reichskristallnacht

Mein Onkel, sonst ein Wächter der Pflichterfüllung – nicht einmal durfte ich wegen Krankheit die Schule schwänzen –, lächelte, als ich von der Paradestraße vorzeitig nach Hause kam. Mit einem Tadel hatte ich nicht gerechnet, aber auch nicht mit solcher Genugtuung. Denn mein Onkel hielt sich sonst mit Stellungnahmen zur Partei und zum Regime zurück und machte mich nie zum Zeugen der Gespräche, die er darüber mit meiner Tante führte. Er unternahm auch keinen ernsthaften Versuch, mich politisch aufzuklären. Ich habe mich im Rückblick oft darüber gewundert. Vielleicht fehlte, da ich nicht sein eigener Sohn war, ein elementares Interesse, mich auf den rechten Weg zu bringen. Eher aber vermute ich Rücksichtnahme. Er wollte mich nicht in einen Zwiespalt bringen, nicht in Gegensatz zur Erziehung der Schule. Wollte er auch sich selbst mögliche Unannehmlichkeiten ersparen? Es gab ja Beispiele dafür, daß Kinder ihren Eltern durch unbeabsichtigtes Ausplaudern geschadet oder sogar sie regelrecht denunziert hatten. Es ist so gut wie ausgeschlossen, daß er mich solcher Undankbarkeit für fähig hielt.

Denn andererseits war er ja darauf angewiesen, meiner Verschwiegenheit zu vertrauen. Offensichtlich hatte die Machtübernahme des Hitlerregimes ihn nicht nur in seiner beruflichen Laufbahn zurückgeworfen, sondern auch manche freundschaftliche Beziehung zerstört. Das Verhältnis zu den Mitgliedern des Tennisklubs, dem er angehörte, blieb kühl und distanziert. Nur zwei Freunde hatte er noch in Berlin. Den ehemaligen Bürgermeister einer mittleren

Stadt, der als Sozialdemokrat 1933 früh pensioniert worden war, und dessen homosexuellen Freund, der mit ihm die Wohnung teilte und ein Tabakgeschäft in Berlin-Wilmersdorf führte. Der Bürgermeister, den mein Onkel aus dem Ersten Weltkrieg kannte – beide waren Reserveoffiziere in derselben Einheit gewesen –, hatte sein Hobby, die Malerei, nach der Zwangspensionierung zur Hauptbeschäftigung gemacht und es zu annehmbarem Können entwickelt; in unserer Wohnung hingen einige seiner Landschaftsbilder. Sein Freund, ein Jude, konnte (wie ich nach dem Krieg erfuhr)noch rechtzeitig mit Hilfe schweizerischer Verwandter ins neutrale Land auswandern, hat auch in seinem schweizerischen Wohnort noch geheiratet und ist Vater zweiter Kinder geworden.

Was also mein Onkel vor dem Hitlerjungen überhaupt nicht verbergen wollte, war die Freundschaft mit einem erklärten Sozialdemokraten und einem Juden, mit Homosexuellen. Man muß sich vergegenwärtigen, unter welchem Tabu nicht nur, sondern auch unter welcher Bedrohung damals die Abgestempelten standen. Erst sehr viel später begriff ich den ganzen Umfang der Gefahr, in der die Freunde schwebten, aber auch das Risiko meines Onkels. Und in meine Hochachtung für ihn mischte sich das leichte Erstaunen über mich selbst, über das gespaltene Bewußtsein, mit dem ich einerseits den Parolen der Propaganda geglaubt und sie andererseits in meiner Haltung ignoriert hatte. Da gab es offensichtlich etwas von Ideologie Unerreichbares, eine uneingestandene Parteinahme, ja Sympathie für Außenseiter, für Verfolgte.

Dennoch ist mir damals die Tragweite der sogenannten Reichskristallnacht vom 9. auf den 10. November 1938 nicht klar geworden. Mein Onkel rief am anderen Morgen seinen Freund an, der ihn beruhigte: sein Tabakgeschäft sei – noch – verschont geblieben. Wir fuhren in die Innenstadt, in Straßen mit einem starken Anteil jüdischer Geschäfte. Noch war das Chaos aus zerbrochenen Scheiben, herausgerissenem und blindwütig zerstörtem Ladeninventar und Schildern mit Parolen wie „Juden raus!" nicht beseitigt. Von dem im Rundfunk gemeldeten spontanen Ausbruch des Vergeltungsdrangs und von Genugtuung – das Pariser Attentat Herschel Grünspans auf den deutschen Botschaftssekretär vom Rath lag erst ein paar Tage zurück – war bei den Passanten nichts zu merken. Die meisten Menschen eilten scheu vorüber, mit Mienen, die Kopfschütteln andeuten sollten. Doch manchmal schnappte ich auch Sätze auf wie die Frage, ob denn ein solches Vermögen gleich hätte zerstört werden müssen. Das sollte wohl heißen, daß nicht der „Denkzettel" für die Juden mißbilligt wurde, sondern seine Form. Mein Onkel verbarg beim Anblick der vandalistischen Verheerung seine Empörung nicht. Ich selbst war ratlos, beschämt. Es gelang mir nicht, diese Verwüstung mit dem Ehrbegriff nationalsozialistischer Selbstdarstellung in Einklang zu bringen. Doch überzeugte mich die Schlußfolgerung meines Onkels, daß diese perfekte Vernichtung Plan und Organisation voraussetze. Und mich bedrückte die Erkenntnis, daß der hier organisierte Haß im Gegensatz stand zum organisierten Jubel an der Paradestraße und doch mit ihm zusammengehörte. Anschauung ist die beste Pädagogik, und fortan war mir das Bild des beispiellosen Vandalismus etwas wie ein Pfahl im Fleisch – auch wenn ich deshalb den Glauben an den geschichtlichen Auftrag Hitlers nicht preisgeben wollte. Es war eine Entgleisung, eine einmalige! – Entschuldigungen wie diese sind immer probate Beschwichtigungsmittel.

In der Mittelschule der Kreisstadt hatte ich neben einem jüdischen Mädchen gesessen; ihr Vater war der Inhaber des Bekleidungsgeschäfts Leopold, das der Schule schräg gegenüber lag. Sie war eine unauffällige Schülerin, und mit zunehmender Dreistigkeit der antisemitischen Propaganda im Stile des „Stürmers" von Julius Streicher wurde diese Unauffälligkeit auch zu einer bewußten Schutzattitüde. Ich fand meine Banknachbarin nicht unsympathisch, aber auch nicht interessant, wünschte nur auf keinen Fall in ihrer Lage zu sein. Zur Ehre meiner Mitschüler muß ich sagen, daß sie offene Provokationen unterließen, zur Ehre meiner Lehrer, daß sie sie von vornherein zu verhindern wußten. Doch wurde die Klasse auch nicht lange auf die Probe gestellt. Als an den Türen von Lokalen und Geschäften die Schilder „Juden unerwünscht" auftauchten, begriff Herr Leopold, daß er auch in seinem eigenen Geschäft unerwünscht war. Ohnehin hatten die antijüdischen Boykottaufrufe längst zu wirken begonnen; kaum einer wagte das Geschäft noch zu betreten. Die Familie Leopold tat das einzig Richtige (und sie tat es verhältnismäßig früh), sie wanderte nach Amerika aus, in die USA, wo die Hilfe von Verwandten sie erwartete. So entging das Bekleidungshaus Leopold der Plünderung im Jahre 1938.

In Berlin gab es, als ich zu meiner Klasse hinzustieß, das Problem nicht. Vielleicht, weil auch hier kluge Väter rechtzeitig Konsequenzen gezogen hatten. Andererseits zählte Neukölln nicht zu den von jüdischen Bewohnern bevorzugten Stadtteilen. Um so mehr Gewicht bekamen für mich die Begegnungen mit dem jüdischen Freund meines Onkels. Er hatte kaum etwas von der geistigen Brillanz, die mich nach dem Krieg an jüdischen Kollegen und Freunden so bannte. Ihm fehlte auch der sechste Sinn für gute Geschäfte, den man den Juden nachsagte. Über seinen Tabakladen reichten seine Pläne nicht hinaus. Er wußte auf eine gewinnende, aber auch etwas äußerliche Art zu parlieren, mit jener verbindlichen Unverbindlichkeit, die Friseure und eben Tabakladenbesitzer im Umgang mit ihren Kunden lernen. Hinter dem Bürgermeister und Maler, der in den Gesprächen den Ton angab, hielt er sich im Hintergrund, weil er dessen Sachverstand in allen öffentlichen Angelegenheiten anerkannte; er fiel niemandem ins Wort, trat aber auch, wenn er die angelernte Unverbindlichkeit einmal fahren ließ, mit Entschiedenheit für eigene Ansichten ein. Kurz, er war umgänglich, ohne blaß zu sein, ein Mensch, der es verstand, sich angenehm zu machen, ohne sich einzuschmeicheln. Seine Erscheinung blieb mir immer vor Augen, wenn ich Juden-Karikaturen sah oder später die Dämonisierung der Judengestalt durch Werner Krauß im Film „Jud Süß". Der jüdische Freund meines Onkels blieb ein Gegenbild oder doch Korrektiv.

Das Land ein einziges Lager

Wohl immer wird bei den Generationen, die durch eine Erziehung zur Kritik gegangen und unter dem Schutz des Rechts auf demokratische Opposition großgeworden sind, bei allem Verständnis ein Rest an Befremden gegenüber jener Generation zurückbleiben, der Gehorsam und Gefolgschaft als höchste Pflichten eingebleut wurden. Dieser Generation selbst ist ihr Verhalten von damals fremd geworden. Gut daran ist der Anteil an Selbsterkenntnis: Man hat seine geschichtliche Lektion gelernt, daraus Konsequenzen gezogen – nichts schlimmer als Unverbesserlichkeit. Nicht weniger schlimm aber nachträgliche Selbstdenunziation, die Erfahrungen von einst vergißt. Zwar ist ein pauschales Selbstgericht immer noch besser als Verstocktheit, doch muß dem jugendlichen Verhalten von damals auch historische Gerechtigkeit widerfahren. Gutes und schlechtes Gewissen der Jugend, Recht- und Unrechtbewußtsein waren anders programmiert. Und die anerzogene Sicht der Dinge übte auch in das Wegsehen ein. Wie aber, wenn dieses Wegsehen Formen der Realitätsverleugnung annahm? Die Verwüstungen der Reichskristallnacht in den Berliner Straßen waren so ein Fall, wo Wahrnehmungen für das Denken nicht folgenlos hätten bleiben dürfen.

Anders die Fälle, wo man nicht nur dem Augenschein oder den Augenzeugen hätte trauen sollen, sondern auch dem, was hinter vorgehaltener Hand weitergegeben wurde. Ich erinnere mich der Gelegenheit, bei der mich die heimlichen Nachrichten, die über die Konzentrationslager in Umlauf waren, härter bedrängten.

Schon vor einer Reihe von Jahren hatte die Apotheke in meinem Heimatort den Besitzer gewechselt; der frühere Nachbar hatte eine Apotheke in Altlandsberg, einem Städtchen nordöstlich von Berlin, erworben. Da ich mit seinem Sohn befreundet gewesen war, lag nichts näher, als mich von Berlin aus zu einem Besuch anzumelden. Wir vereinbarten ein Wochenende, und ich fuhr mit der S-Bahn nach Hoppegarten, von da aus mit der Kleinbahn nach Altlandsberg. Die eigentliche Attraktion dieses Wochenendes aber waren nicht das an Sehenswürdigkeiten ohnehin nicht reiche Altlandsberg, sondern eine sonntägliche Autofahrt – zum Teil über den noch neuen nördlichen Berliner Autobahnring – nach Neuruppin, wo eine befreundete Familie besucht wurde. Auf der Hinfahrt erfuhr ich, daß wir zu Gast in jener Apotheke sein würden, die vor hundertzwanzig Jahren dem Vater Theodor Fontanes gehört hatte. Die Belehrung wiederholte sich nach unserer Ankunft, doch schränkte der Besitzer der Apotheke ein, daß der junge Fontane nur als Kind hier gelebt und Neuruppin schon als Achtjähriger mit seinen Eltern in Richtung Swinemünde verlassen hatte.

Mein Freund und ich wurden bald mit den beiden Kindern der Familie an den Ruppiner See geschickt, weil die Älteren offenbar unter sich sein wollten, zu Gesprächen, die bald, wie ich vermutete, vom Fachlichen ins Politische gehen würden – unser früher Nachbar war den Nazis von Anfang an verdächtig gewesen, er hatte beim

Fackelzug am 30. Januar 1933 nicht einmal aus dem Fenster geschaut und später nie eine Fahne herausgehängt.

Mein erster Besuch in Neuruppin war bei weitem nicht so abenteuerlich wie der spätere beim Schulausflug, als ich dem Fontane-Bewunderer begegnete. Was vor allem im Gedächtnis haften blieb, ist die Rückfahrt am Abend und das halb offene, halb verklausulierte Gespräch mit unserem früheren Nachbarn. Wir nahmen nämlich die Straße von Neuruppin nach Oranienburg, wo er mich an der S-Bahn-Station absetzen wollte. Als wir uns Oranienburg näherten, forschte er mich aus, ob ich etwas vom Konzentrationslager Sachsenhausen wisse. Ich hatte den Namen nie gehört. Nun wurde der Apotheker gesprächiger, blieb aber bei Andeutungen, vermutlich weil er selbst nur spärliche Informationen hatte. Immerhin war den Andeutungen zu entnehmen, daß allen, hinter denen das Lagertor sich geschlossen hatte, ein schreckliches Unrecht geschah. Und als er in die Dunkelheit hinauswies und sagte: „Dahinten muß es liegen, das KZ", spürte ich im Hals eine merkwürdige Sperre und hatte Mühe zu schlucken.

Diese Beklommenheit hielt auch während der langen S-Bahn-Fahrt vom Norden in den Südosten Berlins noch an. Doch dann setzte ein Abwehrmechanismus ein, der alles Gehörte in den Fabelbereich der Gerüchte verwies. Man darf nicht vergessen, daß die Nazis zynisch genug waren, die Existenz von Konzentrationslagern gar nicht zu leugnen. Wie während des Krieges der Film über Theresienstadt das KZ zu einer Art Idylle umfälschte, aber doch das Judenlager zeigte, so brachte schon weit früher die Wochenschau Bilder aus einem der ersten Konzentrationslager für politische Gegner des Regimes. Nach den Worten des Kommentators wurde hier Unsozialen und „Schädlingen" des Volkes Mores gelehrt und Ordnung beigebracht. Das KZ erschien als ein Ort notwendiger Erziehung oder Umerziehung – als „unfreiwillige" Variante zum „Freiwilligen Arbeitsdienst", den die Nazis seinerseits in den unfreiwilligen „Reichsarbeitsdienst" umgewandelt hatten. Geradezu eine segensreiche Einrichtung seien diese Lager, wollte die Propaganda glauben machen.

Daß die Begegnung mit einer unliebsamen Wahrheit, im Gespräch auf der Fahrt nach Oranienburg, letztlich folgenlos blieb und keinen Widerhaken des Zweifels hinterließ, ist nur eines der Beispiele dafür, in welchem Maß das Recht-Unrecht-Bewußtsein beschädigt war oder sich ausschaltete. Genauer: das Gefühl für den Wert des Rechts auf Freiheit und persönliche Unversehrtheit war wenig entwickelt. Unsere Lebensform hatte sich seit 1933 so verändert, daß sich in ganz Deutschland etwas wie Lagermentalität ausbreitete. „Lager" war zu einem Schlüsselwort geworden. Ganz unmittelbar durch die Zeltlager des Jungvolks und der Hitlerjugend oder die Barackenlager des Reichsarbeitsdienstes, die Schulungslager der Partei und der parteiähnlichen Organisationen, aus deren Netz fast niemand mehr herausfiel. Von Hitlerjugend, SA und SS ganz abgesehen, waren für alle Gruppen und Tätigkeitsbedürfnisse des Menschen halbstaatliche Verbände zuständig, in denen das Individuum zum „Gemeinnutz" erzogen, „geschult" wurde: für die Jungmädchen und die Frauen, für die Sportler und die Flieger, die Motorsportler, die Reiter usw. Selbst Universitätsdozenten wurden in Schulungslagern zusammengezogen. Nach der Wiedereinführung der Wehrpflicht schossen neue Kasernen aus dem Boden. Kasernierung und Lageraufenthalt wurden zu einer allbekannten Lebensform, so daß die Propaganda des Regimes es verhältnismäßig leicht hatte, die Konzentrationslager mit Bildern zum Appell angetretener und strammstehender KZ-Häftlinge zu bagatellisieren. Überall im Lande standen Menschen stramm, Deutschland war ein einziger Appellplatz.

Im übrigen ließ das rasante Tempo, mit dem Hitler durch immer neue politische und militärische Manöver die Weltöffentlichkeit schockierte, aber seine Anhänger begeisterte und fanatisierte, die meisten von uns überhaupt nicht zur Besinnung kommen. Mit dem Kriegsausbruch dann, am 1. September 1939, zwang er das Land in eine „Schicksalsgemeinschaft", und nach den Blitzsiegen über Polen und Frankreich stand er auf dem Höhepunkt des Triumphs – da hatten selbst Skeptiker und Kritiker es schwer, sich verständlich zu machen.

Ich darf mich zu diesen Zweiflern und heimlichen Opponenten von damals nicht rechnen, und dennoch gibt die Skizze des Hitlerschen Gewaltmarsches durch die Geschichte und der narkotisierenden Wirkung seiner Augenblickserfolge nur ungenau meine eigenen Gefühle und Reaktionen wieder. Zwar hatte ich in meinem Heimatdorf wie die anderen Jungen den Papierhelm aufgesetzt, aber in meinem Elternhaus wurde von Heldentaten in der Alte-Kameraden-Manier nicht gesprochen. Das konnte nicht unbedingt ahnen, wer als Fremder oder als Gast unser Wohnzimmer betrat. Denn dort hing von der Decke eine seltsame Art von Kronleuchter: Drähte, mit Kugeln und Granatsplittern bespickt, hielten einen Metallring vom Durchmesser eines Geschützrohrs, an dem die Fassungen für die elektrischen Birnen befestigt waren. Eine schreckliche Ansammlung von Marterwerkzeugen des Krieges, ein Faustschlag gegen alles Wohnbehagen, ein Monstrum. Der erste Mann meiner Mutter hatte diese makabre Lampe geschmiedet. Meiner Mutter war sie als Andenken teuer, mein Vater achtete die Gefühle seiner zweiten Frau – vielleicht kostete er auch ein bißchen die Sensation aus, mit der diese Lampe jeden überraschte, der das Zimmer zum erstenmal betrat. Aber das Ungeheuer, das jeden vernünftigen Menschen abschrecken mußte, war kein Zeichen für einen martialischen Geist in unserer Familie, es war kein Symbol, allenfalls ein Warnsymbol. Denn bei uns war die Furcht vor einem neuen Krieg als einer Katastrophe durch keine Friedensbeteuerungen Hitlers betäubt worden, und seine immer offenere und zynischere Kriegspolitik alarmierte sie neu. Solche Besorgnisse übertrugen sich auf mich stärker, als ich zunächst wahrhaben wollte.

Aber dann kamen jene Septembertage des Jahres 1938, als die sogenannte Sudetenkrise, Hitlers ultimative Forderung an die Tschechoslowakei, Europa an den Rand des Krieges trieb. Abends hörte und sah ich Panzerkolonnen über die Neuköllner Durchgangsstraße gen Süden rollen. Die Beklemmung wuchs in den nächsten Tagen, bis ich eines Morgens in der gerade durch den Briefschlitz geworfenen Zeitung von Neville Chamberlains Treffen mit Hitler in Bad Godesberg las. Die Nachricht löste in mir eine explosive Erleichterung aus, die ich nie vergessen werde, ein Gefühl der Dankbarkeit auch für den britischen Premierminister, der einen bösen Bann gebrochen hatte. Wir wissen natürlich längst, daß Chamberlains Verhandlungsbereitschaft, die zum Münchner Abkommen (eine knappe Woche später) führte, daß seine Appeasementpolitik Hitler nur gieriger und den Krieg nur unvermeidlicher machte, aber ich bin noch heute uneingeschränkt mit einer Gefühlsaufwallung einverstanden, die der – wenigstens vermeintlichen – Rettung des Friedens galt.

Ein Gefühl entgegengesetzter Art überfiel mich ein Jahr später, am 3. September 1939. Der Einmarsch deutscher Truppen in Polen am 1. September und Hitlers donnernder Satz, daß seit der Frühe

„zurückgeschossen" werde, hatten keine Schockwirkung ausgelöst, weil die schleppende Krise seit Hitlers Aufkündung des Nichtangriffspakts im April und der überraschende Pakt Hitlers mit Stalin vom 23. August selbst politische Laien auf einen Krieg gefaßt sein ließen. Die bange Frage der ersten Septembertage war: Greifen die Westmächte ein oder läßt sich der Krieg lokalisieren?

Die allgemeine Mobilmachung erfaßte in Berlin auch Schüler, genauer: Teile der Hitlerjugend. Zusammen mit schätzungsweise fünfzehn anderen Hitlerjungen wurde ich in eine Gastwirtschaft in der Nähe des S-Bahnhofs Neukölln „einberufen", wo wir im hinteren Teil des Lokals, einem Versammlungsraum, Quartier bezogen. Alles war, offenbar von langer Hand, vorbereitet; Schlafsäcke lagen bereit, für Frühstück und Mahlzeiten war gesorgt. Solche „Organisation" war in Hitlerjugendlagern vielfach erprobt worden. Jetzt schien es um den Ernstfall zu gehen. Eine Kneipe war zur Kaserne geworden.

Nur wußten wir nicht, was man mit uns vorhatte, was unsere Aufgabe sein sollte. Befürchtete man Luftangriffe – trotz Hermann Görings großspuriger Absage an den Gedanken, daß auch nur ein einziges feindliches Flugzeug die deutsche Grenze überfliegen könne? Waren wir eine Art Katastrophenschutz-Reserve? Dafür fehlte uns die Ausrüstung. Hatte man uns vorsorglich für unvorhersehbare Hilfsarbeiten zusammengezogen? Waren wir vielleicht als Melder- und Nachrichtenstaffeln vorgesehen? Wir haben es nie erfahren. Möglicherweise war unsere Kasernierung eine Ernstfall-Simulation, bei der die „Organisation" ihren Zweck in sich selber hatte. Nach nicht einmal einer Woche wurden wir wieder nach Hause und auf die Schulbank entlassen.

In diese Zeit des richtungslosen Wartens aber fällt der Moment des Erschreckens: als nämlich der Rundfunk die Nachricht vom Kriegseintritt Frankreichs und Großbritanniens brachte. Man muß wissen, daß die Propaganda und der Geschichtsunterricht uns eingehämmert hatten, das Versagen der Politik vor dem Weltkrieg (dem ersten) habe vor allem in ihrer Unfähigkeit bestanden, den Zweifrontenkrieg zu vermeiden. Jetzt war ebendieselbe Situation eingetreten. Die Ahnung eines trostlosen Endes, einer fatalen Wiederholung der Geschichte ergriff mich. Zwar dauerte der Polenfeldzug dann bekanntlich nur einen Monat, aber zwei Jahre später sollte die Hybris Hitlers mit dem Angriff auf die Sowjetunion endgültig ins strategische Harakiri laufen.

Das Land braucht auch tüchtige mittlere Beamte

Als ich Jahrzehnte später bei einem festlichen Anlaß neben dem Historiker Reinhart Koselleck saß und wir eher zufällig auf den Kriegsbeginn zu sprechen kamen, überraschten wir uns wechselseitig mit unseren gegensätzlichen Erinnerungen. Nach dem Kriegsausbruch, so berichtete er, habe sich im Saarbrücker Gymnasium seine Klasse in selbstverständlicher Einmütigkeit freiwillig zur Wehrmacht gemeldet. Ich hatte Mühe, ihn von meiner so ganz anderen Erfahrung zu überzeugen, sie ihm zu erklären. Bei uns verließ nur einer die Klasse vorzeitig, und er hatte immer schon als seinen Berufswunsch die aktive Offizierslaufbahn angegeben. Wir anderen machten wie vorgesehen unser Abitur im März 1940.

Sicherlich sind weder Kosellecks noch meine Erfahrung zu verallgemeinern. Vielleicht hat es in manchen Klassen Kettenreaktionen gegeben und damit einen Gruppenzwang, der es selbst Unwilligen schwer machte, sich auszuschließen: vielleicht versteht sich so die „Geschlossenheit" der Entscheidung in Kosellecks Klasse. Andererseits ist auch die Reaktion meiner Klasse gewiß keine Ausnahme gewesen. Ich kann nur Auskunft darüber geben, wie ich mir unser Verhalten erkläre.

Sieht man von Dr. Claus ab, der sein Lieblingsthema immer mit dem Satz „Als ich an der Spitze meiner Kompanie ..." einleitete, so stand in meiner Klasse kein Lehrer auf dem Podium, der Kriegsbegeisterung in uns hätte wecken wollen. Dr. Neumann zog selbst die strahlendsten Siege der Kriegsgeschichte mit einem feinen Understatement ins Prosaische, unser Englischlehrer ließ immer wieder durchblicken, daß die englische Literatur von der Verdammung Englands, zumal Churchills in den Zeitungen und den Nachrichtensendungen, unberührt bleiben müsse. Dr. Neumann gab das Fehlen des einzigen Kriegsfreiwilligen in unserer Klasse kommentarlos bekannt und ging zur Tagesordnung über. Als die Herbstferien bevorstanden und wir uns zum Einsatz bei der Kartoffelernte auf dem Lande bereithalten sollten, wurde ich ermuntert, wie sonst in meinen Heimatort zu fahren: „Sie können ja auch dort bei der Kartoffelernte helfen." Alles dies hatte nichts mit wirklicher Opposition oder passivem Widerstand zu tun, wohl aber mit der Weigerung, dem Krieg mehr einzuräumen, als er ohnehin fordert. Das entsprach einer Stimmung, die sich selbst auf den Straßen bemerkbar machte. Wenn man sich die Berichte und Bilder vom Kriegsausbruch 1914, das umjubelte Ausrücken der Truppen, die Blumen werfenden Frauen vergegenwärtigte, so boten die Straßen jetzt einen geradezu tristen Eindruck: Einberufene gingen mit ihren Pappkarton-Koffern zur nächsten Bahnstation, eilig hatten es nur die von Geschäft zu Geschäft hastenden hamsternden Frauen, deren vorherrschende Erwartung vom Krieg die Lebensmittelknappheit war (auch meine Tante hortete fleißig). Nie zuvor, so schien es, war die Vorstellung vom Krieg so ganz vom katastrophalen Ende des Ersten Weltkriegs bestimmt gewesen wie jetzt in den ersten Tagen des neuen Krieges. Zu viele bewahrten die nur zwei Jahrzehnte zurückliegende Notzeit noch als Alptraum in ihrer Erinnerung. In Berlin mußte die Bedrücktheit besonders spürbar werden, weil sie sich in so auffälligem Widerspruch zum Paradetrubel der Reichshauptstadt befand.

Für mich stand nach dem Abitur eine freiwillige Meldung zum Militär nicht zur Diskussion. „Du kommst noch früh genug in den Krieg", war die einhellige Meinung meines Vaters und meines Onkels. Dabei wäre ein Einrücken in die Kaserne auch der Ausweg aus einem Dilemma gewesen. Mich verunsicherte, ja mich quälte nämlich das Problem der Berufswahl. Ich fühlte mich zurückgeworfen in die Situation vor meiner Übersiedlung nach Berlin. Mein Wunsch, ein Literatur- und Geschichtsstudium zu beginnen, hätte sich allenfalls in Berlin verwirklichen lassen. Doch hatte mein Onkel vor drei Jahren meine Aufnahme ausdrücklich auf die Zeit bis zum Abitur befristet. Und bei meiner Tante hatte sich in den drei Jahren – gewiß war ich ihr nicht genug entgegengekommen – kein mütterliches Empfinden eingestellt, das eine Sinnesänderung hätte bewirken können. Ihr Versprechen bei einem späteren Berlin-Besuch, mich nach dem Kriege für die Studienzeit wieder aufzunehmen, konnte sie nicht einlösen – in den letzten Tagen der Schlacht um Berlin wurde sie schwer verwundet und starb einige Tage später.

Mein Onkel. Der Bankfachmann, empfahl als väterlicher Berater einen Beruf, bei dem der Apfel nicht weit vom Stamm gefallen wäre: den des Finanzbeamten. Mir grauste. Mit Büchern wollte ich ja zu tun haben, aber nicht mit der Buchführung fremder Leute. Doch da ich ratlos war, schrieb ich, dem Diktat meines Onkels folgend, eine Bewerbung an die Oberfinanzdirektion in Bremen. Ich hatte so lange gezögert, daß mich die Antwort nicht mehr in Berlin erreichen konnte. So packte ich unmittelbar nach der Abiturprüfung meine Koffer und trat die endgültige Rückreise in die Heimat an. Meine Fahrt nach Berlin drei Jahre vorher war für meine Mutter die Fahrt in ein modernes Babylon gewesen. Für mich war die Rückfahrt jetzt eine Vertreibung aus dem Paradies. Je tiefer ich in die Provinz zurückfuhr, um so mehr fühlte ich mich in der Verbannung. Doch klammerte ich mich an die Aussicht, bald nach Bremen gerufen zu werden.

Aber als ich dann nach einer Woche zum Dienstantritt beim Finanzamt im zehn Kilometer entfernten Zeven aufgefordert wurde, war ich wie vernichtet. Nun war mir die Vorstellung, eine Art Steuereinnehmer zu werden, und das noch in meiner Heimat, ein solcher Greuel, daß ich mich nicht davon abbringen ließ, meine Bewerbung zu widerrufen. Ich bin sicher, daß der Finanzbehörde dadurch erhebliche Steuereinbußen erspart blieben.

Für einen Lichtblick, wenn auch für ein Strohfeuer der Hoffnung, sorgte noch einmal mein Vetter Hinrich. Da er im Dorf schon immer an meinem Ruhm gearbeitet hatte, wollte er jetzt nicht klein beigeben. Er feierte in der Gaststube mein bestandenes Abitur als Selsinger Großereignis und erklärte meine Weiterförderung zur „Kreissache". Er meinte damit, daß sich nun der Landkreis um mich zu kümmern und mir ein Stipendium für die Universität zu gewähren habe. Er arrangierte über einen Mittelsmann eine Unterredung mit dem Landrat in Bremervörde. Damit bugsierte er meinen Vater in eine unselige Situation.

Mein Vater und ich betraten an einem Vormittag das Landratsamt mit gemischten Gefühlen. Wir wußten, daß in einer Angelegenheit wie der unseren nichts ohne das Einverständnis der Partei entschieden wurde. Nun ging die Initiative für das Ganze zwar vom „Braunen Haus" meines Vetter aus, doch war der Ortsgruppenleiter der NSDAP bekannterweise ein Mann mit – gelinde gesagt – politischen Vorbehalten gegen meinen Vater, und vielleicht hatte ihn die Eigenmächtigkeit meines Vetters verärgert. Der Landrat, ein Freiherr Schenck zu Schweinsberg, verdankte seine Stellung keiner reinen Parteikarriere; er war aus der höheren Verwaltungslaufbahn ins

Amt berufen worden, pflegte aber bei öffentlichen Auftritten in SA-Uniform zu erscheinen. Jedenfalls konnte man nicht erwarten, daß er einen so unsicheren Kantonisten wie meinen Vater politisch milde beurteilte. Wir mußten lange im Vorzimmer warten. Dafür war die Unterredung um so kürzer. Mein Vater begann sein „Anliegen" zu erläutern und verlor seine Sicherheit angesichts der offen zur Schau getragenen Ungeduld des Landrats, der ihn auch bald unterbrach mit der Frage, warum ich denn unbedingt studieren müsse. „Unser Land braucht auch tüchtige mittlere Beamte." Er bot uns an, sofort telephonisch eine Stelle beim Regierungspräsidenten in Stade zu vermitteln. „Bitte, warten Sie einen Moment draußen!" Seine forsche Rede- und Handlungsweise gestand uns eigene Willensbekundungen gar nicht zu.

So fanden wir uns nach wenigen Minuten wieder im Vorzimmer, überrumpelt und vor eine Wahl gestellt, die keine mehr war. Da an ein Stipendium nicht zu denken und ich gegen das Wort „Finanzamt" inzwischen allergisch war, ließ sich dem Wort „Regierungspräsidium" sogar ein gewisser Reiz abgewinnen, obwohl ich natürlich ahnte, daß ich da vom Regen nur in die Traufe kam. Die Tür öffnete sich so bald, daß der Anruf der Unterredung schon vorausgegangen sein mußte. „Ihr Sohn kann zum nächsten Monatsersten anfangen. Fahren Sie doch von hier aus gleich nach Stade. Man erwartet Sie dort." Wir wurden verabschiedet. Der Landrat hatte ein Bildungs- und Berufsproblem elegant und in kürzester Zeit gelöst, der Freiherr war gnädig zu seinem Volk gewesen. Mein Vater und ich fuhren mit dem Zug weiter nach Stade, wo die Formalien besprochen und geregelt wurden. Wie vor drei Jahren kam eine Wendung in meinem Leben im Schnellverfahren zustande.

Nichts hat mich meinem Vater so sehr verbunden wie die Demütigung, die er meinetwegen hat hinnehmen müssen. Denn die scheinbare Blitzlösung meines Berufsproblems kam einer Zurechtweisung gleich. Die vorgebliche Hilfsbereitschaft des Landrats war kränkende Herablassung, die meinem Vater seine Schranken aufzeigen sollte: Für Söhne deinesgleichen sind das Abitur und die mittlere Beamtenlaufbahn eine Aufstiegsmöglichkeit, mit der man sich gefälligst zufriedenzugeben hat. Die Spur einer Adelsarroganz, wie ich sie später nie wieder erlebt habe, kam hier zum Vorschein.

So durfte ich mich denn seit dem Frühjahr 1940 „Regierungs-inspektoranwärter" nennen. Das war ein langer und sehr deutscher Titel, mit dem ich manchen Heiterkeitserfolg verbuchte. Ich selbst konnte an der Tätigkeit, für die das Wort stand, nichts Erheiterndes entdecken. Ich fand mich in Büros wieder, in denen ich nicht das Regieren, sondern das Dienen lernte. Als Ausbilder versuchten sich an mir vor allem Inspektoren und Sekretäre, die nach zwölfjähriger Militärdienstzeit Prüfungen abgelegt hatten und in den Verwaltungsdienst übernommen worden waren; man nannte sie, wenn auch nicht in ihrer Gegenwart, „Zwölfender". Aus ihrer Soldatenzeit, die sie als Unteroffiziere oder Feldwebel beendet hatten, brachten sie eine tiefe Verachtung des Rekruten, also des Anfängers, zumal des Anfängers mit höherer Schulbildung, mit. Es war klar, daß sie mich „Bürschchen" zunächst einmal zurechtstauchen mußten. So wurde die Ausbildung im Regierungspräsidium für mich zur Vorschule des Militärs.

Die Stadt Stade, zwischen dem Westfälischen Frieden und 1719 schwedisch und Hauptstadt der Herzogtümer Bremen und Verden, dann unter hannöverscher Hoheit, jetzt also Sitz eines Regierungspräsidenten in der preußischen Provinz Hannover, entschädigte – wenn auch in Maßen – für die Tristheit der Amtsstuben. Sie hatte einen idyllischen kleinen Hafen in der Stadt und einen für größere Schiffe an der Mündung der Schwinge in die Elbe im sechs Kilometer entfernten Stadersand. Viele der Sonntage des Sommers 1940 verbrachte ich hier. Wenn das Wetter es erlaubte, setzte ich mich aufs Fahrrad und fuhr hinaus, lief auf dem Deich entlang oder saß im Gras, um den Verkehr auf der Elbe, die von Hamburg ausgelaufenen oder von Cuxhaven kommenden Schiffe zu beobachten. Stundenlang konnte ich so zubringen, ohne mich zu langweilen. In Berlin, in Karolinenhof, wo mein Onkel Mitbesitzer eines Badegrundstücks am Langen See war, hatte ich gern die vorbeiziehenden Lastkähne und Ausflugsdampfer mit den Augen verfolgt. Hier am Ufer der Elbe war alles weiter und größer, man sah Überseedampfer auftauchen und langsam größer werden, versuchte, bevor sie wieder kleiner wurden und verschwanden, den Schiffsnamen und an der Schiffsflagge die Nationalität zu erkennen. Obwohl schon Krieg war, brachten die Schiffe den Hauch der Ozeane, der weiten Welt und der Freiheit der Meere mit. Nur hier fand ich wenigstens etwas Ersatz für die Weltstadt-Atmosphäre Berlins.

Beim Anblick der ein- und auslaufenden Schiffe berührte mich aber mehr die Abschieds- als die Ankunftsvorstellung und weckte Melancholie. Und was der Melancholie Woche für Woche mehr Vorschub leistete, war die immer klarer werdende Einsicht, daß ich in der Laufbahn des Verwaltungsbeamten völlig fehl am Platze war. Das hatte nichts mit intellektueller Überheblichkeit zu tun. Die Arbeit in Amtsstuben wie denen des Regierungspräsidiums war, im ganzen gesehen, wohl nötig, und auf die herabzusehen, die sie leisteten, stand mir nicht zu. Aber darin eine für mich sinnvolle Tätigkeit zu sehen, gelang mir immer weniger. Die Schriftsätze, die ich, zunächst probeweise, zu formulieren hatte, waren immer Anweisungen, Richtigstellungen, „Erlasse". Ich sah mich in einem Gestrüpp von Verordnungen gefangen; kein einziger eigener Gedanke war erwünscht, keinerlei Bewegungsfreiheit hatte die Phantasie. Gespräche waren selten mehr als die Verständigung zwischen Automaten (jedenfalls schien es mir so). Eine Ausnahme bildeten die Unterhaltungen mit einem österreichischen Regierungsrat, in dessen Dezernat ich eine Zeitlang arbeitete. Er war von Wien nach Stade gekommen, wahrscheinlich strafversetzt, um im Norden deutsche Beamtenzucht zu lernen. Aber er gab auch hier seinen Plauderton nicht auf und machte so sein Zimmer zu einer kleinen zivilen Oase in der bürokratischen Wüste.

Hätten nicht die Kriegsereignisse, die Siegesmeldungen vor allem vom Blitzkrieg in Frankreich, mich abgelenkt, ich hätte kapituliert. Trost suchte ich in einem Kulturkreis der Stadt. Aber es las ein Heimatdichter und Volksschullehrer, bei dem man sich in der literarischen Klippschule fühlte, und so war die erste Veranstaltung, die ich besuchte, auch die letzte.

Zum Schluß arbeitete ich im Dezernat für die Gendarmerie des Regierungsbezirks, angeleitet von einem Polizeimeister in Zivil. Aber keinen Einblick in die Arbeit der Polizei während des Krieges gewann ich; vor allem hatte ich „Anträge auf Gewährung einer Beihilfe" zu prüfen. Ich war nicht bei der Sache, verrechnete mich mehrfach, wurde korrigiert vom Polizeimeister, aus dessen hämischer Miene ich herauslas, was er dachte: Und so einer will nun das Abitur gemacht haben!

Ich mußte mich jeden Morgen überwinden, ins Amt zu gehen. Nie wieder, außer in der Rekrutenzeit, habe ich mich als äußerlich freier Mensch so unfrei, so unglücklich gefühlt. Und nur dieser

Umstand macht es verständlich, daß ich im Dezember 1940 die Einberufung zum Reichsarbeitsdienst (RAD), obgleich ich mir von diesem „Dienst" nichts Gutes versprach, wie eine Befreiung empfand und wie ein Weihnachtsgeschenk entgegennahm. Mir war eine Entscheidung abgenommen.

... „leben wie ein Gott in Frankreich"?

Kollrungermoor hieß das Lager, an dem ich mich an einem der ersten Tage des Jahres 1941 einzufinden hatte. Es lag in Ostfriesland, in der Umgebung Aurichs, und wirklich dort, wo sich Fuchs und Hase Gutenacht sagen. Die Eisenbahnfahrt führte über mehrere Umsteigestationen, und ich hatte immer mehr den Eindruck, aus der Welt herauszukommen. Die Busfahrt von Aurich aus ging an entlegenen Häusern vorbei in ein Nichts, an dessen Ende Baracken standen. So betrat ich tatsächlich eine neue Welt.

Für die Wahl des Standorts war die ursprüngliche Aufgabe der Arbeitsdienst-Einheit bestimmend gewesen: die Kultivierung des Moors. Aber jetzt war Krieg, und man brauchte den RAD für militärisch wichtige Bauarbeiten. Die ersten Tage und Wochen im Lager Kollrungermoor waren der Grundausbildung vorbehalten, den Geländeübungen und dem Exerzieren; wir benutzten also unsere Spaten nicht zum Graben, sondern zum „Griffekloppen" – entsprechend dem „Gewehr über!" und dem „Präsentiert das Gewehr!". In Erinnerung geblieben ist mir aus dieser Zeit auch das Ritual, mit dem das gemeinsame Mittagessen eröffnet wurde. Der RAD war zwar die Fortsetzung des Freiwilligen Arbeitsdienstes der Weimarer Republik, mit seiner halbjährigen Arbeitsdienstpflicht aber im Unterschied zur Wehrmacht eine Eigengründung des „Dritten Reichs" und deshalb stärker ideologisch vorgeprägt. So wurden im Lager Kollrungermoor dem Essensbeginn Losungen vorausgeschickt, markige und gesinnungsstärkende Sinnsprüche, die bisweilen mit der Gesinnungstüchtigkeit, mit der sie ausgewählt und vorgetragen wurden, das Komische streiften. Unvergessen unter den Wahlsprüchen ist mir der kürzeste und deshalb den Hungrigen willkommenste, eine das Ideologische und die Aufforderung zum Essen einfach zusammenziehende Losung: „Ein Wort des Führers, gesprochen beim ersten Spatenstich zur Autobahn Frankfurt-Darmstadt: ‚Fanget an!' "

Bei den Unterführern der Einheit hatte ich als einziger Abiturient nichts zu lachen. Vor allem Unterführer Kopp nahm mich ins Visier. Er ließ keine Gelegenheit aus, mich nach meinem Beruf zu fragen, und wenn ich Umschreibungen wählte, ruhte er nicht eher, als bis es heraus war: Regierungsinspektoranwärter. Das entwickelte sich zu einem eingefahrenen Spiel, so daß wir uns den Lacherfolg teilen konnten. Kopp machte sich auch jenes Gieren nach der sexuellen Anzüglichkeit zunutze, das in isolierten Männergesellschaften so leicht entsteht; Frauen nannte er immer nur „Samenräuber". Und natürlich hatte er die Lacher auf seiner Seite mit der Frage, ob ich denn auch schon unter die Räuber gefallen sei.

Ich fühlte mich trotzdem nicht schikaniert, zumal Kopp kein Schleifer war, sondern nur seinen Spaß haben wollte. Dennoch war es ärgerlich, Zielscheibe eines Spotts zu sein, den sich hier jemand nur kraft seiner Befehlsgewalt herausnahm. Kopp konnte nicht ahnen, wie bald sich das Blatt wenden würde und es eben die Fähigkeiten des Abiturienten sein sollten, die gefragt waren.

Nach wenigen Wochen nämlich verließen wir das Lager Kollrungermoor und wurden nach einem unbekannten Ort „in Marsch gesetzt", das heißt, die Einheit wurde in Aurich in Eisenbahnwagen verladen, an die während der Fahrt durch Deutschland mehrfach Waggons mit anderen Einheiten angekoppelt wurden, so daß am Ende ein Zug von beträchtlicher Länge entstand. Obwohl das Ziel vor uns geheimgehalten wurde, verrieten uns die Bahnhofsschilder die Route: Sie wies nach Westen, nach Frankreich. Der Zug, der über die Grenze ins besetzte Land fuhr, glich einem Bandwurm, der jetzt allmählich seine Glieder abstieß. Zuletzt blieben nur unsere Wagen übrig. Die Fahrt endete in Angers, der früheren Hauptstadt des Herzogtums Anjou.

Wir waren kaum in unserem Quartier untergebracht – einer fast klösterlichen Internatsschule mit kabinenartigen Räumen –, da schlug meine Stunde. Ein Dolmetscher wurde benötigt. Und ich brauchte, nach sechs Jahren Französischunterricht, mein Licht nicht unter den Scheffel zu stellen. Sofort hatte ich mich dem Feldmeister, dem Führer unserer Einheit, „zu ständiger Verfügung" zu halten. Er unternahm keinen Besuch der Stadt, ohne mich mitzunehmen. Aber auch für meine anderen Vorgesetzten war ich plötzlich ein begehrter Mann – auch ein überschätzter, denn Kenntnisse wurden von mir erwartet, die ich nicht besaß, Ratschläge, die ich nicht geben konnte; noch nie war ich im Ausland, geschweige denn in Frankreich gewesen („internationaler Schüleraustausch" war für mich noch ein unbekanntes Wort). Ich sollte versäumte Erfahrung rasch nachholen, auch die Umstellung vom Schul- aufs Gebrauchsfranzösisch.

Die eigentliche Bewährungsprobe kam nach einer Woche. Der Feldmeister vermißte einen größeren Koffer, der von seinen Eltern in Pirmasens für ihn aufgegeben worden war und der irgendwo festliegen mußte. Ich bekam den Auftrag, ihn zu suchen, und wurde mit einem „Marschbefehl" und einer Fahrkarte nach Pirmasens ausgestattet. Für Tage war ich ein freier Mann. Auf dem Bahnhof Pirmasens erfuhr ich, daß der Koffer über die Gare de l'Est in Paris geleitet worden und vielleicht dort liegengeblieben sei. Tatsächlich fand ich ihn, nachdem ich mich von Instanz zu Instanz durchgefragt hatte, eben dort in einem abgelegenen Winkel der Gepäckhallen. Es genügte mir zunächst zu wissen, wo ich ihn abholen konnte. Denn die Freiheit, die der Auftrag ließ, forderte den Unternehmungsgeist heraus.

Ein dehnbarer „Marschbefehl" war im Krieg wie ein Passepartout. Ich konnte in einem Soldatenheim übernachten. Meine Berliner Schuljahre zahlten sich aus; die fremde Mammutstadt schüchtere mich nicht im geringsten ein, schnell wurde ich mit der Pariser Metro vertraut. So fuhr ich zum Montmartre, ging über die Champs-Elysées und an der Seine entlang, besuchte den Louvre. Für den Schluß hatte ich mir Versailles aufgehoben. Zwar war der Abstecher dorthin durch meinen Marschbefehl nicht gedeckt, aber die Unternehmungslust ließ sich einfach nicht bremsen, und das Risiko war sogar von prickelndem Reiz. Ich hatte Glück; kontrolliert wurde ich erst nach meiner Rückkehr aus Versailles von der „Feldpolizei" (die Bezeichnung wirkte in der Weltstadt Paris wie ein Witz).

Als ich mit dem schweren Koffer vom Bahnhof Angers abgeholt wurde, war die Freude des Feldmeisters so groß, daß die Dauer der Reise kein Gegenstand von Fragen wurde. Man wollte meine Fähigkeiten auch weiterhin nicht brachliegen lassen; ich hatte von nun an nicht nur zu dolmetschen, sondern die Einheit zusätzlich zur Grundverpflegung durch die Küche mit Kostbarkeiten wie Gebäck, Obst und Getränken zu versorgen. Ich wurde also Einkäufer und „Kantinier". Nie hatte ich geglaubt, einmal in die Spuren meines Vetters Hinrich zu treten. Nun stand ich hinter dem provisorischen Schanktisch und verkaufte Wein, Bier, Kognak und den Orangenlikör „Cointreau", der in Angers hergestellt wurde und dessen Fabrikation ich mir auch einmal zeigen ließ.

Angers, an der Maine gelegen, ein paar Kilometer vor ihrer Einmündung in die Loire, wurde beherrscht von der Kathedrale St. Maurice und dem alten, auf steilem Felsen erbauten Schloß, das seine originelle Ansicht den achtzehn mächtigen Rundtürmen verdankt. Auf den Boulevards, die noch den Verlauf der alten Wälle erkennen ließen, flanierten unter den Franzosen die deutschen Soldaten. Es verging einige Zeit, ehe die einfachen Arbeitsmänner Stadturlaub erhielten. Unterführer Kopp gab vor dem Ausgang noch einmal Instruktionen für richtiges Verhalten und schloß augenzwinkernd mit der Mahnung, daß man sich als deutscher Arbeitsmann vor französischen Samenräubern in acht zu nehmen habe.

Viel Gelegenheit zum Stadtbummel in Angers gab es nicht mehr; schon bald wurde die Einheit nach Rennes, der Hauptstadt der Bretagne, verlegt, zunächst wieder in eine Schulanstalt, ein modernes Mädcheninternat, das hatte geräumt werden müssen; nur die Directrice und die Hausmeisterfamilie waren zurückgeblieben. Daß die Directrice noch im Hause wohnte, wurde bald zum Anlaß eines Zwischenfalles, bei dem nicht nur die Fähigkeit des Dolmetschers sich zu bewähren hatte, sondern auch die, zwischen den Parteien zu vermitteln.

Die Arbeitsdienstführer betonten gern die Ebenbürtigkeit des RAD mit der Wehrmacht, und so hatte man vor dem Internat ein Kasernen-Schilderhaus aufgestellt, an dem Tag und Nacht ein Arbeitsmann als Wachmann patrouillierte. Eines Tages hörte ich Lärm im Hause, das Getrappel von Stiefeln, Schreie und heftige Stöße gegen eine Tür. Ich wurde in die Wohnung der Directrice gerufen, wo der Feldmeister neben der tieferschrockenen Frau stand und zwei bewaffnete Arbeitsmänner einen jungen, inmitten der Aufregung kalt wirkenden Mann im Griff hielten. Was war geschehen? Der

Wachposten hatte Alarm geschlagen, weil er sich beleidigt fühlte: der junge Mann – es war der Sohn der Directrice, der seine Mutter besuchen wollte – habe vor ihm ausgespuckt. Es gab ein heftiges Hin und Her zwischen Anschuldigung und Leugnen, flehentliche Beschwörungen der Directrice und Auftrumpfen des Feldmeisters, der vor seinen Untergebenen nicht als Schwächling dastehen wollte. Er war an sich von verträglich rheinpfälzischer Gemütsart, ihm war der Trubel unangenehm, aber er mußte das Gesicht wahren. Schließlich akzeptierte er die Version des Gefangenen, er sei schwer erkältet, also mit dem Ausspucken vor dem Betreten des Hauses einem natürlichen Bedürfnis nachgekommen, und beschränkte die „Strafverfolgung" auf ein strenges dauerndes Hausverbot für den Sohn. Mir war es gelungen, den jungen Franzosen zu einem ausdrücklichen Bedauern des Vorfalls zu bewegen. Freilich hatte der Blick, mit dem mich der etwa Gleichaltrige bedachte, seinen Worten widersprochen. Ich bin überzeugt, dieser junge Franzose ist später in den Untergrund, zur französischen Widerstandsbewegung gegangen.

Der Maquis stand noch in der Aufbauphase, und wir erfuhren von seiner Tätigkeit nur indirekt. Auf keinen Fall erlebten wir ihn im Frankreich des Frühjahrs und Sommers 1941 als wirkliche Bedrohung wie später die Partisanen in Rußland. Der Großteil der Bevölkerung begegnete uns ohne direkte Feindseligkeit. Die Franzosen, die ich näher kennenlernte, konnten allerdings kein Maßstab sein; sie waren an geschäftlichen Verbindungen interessiert. Wo die Beziehung persönlicher wurde, kamen auch offene Gespräche zustande, so im Haus des Weinhändlers Dubois. Ich war ein paarmal zu einem kleinen Essen eingeladen, und bald vertrauten Mme. Und M. Dubois mir an, daß ihr Schwiegersohn Offizier der französischen Truppen in Algier sei, wo man den Krieg und die Sache Frankreichs noch lange nicht verloren gebe. Sie räumten ein, daß Hitler eine Reihe imponierender Siege vorweisen könne – aber habe sich Napoleon nicht auch am Ende totgesiegt? Die Parallele bekam überraschende Aktualität, als am 22. Juni 1941 die deutschen Truppen in die Sowjetunion eingedrungen waren, und M. Dubois noch einmal darauf zurückkam mit der Bemerkung, daß Hitler ja nun wohl wirklich in die Fußspuren Napoleons trete. Ich habe später in den russischen Wintern oft an die Gespräche mit den Dubois in Rennes denken müssen.

Als die Nachricht vom Krieg mit Rußland und, wie üblich, die ersten Sonder–, sprich Siegesmeldungen aus den Rundfunkapparaten dröhnten, hatte unsere Einheit das Internat, das von den Besatzungsbehörden wieder für seinen eigentlichen Zweck freigegeben war, längst geräumt. Wir waren zu Schloßbewohnern avanciert. Allerdings mußten wir im Château de la Prévalaye, einem unwohnlichen und ungepflegten Gebäude in der Umgebung von Rennes, alle Vorzüge aristokratischen Lebens entbehren. In den Räumen waren doppelstöckige Metallbetten aufgeschlagen, und die erste Nacht wurde für mich dadurch zur Tortur, daß über mir ein Bettnässer lag. Dieser massige Mann war von Beruf Bierfahrer und konnte eine große Kanne von mehreren Litern in einem Zuge leeren. Ich bewunderte ihn dafür, sah aber doch lieber auf ihn herab und wechselte mit ihm am nächsten Morgen den Platz. Wirklich großherrschaftlich war unser Schloß durch die Allee, die zu ihm führte, und den Blick, den man von ihm hinaus ins Grüne hatte.

Ich führte, mit einem großen Maß an Freiheit, mein privilegiertes Leben weiter, lebte zwar nicht „wie ein Gott in Frankreich", aber doch wie ein Götterliebling, und ich wußte es sehr wohl. Im Rückblick ist mir auch das Zynische daran bewußt. Gerade mit den besonderen Vergünstigungen des Dolmetschers und Einkäufers profitierte ich von den Rechten, die sich die Besatzungsmacht nahm; ich war Nutznießer einer Kriegsbeute. Doch versuche ich auch die Unbefangenheit zu verstehen, mit der ich inmitten des Krieges die Sommerepisode in Frankreich genoß. Ich hatte mir ja den Krieg keineswegs herbeigewünscht und sah mich als Teilnehmer eines Geschehens, das ich nicht beeinflussen konnte, für das ich mich aber auch nicht verantwortlich fühlte (zum Bewußtsein eines Widerstandskämpfers fehlten mir die Voraussetzungen). Man würde überhaupt ein Leben, das unter so vielen Ungewißheiten steht wie das im Kriege, nicht aushalten, wenn man immer nur ans große Ganze denkt, man würde damit den Alltag nicht überstehen. Der Krieg ist der Vater des Wunsches, ihn zu überleben – und aus ihm versteht sich das Vermögen, eine vorübergehende Gunst der Verhältnisse als unverhofftes Geschenk und ganz ohne schlechtes Gewissen anzunehmen.

An der Vorläufigkeit des französischen Zwischenspiels konnten wir erst recht nach dem Beginn des Krieges gegen Rußland nicht mehr zweifeln. Truppenverbände rückten über Nacht aus den Quartieren, wurden an die Ostfront verlegt. Unsere halbjährige Arbeitsdienstpflicht lief ab, wir rechneten von Woche zu Woche mit der Entlassung und der anschließenden Einberufung zum Wehrdienst. Alle spürten, der Krieg hatte eine neue Dimension bekommen. Zeichnete sich auch in Rußland ein Umschwung, eine Wende des Krieges noch nicht ab, so ließ sich doch bei einem Blick auf die Landkarte das Gefühl nicht beschwichtigen, daß es bei der riesigen Ausdehnung dieses Landes mit ein paar Kesselschlachten nicht getan war.

Der Transport an den Ort der Entlassung rollte Anfang September gen Osten. In einem Lager in der Nähe Triers wurden uns die Entlassungspapiere ausgehändigt. Es war ein herrlicher sonniger Herbsttag, als wir den Zug bestiegen, der uns an der Mosel entlang nach Koblenz brachte. „Moselfahrt aus Liebeskummer" heißt eine damals bekannte Erzählung des Schriftstellers Rudolf G. Binding. Ich war von der Landschaft so berauscht, daß ich mir vornahm, nach dem Kriege einmal eine „Moselfahrt aus Liebesglück" zu machen. Das habe ich auch mit meiner Frau getan, später – sehr viel später. Da hatte jeder von uns eine der tiefgreifenden Erfahrungen hinter sich, die das angebrochene Jahrzehnt für uns bereithielt.

Schmerzliche Lektionen

Zwischen Hamburg und Staraja Russa

Der Krieg gewährte keine Pause. Nur wenige Tage nach der Entlassung aus dem Reichsarbeitsdienst beorderte mich der Gestellungsbefehl nach Hamburg, zur Nachrichtentruppe in Rahlstedt.

In Hamburg war ich nur ein einziges Mal gewesen, während der Volksschulzeit bei einer Klassenfahrt zum Tierpark Hagenbeck in Stellingen. Noch von keinen Tierfilmen des Fernsehens abgestumpft, allenfalls durch ein paar Provinzzirkus-Vorstellungen neugierig gemacht, waren wir mit aufgeregter naiver Freude von einem Freigehege zum anderen gestürmt, von einer exotischen Tierart zur anderen. Hier mischte sich in das Sensationserlebnis nicht jenes bedrückende Mitleid, das ich immer mit den Tanzbären empfunden hatte, die damals noch von Tierbändigern über die Dörfer geschleift wurden und vor den Haustüren zum Tamburinschlag auf den Hinterbeinen herumtapsten. Bei Hagenbeck packte mich Mitleid nicht mit den Tieren, sondern mit Menschen. Denn es gab – heute nur schwer noch vorstellbar – inmitten des Tierparks auch ein Gehege mit Häusern und mit Eingeborenen fremder Erdteile. Diese exotische Dorfanlage war die Erbschaft von Karl Hagenbeck, dem Begründer der Dynastie, der in den letzten Jahrzehnten des 19. Jahrhunderts mit ethnographischen Schaustellungen Furore gemacht hatte, bei denen Angehörige verschiedener Völkerschaften in ihren Wohnverhältnissen und mit ihren Haustieren vorgeführt wurden. Von unserem Besuch in Hagenbecks Tierpark hat die Zeit bald Einzelheiten in meinem Gedächtnis gelöscht, nicht aber den Anblick des Menschengeheges im Zoo.

Daß diese Eindrücke vom ersten Besuch in Hamburg beim zweiten Aufenthalt in mir wieder so lebendig wurden, hatte mit dem Tiefpunkt meines Selbstgefühls in den ersten Wochen der Rekrutenzeit zu tun. Natürlich begann niemand seinen Militärdienst mit der Erwartung, nun gehe es ans Honigschlecken. Für die meisten waren zudem die Anfangswochen im Reichsarbeitsdienst schon eine Art Vorwegnahme der Rekrutenzeit gewesen. Überhaupt gab es keinen Anlaß, sich über die Ausbildung auf dem Rahlstedter Kasernenhof und dem Übungsgelände zu beklagen. Strafrunden drehen und robben hatten wir schon in der Hitlerjugend gelernt. Und ich hatte das Glück, weder im RAD noch in der Wehrmacht an jene sadistischen Vorgesetzten zu geraten, die man Schleifer nennt. Mein Unteroffizier in der Rahlstedter Kaserne war geradezu ein Gegentyp: Von Beruf Rundfunkredakteur beim Hamburger Sender, hielt er einen intelligenten Unterricht und verwandelte sich auch im Freien nicht in einen Berserker. Im übrigen war man bei der Nachrichtentruppe als Abiturient kein bunter Vogel, dem erst mal die Flügel gehörig gestutzt werden mußten. Zumal bei den Funkern war der Anteil der Abiturienten hoch, galt ein gewisses Maß an Intelligenz geradezu als Voraussetzung, sah man über Rückstände des Zivilen großzügig hinweg. Von daher hätte ich mich am Bewußtsein, zu keiner Durchschnittsgruppe zu gehören, eher aufrichten können.

Meine innere Auflehnung hatte andere Ursachen und bezog sich fast ausschließlich auf einen Punkt. Wir durften wochenlang die Kaserne nicht verlassen; und auch wenn der Kommandeur des Rahlstedter Nachrichtenbataillons, ein sehr hanseatischer Typ, wahrscheinlich nur einer allgemeinen Kasernenregel folgte, wurmte mich doch die Begründung, mit der man uns den Ausgang verweigerte: wir seien als Soldaten nach ein paar Wochen Dienstzeit für die Öffentlichkeit noch nicht reif. Was im Arbeitsdienstlager Kollrungermoor als Problem überhaupt nicht aufgetaucht war, wurde hier zu einem Fall der Selbstachtung. Erwachsene Menschen, die aus allen Zweigen des öffentlichen Lebens kamen, plötzlich die Tauglichkeit für diese Öffentlichkeit abzusprechen, war demütigend. Zugegeben, ich brannte darauf, Hamburg kennenzulernen, und zu meiner Empfindlichkeit trug die Ungeduld bei. Aber nie wieder habe ich mich so entmündigt gefühlt wie als Rekrut. Und nicht von ungefähr wurden mir gerade in diesen Wochen wieder die Bilder vom Menschengehege in Hagenbecks Tierpark gegenwärtig.

Die Erinnerungen an die Erkundung der Stadt in den wenigen Wochen, die mir in Hamburg noch blieben, werden überlagert von denen späterer Aufenthalte in der Nachkriegszeit. Auch ein späterer Besuch in den Kammerspielen, von dem noch zu erzählen sein wird, ist so prägend geworden, daß mir nicht einmal der Titel des Stückes einfallen will, das ich im Spätherbst 1941 im Schauspielhaus sah.

Es war inzwischen Adventszeit, und unsere Rekrutenkompanie wurde für einen Tag zum Postamt des Hamburger Hauptbahnhofs abgeordnet, um bei der Abfertigung der sich türmenden vorweihnachtlichen Paketpost zu helfen. Das Datum dieses Tages ist mir unvergeßlich geblieben: der 11. Dezember 1941. Denn während einer Kaffeepause, im großen Wartesaal des Hauptbahnhofs, hörten wir aus dem Lautsprecher eine wichtige Nachricht. Wir waren an das Klangritual der Sondermeldungen gewöhnt, aber daß auch diese Nachricht im Schmetterton der Siegesbotschaft verkündet wurde, hatte etwas Makabres, das mich erschauern ließ: Als triumphales Ereignis gefeiert wurde Hitlers Kriegserklärung an die USA.

Es gibt Momente blitzhafter Erkenntnis, schmerzlicher Klarsicht, die man mit ihrer ganzen Konsequenz nur für kurze Zeit im Bewußtsein gegenwärtig hält, weil man sonst handlungsunfähig werden würde. Von solcher Art war dieser Augenblick des Dezembertags im Hamburger Wartesaal. Die Situation war der vom 3. September 1939 ähnlich, als mit dem Eintritt der Westmächte in den Krieg das Zweifrontengespenst zurückkehrte. Aber der Krieg auf den europäischen Schauplätzen blieb immer noch überschaubar und schien deshalb auch beendbar. Damit war es nun vorbei. Gewiß waren die Vereinigten Staaten nach dem Überfall der Japaner auf Pearl Harbour geschwächt und in einen Fernost-Krieg verwickelt. Dennoch hatte der Krieg nun wahrlich globale Maße angenommen. Die Ressourcen der Alliierten, ihre Rohstoffquellen und ihre technische Produktion schienen von unermeßlicher Überlegenheit; ein Kinder-Einmaleins genügte, um sich auszurechnen, daß dieser Krieg von Deutschland nicht mehr zu gewinnen war. Die Gewißheit, daß alles das, wozu wir als Soldaten ausgebildet wurden, daß alle künftigen Opfer vergeblich sein würden, und eine unbestimmte, aber nicht zu dämpfende Untergangserwartung beherrschten mich an diesem vorweihnachtlichen Tag.

Schon das Weihnachtsfest erlebte ich nicht mehr in Hamburg. Ich gehörte zu einer Gruppe von Funkern, die als erstes „Kontingent" die Kaserne verließ. Das Ziel: ein Sammellager für den Einsatz an der Ostfront. Daß der Abschied von Hamburg so früh kam, hatte ich mir, wenn ich es recht überlegte, selbst zuzuschreiben. Ich zählte zu den Funkern, die in der Ausbildung am weitesten fortgeschritten waren. Das verlangt eine Erklärung.

Besondere technische Begabung besitze ich nicht. Wohl aber hatte ich Vergnügen an der Tätigkeit des Funkens als Form der Nachrichtenübermittlung, der Kommunikation. Das Morsealphabet, das Verschlüsseln und Entschlüsseln eines Textes, also der Umgang mit dem Geheimcode, die Beherrschung der Funktaste selbst, das Auffangen und Notieren der Funkzeichen am Empfangsgerät – alles dies lernte ich verhältnismäßig mühelos. Es fiel mir leicht, weil dabei auch der Spieltrieb auf seine Kosten kam. Außerdem hatte es einen besonderen Reiz, hier in den Besitz eines Geheimwissens zu kommen, über ein Zeichensystem zu verfügen, mit dem sich nur wenige verständigen konnten. Kurz, es war die ganz eigene, das Spielerische nie ganz verlierende Sondersprache des Funkens, die mich faszinierte – etwas, was sogar eine entfernte Ähnlichkeit mit der Sprache der Kunst aufwies.

Ich hing dem Gedanken, daß ich als Funker mit weniger Lust und Eifer sicherlich noch in Hamburg geblieben wäre, nicht lange nach. Schon begann jener Soldaten-Fatalismus mich anzustecken, der am Gang der Dinge nicht rütteln zu können glaubt und sich mit der Möglichkeit tröstet, daß jemand den Krieg vom ersten Tag an mitmacht und heil davonkommt, während ein anderer vom Krieg erst am letzten Tag geholt wird und ihn nicht überlebt.

So saßen wir am Weihnachtsabend in einer Baracke des Truppenübungsplatzes Großborn in Pommern um einen Tisch und wärmten unsere nicht gerade sprudelnde Stimmung mit Alkohol an. Wir wußten, daß wir der Kälte entgegengingen. Der Winter war in Rußland früh hereingebrochen und hatte den deutschen Vormarsch gestoppt. Auch wenn wir das wirkliche Fiasko der in Sommerkleidung überraschten Truppen nicht kannten, ließ uns das Getöse um die Spendenaktion für Winterkleidung einiges ahnen. Das Wort führte der Fahrer unseres Funkwagens, ein Senior unter uns Jüngeren, ein Familienvater, der fast auch unser Vater hätte sein können. Er fiel durch seinen Beruf aus dem Rahmen, hatte im Hamburger Hafen gearbeitet und war sozusagen mit allen „Elbwassern" gewaschen. Er sollte uns in Rußland mit seiner Zuverlässigkeit und Hilfsbereitschaft ebenso teuer werden wie mit seinen starken Armen. Was er jetzt zu unserer Aufmunterung beitrug, war saftiger Hafenkneipen-Schnack, der die Engel, hätten denn welche unseren kümmerlichen Weihnachtsbaum geschmückt, nicht aus dem Erröten hätte herauskommen lassen. Hamburgs letzter Gruß an uns waren Geschichten der Hafen- und Landser-Erotik unterm Lichterbaum.

Unsere nächsten Stationen auf dem Weg nach Rußland lagen im südlichen Ostpreußen, wo eine neue Division zusammengestellt wurde. Eine Zeitlang richteten wir uns in der kleinen Stadt Niko-laiken im Kreis Sensburg ein und wohnten in Privatquartieren. So tauchten wir noch einmal in heimatliche Herdwärme zurück. Das Idyllische der verschneiten Stadt, das Kartoffelschälen für unsere „Gulaschkanone" gemeinsam mit Frauen des Orts, die uns mit ost-preußisch-masurischen Liedern unterhielten, der morgendliche und abendliche Gang über den Hangweg zwischen meinem am Ortsrand liegenden Quartiert und dem Zentrum, der sonntägliche Ausflug durch den Wald zum Ausläufer des Spirdingsees, und immer wieder der erwärmende Anblick der in ihrer Wintervermummung drallen und mit ihrer Mundart drolligen Mädchen – diese anheimelnde Welt von Nikolaiken war wie eine letzte Landzunge des Friedens bei unserer Fahrt in den Krieg.

Noch einmal wechselten wir den Standort, sammelten uns mit westdeutschen Verbänden in Johannisburg, dann wurden wir mit unseren Wagen, Waffen und Geräten auf die Eisenbahn verladen, die uns in den Nordabschnitt der Ostfront, in die Nähe des Ilmensees brachte. Die erste russische Stadt, der wir nach der Bahnfahrt und nach nächtlicher Entladung ansichtig wurden, war Staraja Russa, ein Ort mit ehemals mehr als fünfzehn Kirchen, von denen wir nur noch einige vorfanden. Ihre bunten Türme blinkten in der Morgen-sonne ein trügerisch freundliches Willkommen. Aus den Städten blieben wir von nun an verbannt. Nur Dörfer boten noch Unter-kunft oder – bei Verlegungen der Division – Unterschlupf: zunächst am Ilmensee, dann für längere Zeit in dem von sowjetischen Trup-pen eingekreisten „Kessel" von Demjansk, zu dem nur ein schmaler Zugang offengehalten werden konnte, schließlich, nach der Räu-mung des Kessels in einer Nacht- und Nebelaktion, in der Umge-bung der Stadt Cholm und im nördlichen Mittelabschnitt der Front. Nur einmal in den beiden Rußland-Jahren, sieht man von den Ur-laubswochen ab, ein Lichtblick, ein Aufatmen: ein Funker-Lehrgang in Riga, die Wohltat, wieder in einem Café oder Restaurant zu sitzen – auch wenn die Lokale zu unserem Verdruß von den im besetzten Gebiet stationierten SS-Offizieren und ihren Freundinnen be-herrscht wurden.

Lautgestöber aus dem Äther.
Die Schreie der Verwundeten

Es besteht kein Anlaß, meine Kriegsjahre in Rußland, auf welche Weise auch immer, zu heroisieren. Trotz vielfacher Strapazen war uns im Vergleich mit anderen Soldatenverbänden der leichtere Teil zugefallen. Ausgerüstet mit der besten Winterkleidung, über die damals deutsche Soldaten verfügen konnten, waren wir auch gegen den strengen Frost gewappnet, und ich habe immer die Auszeichnung für die Teilnahme am Winterfeldzug 1941/42, für die sich im Landserdeutsch rasch der Name „Gefrierfleischorden" einbürgerte und die auch uns verliehen wurde, für unverdient gehalten. Ich trug einen gefütterten „Übermantel", der weit über die Knie rechte und unter dem ich mich auch beim Schlafen verkriechen konnte. Es machte mir in den kalten Februar- und Märznächten nichts aus, nach meiner zweistündigen Wachtpostenschicht auch, im Austausch gegen eine andere Gefälligkeit, den nächsten Wachtdienst noch zu übernehmen. Das galt allerdings nur für die klaren Nächte. Mich ließ der Sternenhimmel über der verschneiten russischen Ebene nicht los. Eine solche Durchsichtigkeit der Atmosphäre und solche Plastik des Firmaments, eine solche Tiefe des Weltraums hatte ich noch nicht erlebt. Die Wahrnehmung von Grenzenlosigkeit und Unendlichkeit, die bei den Klassenexkursionen zum Berliner Planetarium pädagogisch und rational erklärt worden war, hier wurde sie wie nie zuvor zum elementaren Ereignis.

Im Vorteil waren wir auch dadurch, daß unsere Nachrichteneinheit, genauer der Funktrupp, zu dem ich gehörte, meistens dem Divisionsstab zugeordnet und so, zumindest während des Stellungskriegs, dem unmittelbaren Frontgeschehen entrückt war. Geschützdonner, der Salventon der Stalinorgeln oder der Heulton der deutschen Sturzkampfflugzeuge (der Stukas) drangen zwar zu uns, aber als Bedrohung empfanden wir nur die nachts über uns hinwegtuckernden russischen Flugzeuge und die verstreuten Bombeneinschläge. Unsere Aufgabe war es eben nicht, gegen verdächtige Geräusche des Feindes wachsam zu sein, sondern in den Äther hineinzulauschen. Von ganz eigener Faszination waren die Nächte am Funkgerät; während die anderen schliefen, fühlte man sich einsam, isoliert und doch zugleich in Kontakt mit einer Welt, die unbegrenzt schien und nicht lokalisierbar war. Signaltöne wie von fremden Sternen klangen auf und tauchten wieder weg, der Äther war erfüllt mit einem Sternschnuppengestöber von Lautzeichen. Man begrüßte die Ablösung, weil das konzentrierte Horchen ermüdete, aber man löste sich doch mit leichtem Bedauern aus einer magischen Verknüpfung mit der Welt.

Die Mehrzahl der Kompanieangehörigen war rheinisch-westfälischer Herkunft, und nicht wenige bekannten sich ausdrücklich, ja ostentativ als Katholiken. So hörte ich zum erstenmal den Namen des Bischofs von Münster, Graf von Galen, erfuhr, wenn auch nur in Andeutungen, von seinem Protest gegen nationalsozialistische Kirchenfeindlichkeit und gegen die Euthanasie. Zwischen den Anhängern Galens bestand eine stillschweigende Gemeinschaft; Außenstehende spürten immer eine Schranke der Distanz.

Ohnehin fand ich leichter Kontakt zu den Rheinländern. Unter ihnen war einer, den ich geradezu beneidete: Paul Hohnen. Er sollte später zu meinen besten Freunden gehören. Von ihm ging in der Kompanie das Gerücht, daß er eine Doktorarbeit über Goethes „Faust" schreibe. Weder von Doktorarbeit noch von Faust konnte, wie sich herausstellte, die Rede sein; der Wahrheitsgehalt der Legende nahm sich bescheidener aus. Paul hatte ein paar Trimester in Bonn studiert, Deutsch, Latein und Geschichte. Er wurde später, nach Krieg und Gefangenschaft, im Fach Klassische Philologie promoviert und ging in den höheren Schuldienst. Was ich dem Soldaten Paul Hohnen neidete, war das Glück, während des Krieges schon in der Universität ein- und ausgegangen zu sein, Vorlesungen gehört zu haben. Er war für mich das Inbild des Studenten überhaupt, die Verkörperung eines Wunschbildes.

Einen strammen Soldaten, dessen bevorzugte Meinungsäußerung im „Jawoll" und im Hackenklappen bestand, hatte man aus ihm nicht machen können. Da er als „Faust"-Kenner galt, ließen ihm die Vorgesetzten manche zivile Schlaksigkeit durchgehen. Er war, was man später – wenn auch in etwas anderem Sinne – einen „Staatsbürger in Uniform" nannte. Er gab nie vor, ein Held sein zu wollen. Seine eigentliche Bewährungsstunde kam erst ein halbes Jahrhundert später. Ich habe die Festigkeit und Klaglosigkeit bewundert, womit er nach mehreren Krebsoperationen den Verfallsprozeß hinnahm und zuletzt dem Tod entgegenging, der seinem Gesicht schon eingeschrieben war.

Daß unsere Nachrichteneinheit zumeist in der Nähe des Divisionsstabs lag, hieß nicht, daß wir davon verschont blieben, „dem Tod ins Auge" zu blicken. Für sehr kritische Situationen an der Front waren wir auch Notreserve, wurden mit anderen Verbänden der hinteren Linien nach vorn geworfen, um Einbrüche des Gegners zu verhindern. Nur einmal habe ich einen russischen Sturmangriff erlebt. Um so schärfer sind die Erinnerungsbilder.

Unser Zug liegt, zwischen Maschinengewehrstellungen der Infanterie verteilt, am Rande eines Waldes. Die eigentliche Zeit für den erwarteten Sturmangriff, die Stunde des Morgengrauens, ist schon verstrichen. Auch die übliche Vorbereitung durch Artilleriefeuer ist ausgeblieben. Wir beginnen uns zu entspannen. Vor uns liegt, mit nur wenig Buschwerk, eine halb steppen–, halb wiesenartige Ebene, die hinten offenbar abfällt, so daß die Feindstellung unserem Blick entzogen ist. Irgendwann – morgen früh vielleicht? – muß der Gegner hervorbrechen, denn überall an unserem Frontabschnitt stehen die Zeichen auf Angriff. Vielleicht warten die Russen noch auf Nachschub. Vielleicht haben wir nur eine Galgenfrist, vielleicht aber auch eine längere Schonzeit. Auf jeden Fall ist unsere Verteidigungsstellung nicht schlecht gewählt. Wir haben gutes Sichtfeld, das gibt einige Sicherheit. Die Gedanken beginnen zu wandern, wenden sich ab von der Augenblickssituation, emigrieren in friedliche Fernen.

Plötzlich hebt sich über die Grenzlinie des Blickfeldes eine breite Reihe von Stahlhelmen und Körpern. Russisches Maschinengewehrfeuer schlägt zu uns herüber. In lichter Kette und leicht gestaffelt rücken die Gestalten vor; mir scheint es, als komme eine ganze Legion auf uns zu, eine Walze von Menschenleibern. Und nun das berüchtigte, gefürchtete „Hurrä! Hurrä!", diese bellenden Rufe, die den Angreifer anfeuern und den Gegner erschrecken und in Panik versetzen sollen – ein Geschrei, das alle Vorstellungen von den Schlachtgesängen der Germanen, die uns die Tacitus-Lektüre im Schulunterricht vermittelt hat, verblassen läßt. Es zerrt an den Nerven dessen, der es zum erstenmal hört.

Abwechselnd springen die Angreifer und werfen sich nieder. Aber unsere Maschinengewehre reißen furchtbare Lücken. Die Gewehrschützen haben Anweisung, abzuwarten, bis die Angreifer so nahe sind, daß wir gezielte Schüsse abgeben können. Ich glaube wenigstens soviel schon zu erkennen, daß es fast nur ganz junge Soldaten sind, die auf uns zu und in den Tod laufen, Männer meines Alters, eher noch jünger. Und immer wieder, aber schon zunehmend schwächer, das „Hurrä! Hurrä!". Dann bricht der Angriff zusammen, eine wilde Flucht nach rückwärts beginnt. Aber auch in die Reihe der Rücken hinein mähen noch unsere Maschinengewehre. Es ist ein Massaker. Dieser Sturmangriff war ein taktischer Mißgriff, nur ein Dilettant kann den Befehl dazu gegeben haben.

Ein Debakel für den Feind. Siegesjubel, Triumphgefühle bei uns? Nein. Auch in unserer Stellung liegen Verwundete, werden von Sanitätern versorgt. Bei den übrigen nur Befreiung, Erleichterung. Unendliche Erleichterung bei mir. Denn vom ersten „Hurrä!" an und den ersten Kugeln, die neben und hinter mir einschlugen, hielt mich eine Angst gepackt, wie ich sie bis dahin nicht kannte. Eine so elementare Angst, daß es mir für ein paar Momente vor den Augen flimmerte. Nun also ein freies Durchatmen, eine innere Erwärmung durch das Glücksgefühl, das Leben wieder geschenkt bekommen zu haben.

Kein Mitgefühl, kein Mitleid mit den dahingemetzelten oder verletzten Russen? Das ist eine der Fragen, die sich immer nur im nachhinein stellen. Die Maschinengewehre der russischen Angreifer schossen auch nicht mit Platzpatronen; so war es keine Zeit für Philanthropie. Ich war hineingeworfen, ob es mir paßte oder nicht, in die Extremsituation des Kampfes, in der es nur hieß: ihr oder wir. Für diesmal jedenfalls hatte ich überlebt; ich hatte zudem das unglaubliche Glück gehabt, nicht auf einen Menschen schießen zu müssen. Und es blieb an unserem Frontabschnitt ruhig; zu hören waren nur die Schreie von russischen Verwundeten, die erst bei Nachtanbruch geborgen werden konnten. Diese Schreie folterten das Ohr, erst jetzt waren wir des Mitleids fähig, und mancher mochte wohl insgeheim beten, daß ihm solches Elend erspart bleiben möge. Der Gegner wiederholte den Angriff in den nächsten Tagen nicht. Wir wurden zum Divisionsstab zurückverlegt.

Das Nachdenken über die Ereignisse begann erst in den Tagen darauf, nachdem der Schock der Angst verwunden war. Mir drängten sich wieder die Bilder der stürmenden Russen auf, die nach ihren Bewegungen und ihren Stimmen sehr junge Männer, vielleicht sogar

Freiwillige waren. Ich forschte in meiner Erinnerung nach, wo ich von so blutigem Anrennen gegen feindliche Stellungen schon gehört hatte, und mir fiel aus dem Geschichtsunterricht die Schlacht von Langemark ein, in der im Oktober 1914 deutsche Freiwilligenregimenter ins feindliche Feuer liefen und zum großen Teil verbluteten – Opfer einer Idee von totaler Einsatzbereitschaft fürs Vaterland und später Idole der nationalen und nationalsozialistischen Propaganda. Erst Jahre nach dem Erlebnis wurden die Bilder von stürmenden jungen Russen plötzlich wieder lebendig – als ich nämlich Thomas Manns „Zauberberg" las, am Schluß von den „dreitausend fiebernden Knaben" las, von den „grauen, laufenden, stürzenden, vorwärts getrommelten Kameraden", unter denen Hans Castorp ins Verderben rennt. Die Geschichte jugendlicher Opferbereitschaft und ihre Ausbeutung im Namen der Nation kennt keine nationalen Grenzen.

Während einer der Abordnungen in den Schützengraben geschah etwas, das offenbar bei längerer Ruhe im Grabenkrieg mit automatischer Regelmäßigkeit eintritt: In irgendeinem Stab beschließt man, dem drohenden Phlegma des Krieges entgegenzuwirken und einen Spähtrupp auszuschicken. Der Informationswert solcher nächtlichen Erkundungsunternehmen bis an die feindlichen Linien oder gar hinter sie steht oft in keinem Verhältnis zur Gefahr, doch gehören diese Abenteuer anscheinend zum ABC der Kriegskunst.

So eröffnete uns eines Tages der Zugführer Leutnant Heeg, daß in einer der nächsten Nächte ein Spähtrupp unter der Führung unseres Wachtmeisters – in der Nachrichtentruppe nannten Feldwebel sich Wachtmeister – aufbrechen solle und daß man Freiwillige brauche. Der Wachtmeister, ein „Zwölfender", sah einige von uns scharf an, auch mich; und ich hielt dem fordernden Blick nicht stand und meldete mich.

Analysiere ich heute meine Entscheidung, schließe ich falschen Ehrgeiz oder Übermut aus. Ich wußte ja nun, was Angst wirklich heißt. Vermutlich spielte auch hier eine Schwäche mit, die mir immer wieder zu schaffen gemacht hat: einer überfallartigen Zumutung nicht genug Widerstand entgegensetzen zu können. Diese Zumutung lag im befehlenden Blick des Wachtmeisters, der etwa besagte: Freiwilligkeit ist verdammte Pflicht. Kurz, ich glaube, auch hier war ich Opfer meiner Grundschwäche, schwer nein sagen zu können.

Aber wie auch immer, die Angelegenheit endete nach Art eines Märchens. Im verantwortlichen Stab muß man die Überflüssigkeit des Spähtruppunternehmens erkannt haben, jedenfalls wurde die Aktion abgeblasen. Alle Freiwilligen nahmen die Entwarnung mit Erleichterung auf, waren wir doch längst zur Einsicht gekommen, daß man ohne Notwendigkeit sein Leben nicht aufs Spiel setzen darf. Leutnant Heeg aber setzte einen pädagogischen Einfall in die Tat um: Er belohnte die Freiwilligen mit einem vorgezogenen Urlaub. So machte ich mich in vorweihnachtlichen Tagen auf den Weg nach Hause. Es sollte ein ungewöhnlicher Heimaturlaub werden.

Denn ein nie für möglich gehaltener Glücksfall trat ein. Alle drei Soldaten der Familie trafen sich zum Weihnachtsfest zu Hause: mein Bruder aus Rußland kommend, mein Schwager von der Kanalküste. Am ersten Abend bildeten wir bald eine Erzählrunde, in der nicht wie in E.T.A. Hoffmanns „Die Serapionsbrüder" jeder mit seiner Geschichte wartet, bis er an der Reihe ist, sondern einer dem anderen immerfort mit seinen Berichten zuvorkommen wollte. Als uns der Cognac schon ein wenig zu Kopf gestiegen war und der Erzählerwettbewerb allmählich ins Stocken kam, hielt ich die Zeit für gekommen, endlich meinen Trumpf auszuspielen. Ich berichtete, auf welche Weise ich zum vorzeitigen, zum Weihnachtsurlaub gekommen war: durch die Freiwilligenmeldung zu einem Spähtruppunternehmen, das ausgefallen war. Der Alkohol berauschte mein Selbstgefühl; ich verschwieg meine nachträglichen Skrupel und erzählte alles im Ton des Triumphs, so, als sei ich der reinste Glückspilz.

Ich hatte für gute Laune sorgen wollen, aber mein Vater stand plötzlich auf. Sein Gesicht war verändert, merkwürdig erstarrt. Er schluckte. Wir glaubten, ihm sei schlecht geworden. Er sagte kein Wort und verließ das Zimmer. Wir schauten uns an. War ihm das ungewohnte Getränk, war ihm der französische Cognac auf den Magen geschlagen? Es war uns nicht entgangen, daß er nicht mehr mit so flotten Schritten daherkam wie früher; etwas unvermittelt hatte sich das Alter von über sechzig Jahren bei ihm bemerkbar gemacht. Aber unser Vater von ein paar Cognacs mattgesetzt? Nimmermehr! Und ich begann zu ahnen, daß ihm etwas aufs Gemüt geschlagen war – etwa meine dummstolze Erzählung? Er schien die Fassung wiedergewonnen zu haben, als er zu uns zurückkehrte. Aber nie wieder habe ich ihn so ernst gesehen wie in diesen Augenblicken. Er blieb auch jetzt stumm. Und der erste Abend daheim nahm ein unerwartet einsilbiges Ende.

Am anderen Morgen zog er mich beiseite: „Junge", sagte er, „du hast mir gestern einen großen Schrecken eingejagt. So darf man sich nicht in Gefahr begeben. Man kann vor dem Tod nicht weglaufen, aber man soll ihm auch nicht entgegenlaufen. Dieser Krieg wird noch lange dauern, und er wird schlimmer enden als der letzte. Sieh zu, daß du durchkommst. Du darfst uns das nie wieder antun. Das mußt du mir jetzt fest versprechen." Seine düstere Vorhersage mißfiel mir, doch rührte mich seine Besorgtheit. Ich gab ein feierliches Versprechen.

Mein Vater verlor während der letzten Kriegsjahre viel von der früheren Unbefangenheit, mit der er sich von den kargen Freuden des Provinzlebens seinen Teil genommen hatte. Die Fröhlichkeit des *Laisser-faire* und *Laisser-aller* kam ihm abhanden. Immer öfter beklagte er die Zerstörung der Demokratie in Deutschland. Meine heimliche Achtung vor ihm wuchs, aber weiterhin hielt ich seine kritischen Bemerkungen zum Staat und seine Ansichten zum Ausgang des Krieges, den Hitler gewollt habe, für Zeichen eines notorischen Pessimismus. Ich wurde auch nicht hellhörig, als er von Nachrichten und Andeutungen sprach, die ihm über Massentransporte von Juden in den Osten zu Ohren gekommen waren. Ich sehe heute meine, unsere eigentliche Schuld in der Bequemlichkeit, mit der wir uns Informationen zu bloßen Gerüchten oder gar zu Erfindungen der Feindpropaganda verkleinern ließen. Schon unmittelbar nach dem Kriegsende wurde mir meine ganz persönliche Verfehlung klar: Ich hatte mich, immer noch verblendet, den Aufklärungsversuchen meines Vaters verschlossen.

Mein letzter kurzer Urlaub fiel in die Zeit der letzten Kriegsweihnacht. Da allerdings war, obwohl die Ardennenoffensive die Westfront noch einmal entlastet hatte, mein Glaube an den von Goebbels hysterisch beschworenen „Endsieg" endgültig erschüttert. Aber da hatte ich gerade die Ausbildung zum Reserveoffizier in der Pionierschule Dessau-Roßlau hinter mir, wo man uns noch einmal den Kopf mit optimistischen Phrasen vollzustopfen versuchte.

Reißende Wasser – hinreißende Tänzerin

Zwischen der kreatürlichen Angst beim ersten Sturmangriff und der unbedachten Meldung zum Spähtruppunternehmen bleiben, bei allen Erklärungsversuchen, Widersprüche, die sich nicht restlos auflösen lassen und die ich nicht wegreden will. Dem Dilemma einer anderen Widersprüchlichkeit entging auch mein Vater nicht.

„Gut, Sie haben das verbrecherische Regime nicht durchschaut, aber", so bin ich später einmal gefragt worden, „mußten Sie in der Armee dieses Regimes gleich Offizier werden? Wäre nicht der Obergefreite die sauberere Lösung gewesen?" Der Fall liegt etwas komplizierter. Vielleicht kann ich mich verständlicher machen, indem ich anknüpfe an die Erinnerungen („Unwegsames Gelände") von Hans Graf von der Goltz, dem Wirtschaftskapitän aus einer Adelsfamilie, zu deren Traditionen die Offizierslaufbahn gehörte. Als „Finnland-Goltz" gefeiert wurde der Großvater, der General, dessen Expeditionskorps 1918 Finnland befreien half. Aus solcher Tradition, schreibt Hans von der Goltz auf den ersten Seiten, empfing das Kind „den Stolz, über den, wie es weiß, man nicht spricht." Und bei solcher Tradition war es das mindeste, daß die Männer Reserveoffizier wurden, in einem Garderegiment.

Über einen Stolz dieser Art brauchte man in einer Handwerkerfamilie nicht zu schweigen, es gab ihn nicht. Und man beneidete auch die ruhmreichen Familien nicht um die Vergangenheit, die ihn begründete. Wohl aber ließ sich nicht einsehen, daß alte Standesprivilegien für ewig festgeschrieben sein sollten. Diese Vorrechte waren ja längst auch gefallen, mit dem ersten Bürgerlichen, den das Offizierskorps hatte aufnehmen müssen. Und der bürgerliche Reserveoffizier war spätestens im Heer des Ersten Weltkriegs Teil der Normalität. Onkel Hermann kehrte ja aus dem Krieg als Leutnant der Reserve zurück.

Und hier hatte sich etwas gebildet, was nun doch eine Art von „Stolz" war. Eine Genugtuung, die ihre Wurzeln im Gefühl einer Selbstbestätigung hatte, im Bewußtsein einer fortgeschrittenen bürgerlichen Emanzipation (einer Emanzipation auch unterer Schichten). Das Offizierspatent als demokratisches, wenn auch nicht Adels–, so doch Ehrendiplom. Auf dieses Recht glaubte man nun

Anspruch zu haben; und daß mein – längst zu einer Nachschubeinheit einberufener – Onkel inzwischen im Hauptmannsrang stand, berührte seine innere Opposition gegen das Hitlerregime nicht. Aus eben dem gleichen Grunde gab es für meinen Vater keine Bedenken, als er erfuhr, daß ich als Reserveoffiziersanwärter nach Deutschland abkommandiert war. Wie der Junge sein Abitur gemacht hat, so mag er nun auch Leutnant werden! Ob er die kleine Unstimmigkeit in der Gleichung wirklich übersehen hat?

Im Frühjahr 1944 verließ ich Rußland und bezog in der Bielefelder Kaserne, wo nach und nach andere „Fahnenjunker" der Nachrichtentruppe eintrafen, „Wartestellung". Damit wir diese Wartezeit nicht als Freizeit mißdeuteten, wurden wir beschäftigt, meistens mit Exerzieren, was uns nach unseren Ernstfall-Erlebnissen reichlich absurd vorkam. Versöhnt wurden wir durch die listige Art, mit der uns der Wachtmeister zu verstehen gab, daß auch er im Exerzieren keinen Sinn sah und uns nur ungern herumkommandierte. Er war erfinderisch in aberwitzigen Sprüchen wie diesem: „Das ganze deutsche Volk schläft aufrecht in den Betten, um die Kopfkissen zu sparen – und Sie legen die Hände nicht an die Hosennaht." Solchen Mut zur Ironie gab es auf dem Kasernenhof eben auch, wenngleich als Ausnahme. Die Anspielung auf jene desolate Versorgungslage im fünften Kriegsjahr, die überall zu drastischen Einschränkungen führte, hatte durchaus einen subversiven Zug.

Es war kein Geheimnis, daß bei dem hohen Prozentsatz an Abiturienten in der Nachrichtentruppe ein großer Teil der Offiziersanwärter anderen Truppengattungen zugewiesen wurde. Mit welcher Konsequenz, das erfuhren wir bald. Und es war die Art der Auswahl, die uns frappierte: Man verteilte uns nach dem denkbar einfachsten Prinzip, nach dem Alphabet. Den überwiegenden Teil beanspruchte die Infanterie. H gehörte zu den wenigen Buchstaben, die der Pioniertruppe vorbehalten waren.

Pionier zu werden, wollte meiner Vorstellung am allerwenigsten gelingen. Ich hatte mich bisher weder mit handwerklichen noch technischen Fertigkeiten hervorgetan, hatte weder die Größe noch die Statur jener „Leute vom Bau", die üblicherweise das Reservoir für die Pioniertruppe bildeten. Und so ging ich, als nach dem Schock die Fassung wiedergewonnen war, noch einmal in die Schreibstube und versuchte den Vollstrecker des Alphabets von meinen erbärmlichen Voraussetzungen für die Pioniertruppe zu überzeugen. Er sah an mir herunter, überlegte und sagte dann zu seiner, nicht meiner Erleichterung: „Bei den Pionieren braucht man ja auch Funker." Blanke Augenwischerei – ich wußte es.

Und sollte recht behalten. In der Pionierkaserne in Koblenz-Lützel war vom Mangel an Funkern in der Pioniertruppe nichts bekannt. Im Gegenteil: die Ausbildungsoffiziere und -unteroffiziere sahen genüßlich der Aufgabe entgegen, uns „Morseritter" vom hohen Roß zu holen und zu „tüchtigen, anständigen Menschen" zu machen. Unsere Kompanie versammelte aus ganz Deutschland Angehörige der Nachrichtentruppe, die in vier Monaten einen Schnellkurs durchlaufen sollten. – Mir ging das Pionier-Einmaleins buchstäblich in die Knochen.

Im Mittelpunkt der Ausbildung stand nämlich der Brückenbau. Auf einem Übungsplatz an der Mosel lernten wir den Holzbrücken- und den Pontonbrückenbau. Jemand, der in körperlicher Arbeit nicht trainiert war, bekam da eine Vorstellung vom Zustand eines geschundenen Sträflings oder Galeerensklaven. Meine Muskeln überstanden zwar die Zerreißprobe der ersten Tage, aber was abends ins Bett sank, waren Glieder, an denen Senkblei hing. Mehr noch als das Halten der Seile, wenn beim Einfahren der Pontons der Anker geworfen war, forderte das Tragen der gewaltigen Balken für die Holzbrücke meine letzten Kräfte. Denn fast immer war ich unter den Trägern der kleinste, und bei Schräglage der Last drückt das meiste Gewicht bekanntlich auf den untersten. Gegen die Fron des Brückenbaus waren die Märsche und Geländeübungen auf der anderen Rheinseite, oberhalb der Festung Ehrenbreitstein, fast eine Erholung. Doch sollte mir später die harte Körperschule zugute kommen.

Zwar galt in Koblenz die Devise von Goethes „Schatzgräber", „Saure Wochen, frohe Feste!", nur bedingt, doch nahmen wir wahr, was in der dienstfreien Zeit das Rhein-Mosel-Eck an sommerlichen Angeboten bereithielt: Fahrten moselaufwärts in die nahen Weinorte, Wanderungen und Mädchenbekanntschaften. Ich freundete mich mit einer Fleischerstochter aus dem kleinen Nachbarort Rübenach an. Sie war eine Schöne, der ich die Sprödigkeit nachsah, weil am Tisch des Vaters Genüsse warteten, von denen man längst entwöhnt war. Schließlich aber hatte ich ihr Geziere satt und entsagte den Fleischtöpfen Rübenachs, um mein Augenmerk ganz auf den Spielplan des Stadttheaters Koblenz zu richten.

Trotz Goebbels' Aufruf zum „totalen Krieg", der auch an Schauspieler erging, die nicht vom Heldenfach waren, spielte nämlich das Koblenzer Theater noch weiter, und zwar mit Schauspiel und Oper. Von den Aufführungen, die ich sah, sind mir genauere Erinnerungen nur an Goethes Schauspiel „Die Geschwister" und Eugen d'Alberts Opfer „Tiefland" geblieben – an Goethes Stück, weil wir von diesem kleinen Kammerspiel um Geschwister- und Gattenliebe in eine Intimität hineingezogen wurden, die von einer ganz anderen Welt war als die des Kriegsjahres 1944, so daß man ständig fürchtete, sie könne durch einen Flieger- und Bombenalarm brutal zerrissen werden. Denke ich an die Oper „Tiefland", fällt mir zunächst ein, wie ich am Besuch der Aufführung gehindert wurde, für die ich eine Karte hatte. Das Verbot des Theaterbesuchs war als Disziplinarstrafe gedacht.

Angesammelt hatte sich einige Wut über Schikanen von Ausbildern, die sich noch einmal an uns schadlos halten wollten, bevor wir in den Rang eines Vorgesetzten rückten; zuwider war mir der Stumpfsinn sogenannter Kameradschaftsabende, wo sich auf dem Höhepunkt der Gaudi alle mit Stühlen zur Polonaise aufstellen mußten, um dann unter Gebrüll auf diesen Stühlen vorwärtszuhopsen. Kurz, ich hatte bei einem nichtigen Anlaß während einer Marschübung meinem Ärger Luft gemacht und zu meinem Nachbar eine dumme Bemerkung über einige Ausbilder gemacht. Das Wort „Gesocks" ist ein schlimmer Ausdruck, den ich mir bis heute nicht verzeihe. Aber wie nicht zum Mörder werden muß, wer in der Erregung sagt: „Ich bringe dich um", so meinte ich das menschenverachtende Wort nicht wirklich ernst. Es war indessen nicht mehr zurückzunehmen, und einer der Ausbilder hatte es gehört. Ein Strafgericht brach über mich herein, zumal man mir intellektuellen Hochmut unterstellte. Zu meinem Glück war dann alles mehr ein Bühnendonner, der mich nach einer Woche Ausgangssperre dem Theater zurückgab.

Den Bau von Pontonbrücken beherrschten wir nach einigen Monaten, aber die Mosel bot keine erschwerten Bedingungen: uns fehlte zur Perfektion noch das „reißende Wasser". Das führte der Gebirgsfluß Inn. So brachen wir auf nach Rosenheim. Erst jetzt wurden wir mit des Pionierlebens ganzem Ernst vertraut. Nebel hing über dem Wasser und den Uferwiesen, und auf dem reißenden Gebirgsfluß fühlten wir uns beim Einfahren der davonschießenden Pontons in die Brücke wie Seeleute auf sturmgebeuteltem Schiff. Das Ankerseil riß an den Händen, die Pontons waren kaum zum Halten zu bringen, ein braver Pionier ging sogar über Bord und wurde weit abgetrieben.

Eines Abends begleiteten ein Stubengefährte und ich zwei Mädchen aus einem Rosenheimer Lokal nach Hause. Sie wohnten in einem Außenbezirk der Stadt. Wir gingen paarweise, und der Weg war lang genug für ein Repertoire von Kühnheiten. Der abendliche Gang durch die Allee der Außenstadt führte direkt zum Baum der Erkenntnis. So geriet ich wie einst der Ritter Tannhäuser in den Venusberg.

Im Unterschied aber zum Helden der Sage waren mir „sündige Wonnen" nicht lange beschieden. Mich hatte bald der Pionieralltag wieder, und das hieß in diesem Falle eine kürzere Abordnung zu meiner „Ersatzeinheit" in Porz bei Köln und eine längere nach Dessau-Roßlau, wo wir den letzten Schliff bekommen sollten. Tag- und Nachtübungen mit Flammenwerfer-Angriffen, Brückenbau und -sprengung, Minenverlegen und -räumen, vor allem aber weltanschaulich-politische Schulung standen auf dem Programm, denn längst war man nicht mehr mit der „Moral der Truppe" zufrieden.

Nächste Station war Regensburg, wo wir, ohne ersichtliche Aufgabe, aus Verlegenheit zur Ausbildung eilig einberufener Volkssturmmänner herangezogen wurden. Nach Dienstschluß machten wir uns davon, und so lernte ich in der Stadt Thea kennen.

Thea, gebürtig aus Amberg, war „kriegsdienstverpflichtet" und arbeitete in einem Rüstungsbetrieb. Ich bin mir heute nicht mehr sicher, ob sie wirklich vorher als Tänzerin dem Regensburger Theaterensemble angehört hatte, wie sie versicherte. Ein Foto gab nur halbe Gewißheit, und daß man sie, als wir gemeinsam eine Gastspielvorstellung besuchten, im Theater kannte, konnte auch andere Gründe haben. Von irgendwelchen Zweifeln aber wurde ich damals nicht geplagt. Ich war von ihrer Ausstrahlung als Künstlerin entflammt, wollte es sein. Noch nie zuvor hatte eine Freundin mich sinnlich so fasziniert wie Thea. An einem Sonntag fuhren wir mit der Bahn nach Donaustauf, um die Walhalla zu besichtigen. Wir defilierten an den aufgereihten Büsten der Heroen deutscher Geschichte, der Götter deutscher Kunst vorbei, doch Thea duldete keine anderen Götter neben sich – alles dies war Marmor und Gips, aber neben mir ging die schönste Gestalt aus Fleisch und Blut. Ich zog sie nach draußen, wir flohen vor den Scharen der Gucker, jagten uns und kugelten und balgten uns im Gras – es war um den Kopf zu verlieren.

Aber eben der Kopf blieb fest. Durch meine Jugendjahre hindurch hatten mich Sätze begleitet, die mir früh im Schulunterricht ein Lehrer einimpfte, der aus der Jugendbewegung kam – vor allem jenes vielzitierte Wort, das in Walter Flex' Buch „Der Wanderer zwischen beiden Welten" der Freund Ernst Wurche spricht: „Rein *bleiben* und reif *werden* – das ist die schönste und schwerste Lebenskunst." Es war nicht dieser pädagogische Warnruf, der mich blokkierte; die männliche „Unschuld" hatte ich ja verloren. Dennoch hielt mich eine Hemmung zurück, die man getrost ebenfalls „idealistisch" nennen kann. Es war das Gebot, daß man einen Kameraden nicht mit seiner Frau betrügt. Thea hatte von Anfang an kein Geheimnis daraus gemacht, daß sie mit einem Mann verlobt war, einem Oberleutnant, den die Rückzugsbewegung des Ostheeres schon auf deutschen Boden zurückgeführt hatte. Offenbar war ihre Bindung an ihn nicht so absolut, daß sie ein Liebesverhältnis mit mir ausschloß. Ich wäre ihrer sinnlichen Herausforderung wohl erlegen, wäre ich älter gewesen und durch Erfahrung auch zynischer geworden. So aber nahm ich Theas Enttäuschung, ja vielleicht sogar das Odium des Versagens auf mich. Noch ahnte ich nicht, daß diese wunderbare und durch das Tabu so qualvolle Liebesbeziehung für lange Zeit die letzte sein und trotz des Verzichts stark genug sein sollte, meine Erinnerung und Phantasie für sechs Jahre besetzt zu halten.

Der Abschied von Regensburg war schmerzlich und befreiend zugleich. Nur en passant begegnete ich einer anderen Frau. Doch ist das Zustandekommen dieser Begegnung für die Kriegssituation der ersten Monate des Jahres 1945 so bezeichnend, daß sie erzählt werden muß.

Die alliierten Truppen hatten schon im Oktober 1944 die deutsche Westgrenze überschritten und vorübergehend Aachen erobert, Köln schien gefährdet. So wurde meine „Ersatzeinheit" von Porz nach Wittenberge an der Elbe verlegt. Von hier aus erhielt ich im

Februar 1945 den „Marschbefehl" zu meiner neuen Einheit in Jugoslawien. Ich fuhr über Berlin und sah (zum letzten Mal) meine Tante Martha, die schon auf eine Katastrophe eingestellt war – die Sowjetarmee hatte bereits Ende Januar in der Nähe von Frankfurt die Oder erreicht. Bei meiner Weiterfahrt kam der Zug in einen Luftangriff und wurde am Abend in Wittenberg, der Stadt Luthers, zur vorläufigen Instandsetzung aufs Abstellgleis geschoben. Mit einem Anschlußzug war allenfalls am nächsten Vormittag zu rechnen. Ein Teil der Reisenden drängte in den Wartesaal, ein anderer wollte sich in unbeschädigten Wagen des Zuges für die Nacht einrichten; ich stand unentschlossen und ratlos auf dem Bahnsteig.

Ich muß auch hilflos ausgesehen haben. Denn eine junge Schaffnerin sprach mich an und fragte, ob sie mir mit einer Auskunft dienen könne. Ja, ich suchte ein Hotel. Da könne sie mir wenig Hoffnung machen; die Stadt sei mit Flüchtlingen aus dem Osten überfüllt. Ich hörte sofort, daß sie Rheinländerin war. Ja, sie sei, nach schweren Luftangriffen und der Zerstörung ihrer Wohnung, aus dem Linksrheinischen nach Wittenberg versetzt worden und lebe hier mit ihrer Schwester in einem Zimmer. Einmal ins Gespräch gekommen, redeten wir weiter – unter Ereignislosigkeit des Lebens litt in dieser Zeit niemand, fast jedem brannten auf der Zunge die unglaublichsten Geschichten. So kamen wir, miteinander sprechend, als wären wir alte Bekannte, auf den Bahnhofsvorplatz, wo wir uns verabschieden mußten. Wir gaben uns die Hand – aber dann doch nicht zum Abschied. Denn nachdem sie mich noch einmal von oben bis unten angesehen hatte, sagte sie – offenbar trotz guter Absicht mit schlechtem Gewissen –, daß wohl in ihrem Zimmer Platz für eine Nacht sei, wenn ich verspreche, brav zu bleiben.

Wir hatten nicht sehr weit zu gehen. Zum gemeinsamen Abendessen trugen wir beide bei, sie aus ihrem kargen, mit Marken erworbenen Vorrat, ich von meiner „Marschverpflegung". Zwei Betten standen im Zimmer. Wir entledigten uns unserer Oberkleider und legten uns in ihr Bett. Eine Umarmung meinerseits, ein paar linkische Küsse ihrerseits – dabei blieb es. Denn einen energischen Angriffsversuch, den ich trotz des Versprechens meiner Männlichkeit schuldig sein zu glaube, wehrte sie mit einer Inständigkeit ab, gegen die ich machtlos war. Auf ihrem behelfsmäßigen Nachttisch stand eine kleine Porzellanfigur, eine Madonna mit Kind, davor eine Kerze, die sie angezündet hatte – wohl damit die Madonna über sie wache, aber auch sich überzeuge, daß hier nichts Sündiges geschehe. Mir war die Marienverehrung sehr fremd, aber die kleine Genreszene der Frömmigkeit rührte mich sehr. Da kein Tag in den letzten Monaten des Krieges ein Mußetag war, schliefen wir bald ein. Ich erwachte kurz, als nach Mitternacht die Schwester von der Schichtarbeit zurückkam. Sie war ein bißchen erstaunt über den Mann im Bett, machte aber aus ihrer Entdeckung kein Aufhebens. Sie löschte, bevor sie sich auszog, die Kerze. Auch die Madonna konnte sich jetzt beruhigt dem Dunkel überlassen. Am Morgen verabschiedete ich mich, nicht als strahlender Liebhaber, aber wohlausgeschlafen. Und für meine gute Wirtin, die frommkatholische Rheinländerin in der Lutherstadt Wittenberg, zünde ich in einer kleinen Kammer meines Gedächtnisses eine Kerze des Dankes an.

In den nächsten Tagen geriet ich in ein Chaos. Überfüllte Züge wurden scheinbar planlos hin- und hergeschoben, weil die Strecken überlastet waren, ein Ost-West-Strom blockierte die Nord-Süd-Richtung, überall auf den Straßen sah man Flüchtlingstrecks sich westwärts wälzen. Wir hatten Mitte Februar, und es sickerten Nachrichten durch, wonach ein gewaltiger Luftangriff der Alliierten Dresden zerstört und als Verkehrsknotenpunkt lahmgelegt hatte. Tatsächlich wurden wir in weitem Bogen um Dresden herumgeleitet.

So erklärten sich die Erscheinungen der Auflösung in diesen Tagen. Nach Fahrkarten durfte kein Schaffner mehr fragen, die erste Klasse existierte als Sonderabteil nicht länger; bei vielen Landsern waren Offiziere keine Respektspersonen mehr, nur die Kontrollen der Feldpolizei blieben gefürchtet. Ich war froh, der ungeheuren Ost-West-Drift zu entkommen, da ich nach Süden mußte. Von Plauen an entspannten sich die Verhältnisse etwas. Ich wählte die Route über Nürnberg, Regensburg und Wien, wo ich einen Zwischenaufenthalt einlegte. Doch war dieser erste Wien-Besuch ohne die Entdeckerfreuden, die ich bei meinem Abstecher nach Paris im Frühjahr 1941 empfunden hatte. Wien, die Stadt des Fin-de-siècle und des untergegangenen Habsburgerreiches, schien wie geschaffen, Endzeitstimmung zu vertiefen.

Am 8. März 1945, genau an meinem dreiundzwanzigsten Geburtstag, kam ich in Kroatien an. Ich wurde von Stab zu Stab weiter-

gereicht, bis ich bei der Pionierkompanie eintraf, in der ich als Zugführer Dienst tun sollte. Die militärische Lage wollte es, daß ich
mich in der Richtung, aus der ich gekommen war, sofort wieder
rückwärts bewegte.

Gerettete Savebrücke.
Krieg nach dem Krieg

Die Division kam auf dem Rückzug von Griechenland herauf. Sie
baute, jetzt verfolgt von Titos Partisanenarmee, immer wieder provi-
sorische Verteidigungsstellungen auf. Meine Kompanie befand sich,
als ich zu ihr stieß, im Raum Vukovar/Vinkovci. Der Kommandeur
des Pionierbattaillons hatte mich nicht eben mit Freundlichkeit empfangen. Er war offen: „Sie bringen vom Lehrgang in Koblenz nicht
die beste Beurteilung mit. Es muß da wohl eine Disziplinlosigkeit gegeben haben." Doch wollte er das alles jetzt vergessen sein lassen,
wenn ich wisse, was hier meine Pflicht sei. „Gerade beim Rückzug ist
äußerste Disziplin der Truppe nötig."

Das Thema Rückzug machte ich zum Thema, als während einer
mehrtägigen Einquartierung in einem Dorf der befohlene „politische Unterricht" abzuhalten war. Der Kompanieführer, ein ehemaliger Zimmermann und dann „Zwölfender", hatte es zwar zum
Oberleutnant gebracht, war aber weder ein Stratege noch ein Mann
der Rede, man merkte ihm die Erleichterung an, als er die Aufgabe
an seinen Leutnant delegieren konnte. Es war mir nach den
Eindrücken der Eisenbahnfahrt durch Sachsen nicht mehr möglich,
die allgemeine Kriegslage zu beschönigen und jene Phrasen vom
bevorstehenden Endsieg zu wiederholen, die dem Lügenminister
Goebbels noch immer wie geschmiert von den Lippen gingen. Die
Kompanie war noch im Besitz einer Landkarte von Europa; ich ent-
rollte sie und erläuterte sachlich, ohne einen Anflug von Optimismus, den Verlauf der Fronten, zumal auf dem Balkan. Meine Hörer
waren, als Angehörige einer ehemaligen Besatzungstruppe, fast alle
im Alter von Familienvätern; sie hatten offenbar vom jungen Leutnant eine Propagandarede erwartet, zumindest Durchhalteparolen.

Von einer Art „Durchhalten" sprach ich tatsächlich, aber im Sinne eines „Durchkommens", eines Herauskommens aus der Umklammerung (längst war der größte Teil Ungarns an die sowjetischen Truppen verloren gegangen). Kurz, ich erklärte meinen Väter-Soldaten, daß wir jetzt alle Kräfte sammeln müßten, um mit den geringsten Verlusten Deutschland zu erreichen.

Am Ende war ich über mich selbst erstaunt. Denn was ich in meiner Desillusioniertheit gewagt hatte, war eine Rede auf des Messers Schneide. Sie hätte, mit ihrer Rechtfertigung eines Rückzugs um des Überlebens willen, auch als defätistisch ausgelegt werden können. Aber sie sprach den Soldaten aus den Herzen. Und noch Jahre später bekannte mir einer der Hörer, daß ich mit meinem Lagebericht sie alle für mich gewonnen hätte. Tatsächlich war meine Unterrichtsstunde der erste konkrete Akt einer Umkehr.

Die „Pflicht" des Pioniers, zu der mich der Bataillonskommandeur ermahnt hatte, umfaßte zwei Aufgaben: die Sprengung von Brücken und die Verlegung von Minen, die beide den Vormarsch der Partisanenarmee verzögern sollten. Einmal schickte der Bataillonsstab Flammenwerfer, die für einen Entlastungsangriff vorgesehen waren. Wieder einmal hatte ich Glück – es kam nicht zum geplanten Sturmangriff, weil die Infanterie vorzeitig die Gräben verlassen mußte. Die Vorstellung, daß ich Menschen zu lebenden Fackeln machen sollte, verfolgte mich noch lange wie ein Alptraum.

Voraussetzung für die beiden Hauptaufgaben war, daß ich mich mit meinem Zug den jeweils letzten Verbänden anschloß, das Schlußlicht bildete, manchmal sogar zwischen die Linien geriet. Kaum war bei unübersichtlicher Situation mit Sicherheit auszumachen, ob uns auf einer Straße der letzte Trupp von Soldaten schon passiert hatte. Wir mußten uns auf die Auskünfte von Zurückeilenden verlassen. Aber gelegentlich folgten dann doch noch Nachzügler. Und ein solcher Fall beschwor ein Unglück herauf, das für mich zu einem der entsetzlichsten Erlebnisse der letzten Kriegsmonate wurde.

Wir verlegten, nachdem uns der Unteroffizier der letzten Gruppe die vereinbarte Bestätigung gegeben hatte, auf der Straße Tellerminen und beiderseits Tretminen. Dann eilten wir, alarmiert durch verdächtige Geräusche, der abrückenden Infanterie hinterher. Nach einiger Zeit hörten wir eine mächtige, bald darauf eine schwächere Detonation. Wir wußten, daß es unsere Minen waren, die gezündet hatten. Bald sollten wir auch wissen, daß deutsche Soldaten ihre Opfer waren. Ein Kradmelder brauste heran, beschimpfte uns und verlangte nach einem Sanitäter. Wir eilten zurück, den schrecklichen Schreien entgegen. Ein Wagen war auf eine Tellermine gefahren, ein Mann war weit herausgeschleudert worden und ein zur Hilfe kommender zweiter auf eine Tretmine geraten. Man erschoß sofort die verletzten Pferde; die Verwundeten wurden notdürftig verbunden – bei dem Schwerstverletzten bestand kaum Hoffnung auf Überleben. Mir wurde ein vergessener Unfall aus dem zweiten russischen Winter wieder gegenwärtig.

In unserer Unterkunft, einem Bunker, war nachts ein Soldat, der vom Wachtdienst zurückkam, unvorsichtig mit seinem Gewehr umgegangen; ein Schuß hatte sich gelöst und den neben mir Schlafenden tödlich getroffen. Ich war mit dem Schrecken davon gekommen, aber mich beschäftigte noch lange die Frage, wie wohl der unglückliche Schütze mit diesem Tod fertig würde; und ich nahm es auf mich, im nächsten Urlaub die Angehörigen des Getroffenen zu besuchen, eine Familie, der es nicht leicht fiel zu begreifen, daß den Mann und Vater nicht der Feind, sondern ein eigener Kamerad getötet hatte.

Jetzt war ich, als der letztlich Verantwortliche, in ähnlicher Lage wie damals der Schütze des Unfalls: unschuldig schuldig.

Die Aufregungen und Strapazen des Rückzugs verdrängten das Ereignis aus meinem Bewußtsein, aber später suchte mich immer wieder die Erinnerung an die Schreie der Verletzten heim. Ich hatte das Glück, im Kriege niemals Auge in Auge und in Notwehr auf einen Menschen, einen Feind schießen zu müssen. So war der Gedanke, am Tod eines deutschen Soldaten indirekt mitschuldig zu sein, besonders quälend.

Für Menschen mit destruktiver Lust lagen im Krieg die Gelegenheiten geradezu am Wege, und die Aufgabe der Pioniertruppe bestand bei den Rückzugskämpfen zu einem wesentlichen Teil in der Zerstörung. Mir aber war der Zerstörungstrieb fremd. Es sei der Divisions- und Bataillonsführung nicht vergessen, daß sie uns nie mit der Vernichtung von menschlichen Siedlungen, Fabriken oder sonstigen Gebäuden beauftragte. Aber die Sprengung von Brücken gehörte fest zur Rückzugsstrategie. Da bei der Hektik der Absetzbewegung zur Geländeerkundung im Hinterland kaum Zeit war,

wurden die Sprengbefehle rein nach der Karte erteilt: Jedes Brük-
kenzeichen wurde mit einem Kreis, einer Art Deleatur- oder Til-
gungszeichen versehen. Ich erhielt während der Rückzugswochen
dreimal einen Sprengauftrag. Der erste erledigte sich von selbst, weil
die Partisanen die Flußbrücke bereits besetzt hielten, als wir uns näherten. Über die beiden anderen Aufträge ist etwas mehr zu sagen.

Der Name des kroatischen Dorfes, dessen Brücke auf der Karte
mit einem Kreis markiert war, ist mir entfallen. Als wir den Ort erreichten, stellten wir fest, daß es sich um einen Bagatellfall handelte.
Der angebliche Fluß war eher ein Bach, der sich durchs Dorf schlän-
gelte, die Brücke war dementsprechend klein. Vor allem aber führte
unweit der Brücke eine Furt durchs Wasser, die es Fahrzeugen
erlaubte, von Ufer zu Ufer zu gelangen. Doch da wir einen Befehl
hatten, begann der Trupp (ich war mit fünf oder sechs Soldaten und
einem Pferdewagen unterwegs) das Sprengmaterial zu entladen.
Unmittelbar an der Brücke stand ein Haus, das bei einer Sprengung
nicht heil bleiben konnte. Als die Bewohner unsere Absicht erkannten, kamen sie aufgeregt herausgelaufen. Sie schickten die etwa sechzehn Jahre alte Tochter vor, die leidlich Deutsch sprach. Ich verstand die große Besorgnis der Familie und war auch schon halbwegs
entschlossen, das reichlich überflüssige Unternehmen abzubrechen.
Andererseits hatte uns ein ausdrücklicher Befehl hierhergeführt. Da
es ohnehin zu dämmern begann, verschoben wir die Entscheidung
auf den nächsten Morgen und baten um ein Quartier.

Die Familie gewährte es uns nur allzu gern, hoffte sie uns doch
durch Gastfreundschaft günstig zu stimmen. Und so schritten wir
durch ein Spalier junger und alter Dorfbewohner, die sich inzwischen angesammelt hatten, und betraten das Haus. Rasch wurde ein
Abendbrot auf den Tisch gebracht – Brot, Speck und ein Kornschnaps, der uns müde machte. Zum Schlafen wurde uns ein Raum
überlassen, in dem auch das Bett der Tochter stand, die Mira hieß.
Dieses Bett war für den „Herrn Leitnant" reserviert, für die Soldaten
wurde Stroh auf den Boden geschüttet.

Wir sahen in der Bewirtung wirkliche Gastfreundschaft, weil uns
die Kroaten nicht als Feinde, sondern als Verbündete galten. Die
deutsche Besatzung hatte, auf die lange Zugehörigkeit Kroatiens
zum habsburgischen Reich aufbauend, 1941 einen nur dem Namen
nach „unabhängigen" Staat Kroatien ausgerufen, dessen Führer Ante

Pavelic nach faschistischem Vorbild regierte und sich vor allem auf die SS-ähnliche Ustaši-Bewegung stützte (während die Domobranen eher unserer Wehrmacht entsprachen). Abgesehen davon, konnten wir bei großen Teilen der kroatischen Bevölkerung mit Sympathie für die Deutschen rechnen, auch wenn sie sich beim Näherkommen der Partisanenbewegung mit immer größerer Vorsicht äußerte. In unserem Falle geriet freilich die Sympathie mit der Angst um das eigene Haus in Widerspruch. Trotzdem legten wir uns verhältnismäßig ruhig schlafen.

Am anderen Morgen war der Tisch wieder für uns gedeckt, und Tochter Mira umschwirrte und bediente mich, machte mir schöne Augen und nahm jede Gelegenheit wahr, mich mit ihrem Körper zu streifen. Die Gespanntheit, mit der uns die Eltern beobachteten, zeigte mir, wie sehr alles Berechnung war. Durchschaute ich also das abgekartete, etwas primitive Spiel, so bedachte ich doch auch die Notsituation, die sein Anlaß war, und fühlte mich nicht wohl in der Haut dessen, der Menschen zur Unterwürfigkeit zwingt, fand es auch unwürdig, die Familie im Ungewissen zu lassen. Denn ich hatte, nachdem ich eine Nacht darüber geschlafen hatte, meinen Entschluß gefaßt: mich an den wenig sinnvollen Befehl nicht zu halten. Die Tochter fiel mir um den Hals, als ich die Entscheidung mitteilte, und selten sind wir in Kroatien so freundlich verabschiedet worden. Dieses Unternehmen mit seinem für die Familie guten Ausgang und der Name Mira sollten ein paar Jahre später für mich noch besondere Bedeutung bekommen.

Der andere Auftrag, zu dem man mich zu einem Sprengkommando ausschickte, war von anderem Kaliber. Der Rückzug war bereits in eine Beschleunigungsphase eingetreten, wo auch die Stäbe die Lage nicht mehr immer durchschauten, zumal wenn die Verbindung zu den gleichfalls noch kämpfenden kroatischen Verbänden abgerissen war. So wurde ich in einen Grenzbereich beordert, in dem die Zuständigkeiten nicht richtig geklärt waren. Ich sollte die Savebrücke bei Sisak sprengen (es ist möglich, daß mein Ortsnamengedächtnis heute Sisak mit Alt- und Bosnisch-Gradiška verwechselt). Wir mußten deshalb die auf Agram – das war der deutsche Name für Zagreb – zuführende Rückzugsstraße verlassen und orientierten uns durch ein von Truppen entleertes und, wie es schien, entvölkertes Gebiet zur Save hin.

Als wir die Brücke erreichten, fanden wir sie von einem starken Wachkommando kroatischer Domobranen besetzt. Gleich mehrere Offiziere begrüßten mich, teils unsicher, teils forsch. Als ihnen klar wurde, was uns hergeführt hatte, traten sie zusammen und berieten einen Augenblick. Dann wurde mir erklärt, daß die Brücke unmöglich jetzt gesprengt werden könne, weil noch kroatische Truppen die Save überqueren müßten. Wenn ich aber mit ihrem Kommandeur sprechen wolle, möge ich doch zu ihm gehen. Sie nannten mir die Hausnummer der Straße auf der gegenüberliegenden Uferseite. Ich wunderte mich, daß mir keiner seine Begleitung anbot, machte mich aber trotzdem auf den Weg, mit einem Mann meines Trupps. Beim Überqueren der Save erst wurden mir die Maße der Brücke deutlich; dieses „Objekt" übertraf alle bisherigen Dimensionen.

Am anderen Ufer suchten wir vergeblich nach der Kommandantur; und indem ich die Finte erkannte, wurde meine Ahnung Gewißheit, daß wir hier nicht nur ungebetene, sondern höchst unwillkommene Gäste waren. Kein Mensch ließ sich auf der Straße und vor oder in den Häusern blicken; die Stille war unheimlich. Wir traten den Rückweg an. Bei den Domobranen war inzwischen die Höflichkeit einer eisigen Reserviertheit gewichen, und die zurückgebliebenen Männer meines Trupps berichteten von einer geradezu aufdringlichen Musterung unseres Wagens. Wir hatten über die Feindseligkeit dieser „Verbündeten" keinen Zweifel mehr und verstanden deshalb die Versicherung eines der kroatischen Offiziere, die Brücke zum richtigen Zeitpunkt selbst zu sprengen, als kaum verhohlene Aufforderung, wieder von dannen zu ziehen. Es wäre der Brückenwache ein leichtes gewesen, unseren kleinen Trupp mit Waffengewalt von der Brücke zu vertreiben, und so nahmen wir erleichtert das Versprechen der Offiziere zum Anlaß, uns aus dem Staub zu machen.

Wir hielten uns noch eine Zeitlang an den Verlauf der Save, und ich blickte auf die stolze Brücke mit dem dankbaren Gefühl zurück, daß ein Kelch an mir vorübergegangen war. Allerdings hatte uns eher Angst als Mut davor bewahrt, unser zerstörerisches Werk zu verrichten. Und es war ein fast unverdientes Glück, daß alle drei Sprengaufträge mich nicht vor eine Entscheidung von letztem Ernst gestellt hatten. Was in Sisak vor sich ging, konnte ich nur vermuten. Vielleicht stand der Einmarsch der Partisanentruppen kurz bevor und die Domobranen wollten eine heile Brücke übergeben können.

Möge es ihnen gelungen sein, die Savebrücke in die Friedenszeit hinüberzuretten.

Wir mußten zur Straße zurück, von der wir abgebogen waren und auf der die Kolonnen und Trosse zurückfluteten. Es wurde Nacht, und wir bewegten uns durch ein gespenstisches Land. Kein Lichtschein kündigte die Dörfer an, durch die wir zogen, nur das Gebell der Hunde, das von Ortschaft zu Ortschaft und von Gehöft zu Gehöft sprang, als verfolgte uns ein Höllenhund. Alle Häuser lagen wie verlassen da, die Menschen hielten sich wohl vor dem Ungewissen versteckt. Wir hatten das Gefühl, ins Niemandsland zwischen den Fronten versprengt zu sein. Angst trieb uns an, aber Müdigkeit lähmte uns, und einige der Männer verlangten eine Schlafpause. Die Undurchsichtigkeit unserer Situation zwang mich, hart zu bleiben; und es war dies das einzige Mal, daß ich meine „Befehlsgewalt" als Offizier wirklich durchsetzen mußte. Als wir endlich in der Ferne Fahrgeräusche hörten, waren wir keineswegs sicher, ob nicht vielleicht schon Wagen der Partisanen über die Straße rollten.

Der Augenschein beruhigte uns dann; wir mischten uns erleichtert unter das Gemenge nordwestwärts ziehender Truppenteile. Nun aber überwältigte uns die Erschöpfung, und ich hatte, aufschreckend, das sonderbare Erlebnis, gerade eben automatenhaft eine ganze Strecke im Zustand der Bewußtlosigkeit, des Schlafs marschiert zu sein. Bei der ersten Behausung am Straßenrand, einer Verbindung von Stall und Scheune, machten wir halt und legten uns schlafen.

Wenn ich heute auf der Landkarte unsere Rückzugsroute zu rekonstruieren versuche, kommen mir Ortsnamen wie Okučani, Novska, Banova Jaruga und Popovača bekannt vor. Zuletzt wurde die Division auf die Höhen und die Wälder um Agram (Zagreb) herum abgedrängt; die Partisanen hatten die Straße bereits blockiert. Es war Anfang Mai. Zu meinem Zug stieß ein kroatisches Mädchen mit dem Namen Tamara. Sie gab an, in der Küche einer deutschen Ortskommandantur gearbeitet und beim überstürzten Aufbruch den Kontakt verloren zu haben. Zurückzubleiben sei gefährlich gewesen; sie fürchte den Zorn der Partisanen. Sie hatte nur eine Wolldecke und ein Kochgeschirr bei sich; wir nahmen sie aus Mitleid mit. Sie schloß sich mir an und wollte Dienste verrichten, die normalerweise dem sogenannten „Putzer" der Offiziere zufielen. Unter den jetzigen Bedingungen war eine solche Funktion fast lächerlich. Wir schlichen über Waldwege, immer wieder von der Straße und von der anderen Seite her beschossen.

Am Tag nach dem Waffenstillstand vom 8. Mai 1945 liefen wir noch in einen Hinterhalt. Die Division war auseinandergefallen. Wir wußten von der Waffenstillstandsvereinbarung nicht, zum Großteil der versprengten Haufen war die Nachricht nicht gedrungen. So wurde, wie ich später erfuhr, die ultimative Kapitulationsforderung der Partisanen von Kommandeuren als Täuschungsmanöver abgelehnt. Der Krieg ging nach dem Krieg weiter, und es kam noch zu furchtbaren Blutbädern. Für unsere Kompanie, sofern sie noch beisammen war, wurde das Bachtal in einer Waldlichtung zur Falle. Etwa ein Drittel der Männer meines Zuges blieb tot zurück, wir anderen wurden, aus allen Waldwinkeln beschossen, weitergejagt. Es war ein Indianerspiel von tödlichem Ernst.

In der Nach vom 9. zum 10. Mai drang ein Melder zu uns durch, der die Gerüchte von der Kapitulation des deutschen Reiches und Heeres bestätigte. Übergabe der Waffen am nächsten Tag! So verließen wir am 10. Mai unsere letzte Waldzuflucht und warfen, umschwärmt von Partisanen, unsere Gewehre auf einen Haufen. Dann mußten wir uns zu einer Marschkolonne formieren.

Tamara, die bis zuletzt in meiner Nähe geblieben war, trat neben mir ins Glied. Sie wurde aber bald von jugoslawischen Soldaten entdeckt und herausgeholt. Sie riß sich noch einmal los und gab mir ihre Wolldecke. Dann wurde sie abgeführt – zu welchen Prozeduren, konnte ich nur ahnen. Der Augenschein wies sie als Kollabateurin aus. Ob sie sich hat entlasten können? Auf jeden Fall werden ihr Jahre der Lagerhaft bevorgestanden haben. Ich sehe immer noch das Gesicht eines weinenden Mädchens, von dessen Herkunft und Vergangenheit ich so gut wie gar nichts wußte, sehe immer noch die Geste, mit der sie sich von mir verabschiedete. Ich besaß nun eine zweite Wolldecke. Was das bedeutete, merkte ich schon in der folgenden kalten Mainacht, auf gefrierendem Boden, und vergaß ich nie in den vielen Nächten einer langen Gefangenschaft.

Habsburgs Nachhut.
Kriegsgefangenenlager 233

Die deutschen Wochenschauen hatten, vor allem zu Anfang des Ost-feldzugs, nach den Kesselschlachten schier endlose Kolonnen russi-scher Gefangener gezeigt. Ich hatte damals diese – wie es schien – dumpfen Massen ohne Feindseligkeit, aber doch wie Trophäen des Sieges betrachtet und ohne jeglichen Gedanken an die Möglichkeit, einmal in die gleiche Lage zu kommen wie diese Menschen. Zwar richtete sich das Kameraauge gelegentlich auf Gesichter, aber nicht um die Erschöpfung und Verzweiflung zu dokumentieren, sondern um an den bärtig-struppigen Köpfen und der mittlerweile verwahr-losten äußeren Erscheinung die niedere menschliche Stufe der Ost-völker zu demonstrieren (darin eiferten diese Wochenschauaufnah-men der antisemitischen Filmpropaganda nach). Ich bin überzeugt, daß unsere Gefangenenkolonne nach einigen Tagen kein besseres Bild bot.

Unser Bestimmungsort war unbekannt, aber wir nahmen zu-nächst so ziemlich denselben Weg wie beim Rückzug, eben nur in umgekehrter Richtung. Die Offiziere wurden von den Mannschaf-ten getrennt, die Generäle noch einmal von den übrigen Offizieren. So waren die ranghöchsten Offiziere in unserem Zug, der zunächst noch ständig wuchs, die Obersten – ältere Herren, die selbst an Mär-sche kürzerer Dauer nicht mehr gewöhnt waren. Privilegien erwie-sen sich jetzt als Danaergeschenke. Das galt auch für die Offiziere und Zahlmeister aus den Kommandanturen und der Etappe, die auf dem wochenlangen Marsch rasch an die Grenze ihrer Kräfte kamen. Wer den Rückzug wirklich als Strapaze erlebt hatte, war für die fol-genden Strapazen immerhin gerüstet. Und ich war jung, aber nicht nur das: Die harte Schule der Pionierlehrgänge in Koblenz und Ro-senheim war, wie sich jetzt zeigte, auch eine Überlebensschule ge-wesen.

Ums Überleben ging es wirklich in den nächsten Wochen. Aus-gesetzt waren wir den Wechselbädern der kalten Nächte im Freien und der in diesen Maitagen schon sengenden Mittagssonne. Wer schlapp zu machen drohte, wurde von der Bewachungsmannschaft weitergestoßen. Offenbar hatte sich viel von dem Zorn der Parti-

sanen gegen die Deutschen auf die Offiziere versammelt. Die Be-
fehlsrufe, mit denen die Wachsoldaten uns antrieben, das „Dawai!"
und das „Heide brriso!" (so hörten wir es), sollten zum akustischen
Leitmotiv der nächsten Jahre werden. Verpflegt wurden wir mangel-
haft, nur wer Reserven hatte, konnte bestehen. Aber nicht der Hunger war das eigentliche Problem. Gequält wurden wir vom Durst.
Denn viel zu selten wurde an Brunnen haltgemacht. In den Mittags-
und Nachmittagsstunden dörrte der Mund völlig aus; Entzugser-
scheinungen, Halluzinationen, stellten sich ein. Ich sah vor mir immer Gläser mit Bier. Und ich kann von diesen Tagen nicht berichten,
ohne das hohe Lied auf kroatische Frauen und Mädchen zu singen.
Wenn wir durch Dörfer zogen, kamen sie mit Wassereimern zum
Zug. Die Wachposten fluchten, suchten sie zu vertreiben, schossen
sogar. Gewiß, manche Frauen wichen zurück, andere aber ließen sich
nicht verdrängen (es wurden auch tatsächlich nur Warnschüsse abge-
geben). Sie schütteten Wasser in die Kochgeschirre, die ihnen entge-
gengestreckt wurden. Was sie geben konnten, war immer nur der
Tropfen auf den heißen Stein, aber mich haben diese Gesten tätiger
Hilfsbereitschaft überwältigt. Und ich fragte mich, ob es wohl in den
vergangenen Jahren auch in Deutschland am Rande von Gefange-
nenzügen denselben Mut zur Menschlichkeit gegeben habe.

Das Verhalten der Menschen änderte sich, als wir in die von Serben besiedelten Gebiete kamen. Vor allem die Eindrücke vom
Marsch durch eine gut sechzig Kilometer vor Belgrad gelegene
Stadt, Ruma, sind haften geblieben. Mehr Menschen als sonst säum-
ten die Straße, zumal solche, denen Genugtuung, Hohn und auch
Haß im Gesicht geschrieben stand. Die erregtesten unter ihnen beschimpften uns oder spuckten vor uns aus. Ich war nicht gleichgültig
gegenüber solcher Verachtung, aber auch nicht bestürzt. Die kollek-
tive Ächtung zu ertragen, erleichtert das Eingebundensein ins Kollektiv. Vor allem hatte ich nicht aufgehört, mir historische Zusammenhänge bewußt zu halten. Selbstverständlich war das geschichtliche Verhältnis der Serben zum Deutschen Reich, Österreich und
auch Deutschland, durch ganz andere Reibungen, Konflikte und
Zusammenstöße belastet, hatte gerade Hitlers direktes und indi-
rektes Buhlen um die Kroaten dieses Verhältnis zusätzlich vergiftet.
Die ethnischen Spannungen schlugen also auch auf die Haltung der
serbischen Bevölkerung gegen die deutschen Eroberer durch. Ja, was

sich viele in unseren Reihen nicht eingestehen oder nicht mehr wissen wollten: Wir waren von dieser Bevölkerung als Unterdrücker betrachtet worden.

Natürlich war auch ich, trotz Jugend und trotz Abhärtung, am Ende der Tagesmärsche zerschlagen, war froh, überhaupt noch dabei zu sein. Doch schöpfte ich auch aus einer Bewußtseinskraft, die so manchem meiner Mitgefangenen, der sich bloß als das Opfer von Rache sah, verschlossen bleiben mußte. Während des langen Marsches, während ich unter Anstrengung und zugleich mechanisch Schritt vor Schritt setzte, konzentrierte ich meine Gedanken darauf, Bilanz zu ziehen. Und immer waren der Bezugspunkt und der Maßstab die Ermahnungen meines Vaters, der so zum Übervater wurde. Mein Mißtrauen gegen seine Informationsangebote, mein Unverständnis gegenüber seiner oppositionellen Haltung, meine Verkennung seiner politischen Vernunft (im Rückblick idealisierte ich ihn wohl auch), alles dies rechnete ich mir jetzt als Versagen, als Schuld an. Es war eine Reue, die mich durchgreifend veränderte; ich verstand die Gefangenschaft als eine Buße, als eine persönliche Möglichkeit, Schuld abzugelten. Ganz ohne Pathos: Ich erkannte Gerechtigkeit in dem, was mir widerfuhr; und die Vorstellung, etwas wiedergutmachen zu müssen und zu können, gab mir Kraft. So vollzog sich meine politische Wandlung durch die Klärung des Verhältnisses zu meinem Vater. Von dem Zeitpunkt an, da ich mich ihm innerlich näherte, fielen mir Schuppen von den Augen.

Unser Marsch endete vorläufig in Peterwardein, der Stadt und Festung an der Donau, gegenüber Neusatz (Novi Sad). Wir schleppten uns über die Serpentinen des Felsens zur oberen Festung, deren altes Gemäuer uns als Nachtquartier fast komfortabel erschien. Wir befanden uns auf historischem Boden. Peterwardein war, wie uns ein österreichischer Mitgefangener erklärte, eine der stärksten Festungen der Donaumonarchie gewesen. Im Krieg gegen die Türken hatte Prinz Eugen 1716 bei Peterwardein den Großwesir Ali besiegt, und der Frieden von 1718 hatte dem Kaiser die Festung gesichert. In der Revolution von 1848/49 war die Festung von ungarischen Aufständischen besetzt worden, die sich erst Anfang September 1849 ergaben. Jetzt waren wir wohl das allerletzte deutsch-österreichische Kontingent, das noch für einen Abend und eine Nacht dieses alte Bollwerk des Habsburgerreiches „besetzt" hielt. Wer etwas Sinn für historische Symbolik hatte, konnte sich als Mitzeuge eines Augenblicks sehen, in dem ein Kapitel der Geschichte offenbar für immer abgeschlossen wurde.

Am folgenden Tag wurden wir an eine Eisenbahnstrecke geführt und bestiegen Waggons, die zwischen zwei Stationen bereitstanden. Das Ziel der Fahrt blieb uns unbekannt, aber wir orientierten uns an der Sonne und hatten den Eindruck, daß es nach Osten gehe. Als wir am Zielbahnhof das Ortsschild „Vršac" erkannten, wußten einige, daß es sich um die bis vor kurzem zu großem Teil von Banater Deutschen bewohnte Stadt Werschetz handelte. Wieder also standen wir auf einem Boden, auf dem noch die Schatten des Habsburgerreiches lagen. Das Banat war im 18. Jahrhundert in mehreren Einwanderungswellen von deutschen Siedlern, den „Banater Schwaben", erschlossen und größtenteils mit Ungarn vereinigt worden, nach dem Ersten Weltkrieg mit dem Ostteil an Rumänien und dem Westteil an Jugoslawien gefallen. Doch blieben wir nun für mehrere Jahre mit der österreichisch-deutschen Geschichte konfrontiert, denn erst mit der Räumung des Banats durch die deutschen Truppen hatte sich in den letzten Monaten des Krieges Werschetz von Banater Deutschen entleert – wer nicht geflohen war, hatte im Lager den bitteren Preis für deutsche und „volksdeutsche" Politik zu zahlen. Das Zusammenleben und friedliche Nebeneinander von Bürgern deutscher und serbischer, auch ungarischer Herkunft war hier durch Hitlers Krieg für immer zerstört worden.

Das Offizierslager Vršac, das Kriegsgefangenenlager 233, bestand aus einigen großen und zunächst völlig leeren Baracken. Erst später errichteten wir doppelstöckige Holzpritschen zum Schlafen. Es lag nicht weit vom Bahnhof entfernt, an der Straße, die in die Stadt führte. Diese Lage war Segen und Fluch zugleich. Wenn wir am Lagerzaun standen oder entlanggingen, waren uns die Passanten auf der Straße ein Unterpfand dafür, daß es weiterhin ein Leben in Freiheit, daß es Frauen, Mädchen gab; aber der Stacheldraht zwischen ihnen und uns riß uns in die Wirklichkeit unseres Ausgeschlossenseins zurück. Woche für Woche, Jahre lang sollte nun dieses Zerrissensein andauern.

Ein Teil der vom Marsch Geschwächten hatte das Lager gar nicht erreicht, der andere Teil lag jetzt auf blankem Boden in der Krankenabteilung einer Baracke, von den wenigen Ärzten, die unter uns waren, zwar mit gutem Willen, aber nur mit wenig Aussicht auf Erfolg betreut, denn es gab vorerst keine Medikamente. Auch die neueingerichtete Küche, die erste Portionen von Brot und Polenta ausgab, konnte ihnen nicht mehr helfen, wenn der Magen nichts mehr annahm. So wurden viele, die sich mit letzter Not durchs Lagertor gequält hatten, schon bald wieder mit dem Leichenwagen hinausgefahren. Das war die grausame Seite der ersten Wochen im Lager. Zu diesen makabren Erfahrungen standen aber andere im grotesken Gegensatz. Es gab unter den höheren Offizieren, zumal den Obersten und ehemaligen Regimentskommandeuren, nicht wenige, die den totalen Zusammenbruch des Staates und der Armee nicht wahrhaben wollten und meinten, mit der Ankunft im Lager müsse die alte Ordnung wieder hergestellt werden. Einige Unbelehrbare verlangten sogar, gerade von den jungen Offizieren, die alten Ehrenbezeugungen, Schneidigkeit und Hackenklappen. Das war in einem Lager mit einigen tausend Offizieren eine so absurde Forderung, daß es wahrlich keines Mutes bedurfte, sie einfach zu überhören. In anderer Weise allerdings sahen sich diese Unverbesserlichen bestätigt. Schon bald wurden die Lagerinsassen in Kompanien und Bataillone aufgeteilt, preußisch eiserne Disziplin wurde verlangt. Immerhin waren wir in der Provinz Wojwodina der Republik Serbien, und nicht von ungefähr hat man wohl die Serben die Preußen des Balkans genannt.

Als das Leben im Lager zu geregelten Formen fand, wurden in Abständen auch jene Appelle, bei denen wir einen Tag lang mit allen unseren Habseligkeiten draußen standen, zur Regel. Entbehrungen von der Art, daß wir unsere Mägen nur mit selbstgekochten Brennnessel- und Grassuppen abspeisen konnten, blieben uns später erspart, doch verhängte die Lagerkommandantur von Zeit zu Zeit Hungerperioden, die mit Transport- und Lieferschwierigkeiten begründet wurden. Sie waren offenbar der Preis, den das Offizierslager für ein Privileg zahlen mußte. Die jugoslawische Regierung hielt sich nämlich an die Haager Konvention, wonach gefangene Offiziere nicht zur Arbeit gezwungen werden dürfen. Allerdings verließen nicht wenige von uns das Lager zu freiwilliger Tätigkeit in der Stadt. Fachwissen und handwerkliches Können wurden draußen gebraucht. Auch ich, obwohl für keinen praktischen Beruf ausgewiesen, habe ein paarmal in einem Werschetzer Weinberg gearbeitet.

Die Kommandantur, genauer der Kommissar des Lagers, setzte eine tägliche Pressekonferenz an, bei der wir von einem Mitgefangenen, dessen leichter sächsischer Akzent mir im Ohr geblieben ist, mit den neuesten Nachrichten versorgt wurden. Die eigentliche Umerziehung war aber einem antifaschistischen Ausschuß („Antifa") übertragen. So wurden wir nun zum erstenmal mit dem erdrückenden Informationsmaterial zu den nationalsozialistischen Konzentrations- und Vernichtungslagern bekannt gemacht. Daß wir das Ungeheuerliche durch kommunistische Vermittlung erfuhren, war für manchen ein willkommener Vorwand, den Nachrichten zu mißtrauen oder sie für Fälschungen zu halten. Doch löste der Schock bei allen, die guten Willens waren, den alten Propagandaklischees abzuschwören, einen Prozeß der Umkehr aus.

Ich finde unter den Papieren, die ich aus dieser Zeit der Gefangenschaft bewahre, die drei Strophen eines Gedichts, in dem ich in einer teils traditionellen, teils aber auch lapidaren Sprache meine Desillusion und meinen Aufklärungshunger formuliere.

Wir sind gewarnt. Uns mischten Demagogen
nur einmal Gift zu einem Zaubertrank;
uns täuschten blinder Massen Beifallswogen,
und was uns ward – war der Tyrannen Zwang.

Wir sind gewarnt. Nur einmal appellierte
man frevelnd an Vertrauen und Gefühl.
Es klingt die Saite, die man frech berührte,
nicht noch einmal. Wir wissen nun zuviel.

Wir sahen in den Abgrund, und wir hassen
den trügerischen Schimmer falschen Lichts
und glatter Worte, die sich wenden lassen.
Wir wollen Klarheit, Wahrheit – und sonst nichts.

Ich Ophelia

Den Autor dieses Gedichts „Forderung" und anderer Texte nannte man „Lagerdichter". Ich kann dieses Wort heute nur ironisch zitieren, aber damals galt es doch einem der Versuche, einer möglichen geistigen Verödung mit einer produktiven Tätigkeit zu begegnen. Ich trug für die Wandzeitung des Lagers nicht nur Anthologien deutscher Gedichte zusammen, sondern ließ auch eigene Texte mit einrücken. Und ich weiß, daß damals viele ihre Gedanken und Empfindungen durch mich ausgedrückt fanden.

Das Gedicht „Forderung" trägt noch den Zusatz „Zur Semester-Eröffnungsfeier Sommer 1946". Ja, es ist von „Semester" die Rede. Im Lager war die sogenannte „Stacheldrahtuniversität" gegründet worden. Sie bot, unter der Leitung des Kieler Rechtsphilosophen Hans Brandt, Vorlesungen und Übungen an. Schüler-Lehrer-Verhältnisse entstanden, Freundschaften. Hans Brandts und Heinz Dusinis, des Südtiroler Richters und Kunstenthusiasten, wegen trieb ich zunächst juristische Studien, doch zogen mich der Germanist und Philosoph Wolfgang Berkefeld und der Musikwissenschaftler Heinrich Lindlar, später Hochschullehrer in Freiburg und Köln, bald ganz auf die Seite der Literatur und Kunst.

Immer noch staune ich, im Rückblick, über die Vielfalt der geistigen künstlerischen Aktivitäten im Lager. Die jugoslawische Kommandantur ließ sich von der deutschen Lagerleitung vom Sinn und Zweck und auch der Ungefährlichkeit solcher Aktivitäten überzeugen, im übrigen wollte sie wohl nicht in den Verdacht geraten, kulturfeindlich zu sein. Was sich in Werschetz entwickelte, hatte in Mannschaftslagern keine Chance. Das will nicht vergessen sein. Andererseits wurde es erst mit Hilfe der freiwillig Arbeitenden möglich, alles das ins Lager zu holen, was für eine Grundausstattung benötigt wurde. Das waren vor allem Bücher; große Teile der ehemaligen deutschen Bibliothek von Werschetz kursierten unter uns. Das waren Musikinstrumente und Noten, Papier, Leinwand und Malgeräte (an den Ausstellungen beteiligten sich mehr als zwanzig Zeichner und Maler). Das waren schließlich Kostüme und Dekorationsmaterial für die Theateraufführungen.

Die riesigen, dichtbelegten Baracken faßten immerhin die Bevölkerungszahl einer kleinen Stadt. Jeder suchte auf seine Weise der Monotonie der Tage Herr zu werden. Die einen spielten Skat, die anderen probten fürs Theaterspiel oder fürs Konzert. Die einen, zumal ehemalige Berufsoffiziere, die vom Leben in Uniform innerlich noch nicht Abschied genommen hatten, unterhielten sich wechselseitig mit ihren immer neu aufgewärmten Erinnerungen; die anderen suchten geistige Neuorientierung und waren hungrig nach Bildung und Kunsterlebnissen. Es gab auch eine rein kompensatorische, ablenkende Wirkung der kulturellen Geschäftigkeit. Nachdem die erste Postverbindung mit der Heimat hergestellt war – ich erfuhr vom Tod meines Bruders während der letzten Kriegsmonate, im Kurlandbrückenkopf –, und als vereinzelte Paketsendungen im Lager eintrafen, grassierte das Heimweh, zumal zu den Weihnachts- und anderen Festtagen. Und jede noch so vage Andeutung eines Entlassungstermins wurde begierig aufgegriffen. Die Gerüchte wucherten, die Erwartung baldiger Heimkehr trieb die seltsamsten Blüten. Aber ein verheißender Termin nach dem anderen verstrich, die Enttäuschungen fraßen die Hoffnung auf. Da war Neugier und Beweglichkeit des Geistes das rechte Mittel, uns vor Apathie oder gar Schwermut zu bewahren.

Motor des „Musiklebens" im Lager war Heinrich Lindlar. Am frühesten zum Zuge kam die Musikform, die keiner Instrumente bedarf, die Vokalmusik, der Chor. Zur weihnachtlichen Erkennungsmelodie wurde uns das „Gloria in excelsis Deo", die Chormusik, die uns zwischen 1945 und 1948 alle Jahre am ersten Weihnachtsmorgen weckte. Oster, Pfingst- und allgemeine geistliche Konzerte bildeten das Gegengewicht zu den Unterhaltungsmusikprogrammen, zu den „Bunten Abenden" mit Schlagern, Tänzen und Sketchen, die statistisch den größten Anteil hatten. Das Repertoire „klassischer" Musik beherrschten die von Lindlar veranstalteten Konzerte. Ich erinnere mich an Bach-, Händel- und Beethoven-, Schubert- und Mendelssohn-Konzerte, an einen Abend mit Slavischer Musik, an eine Reihe von Veranstaltungen des Lindlar-Quartetts und besonders an ein Pfingstkonzert mit Mozarts „Klarinettenquintett". Es gibt unter allen Lieblingskompositionen eine, die mir durch das Ingenium des Komponisten, durch die Situation, in der ich sie zum erstenmal hörte, und durch die Empfindungen und Assoziationen, die sie immer neu beschwört, die teuerste geworden ist. Mozarts Klarinettenquintett wurde zu meiner „Lebens-Melodie".

Ich entdeckte meine Freude am Spiel auf den Brettern des Theaters. Der hintere Teil einer der Baracken war geräumt, ein gar nicht so kleines Bühnengerüst errichtet worden. Die Zuschauer brachten zu den Veranstaltungen ihre Holzschemel mit. Und unter den Zuschauern war nicht selten auch der Kommissar des Lagers, Franjo Steiner, ein Slowene mit Spuren deutsch-österreichischer Herkunft, der unsere Sprache verhältnismäßig gut beherrschte und deshalb nicht nur der Kontrolle, sondern auch des Vergnügens wegen in der ersten Reihe saß. Er machte den Eindruck eines in Kunstfragen liberalen Mannes. Ich ahnte noch nicht, auf wie verhängnisvolle Weise er in mein leben eingreifen sollte.

Wohl mehr mit Liebe zum Theater als mit wirklichem schauspielerischen Talent machte ich auf der Werschetzer Bühne mein Glück. Ihr *Spiritus rector* war der Schauspieler Herbert Stockder, einst jugendlicher Held bei Saladin Schmitt in Bochum. Mit ihm gefiel sich in der Attitüde des feindlichen Bruders Jupp Buderath, der Schauspielschüler von der Folkwangschule. Und als diese Rollen tatsächlich zu besetzen waren, in Schillers „Räuber", riß Stockder die Rolle des Karl Moor an sich und ließ Buderath den unsympathischen Franz spielen. Als ein Anfänger mit Zukunft galt der junge Ernst Zeller, der später beim österreichischen Rundfunk alt werden sollte. Die wichtigsten Bühnenbilder entwarf Dieter Wien, der Maler und Freund, von dem noch heute zwei seiner besten Holzschnitte, künstlerische Signaturen der Gefangenensituation, in meinem Zimmer hängen.

Ein kleines Wunder und ein Ereignis mit Brisanz war die Aufführung von Carl Zuckmayers Stück „Des Teufels General" im Dezember 1947. Ich weiß nicht mehr, wie es gelungen ist, die fehlenden Uniformen zu beschaffen. Jedenfalls geriet die Revue von Partei-, Luftwaffen- und Wehrmachtsuniformen zur Parade, die bei manchem Berufsoffizier das Herz höher schlagen ließ, bei Kommissar Steiner gewiß aber gemischte Gefühle auslöste. Die Aufführung hätte leicht ins Makabre umkippen können.

Die Werschetzer Schauspielbühne, der sich eine besondere „Österreichische Spielgruppe" anschloß, hat keine eigentlichen Zugeständnisse an die jugoslawische Lagerkommandantur gemacht, doch mag die Inszenierung von Konstantin Simonows Schauspiel „Die russische Frage" im Sommer 1948 eine Geste des guten Willens im Gegenzug zur Duldung der Zuckmayer-Aufführung gewesen sein. Schluß- und Höhepunkt der zweieinhalbjährigen Arbeit des Lagertheaters war, Ende August 1948, die „Hamlet"-Aufführung, von der noch mehr zu erzählen sein wird. Aber sehen lassen konnte sich der Spielplan überhaupt. Auf dem Programm standen außerdem Schillers „Räuber" und „Kabale und Liebe", Kleists „Zerbrochener Krug", „Dantons Tod" von Büchner, Raimunds „Bauer als Millionär"; Nestrys „Lumpazivagabundus", G. Hauptmanns „Biberpelz", „Die tote Tante" von Curt Goetz, Szenen aus Goethes „Faust" und aus Brechts „Furcht und Elend des Dritten Reiches", dazu eine Lesung aus Sophokles' „Ödipus" zur „Hellaswoche" des Lagers – also eine beachtliche Beispielreihe aus dem klassischen Repertoire, bei der neben Herbert Stockder auch Wolfgang Berkefeld Regie führte.

Welche Rollen fielen für mich ab? Ich zählte im Lager zu den Jüngsten, besaß im Verhältnis zu den gegerbten Gesichtern so vieler Mitgefangenen eine taufrische Haut und hatte nicht eben eine Baßstimme. Also fiel, als es um die Besetzung der Frauenrollen ging, die Wahl auf mich. Es gibt von Goethe einen schönen Aufsatz über seine Theatereindrücke während der italienischen Reise, „Frauenrollen, auf dem Römischen Theater durch Männer gespielt", aus dem ich zitiere, weil so unsere Theaterverhältnisse im Lager den Anschein des ganz und gar Ungewöhnlichen verlieren. Goethe erinnert sich an das doppelte Vergnügen, das er bei der Darstellung von Frauenrollen durch junge Männer empfand, an das Vergnügen einer „selbstbewußten Illusion". Es „entsteht ein doppelter Reiz daher, daß diese Personen keine Frauenzimmer sind, sondern Frauenzimmer vorstellen. Der Jüngling hat die Eigenheiten des weiblichen Geschlechts in ihrem Wesen und Betragen studiert ... und bringt sie als Künstler wieder hervor; er spielt nicht sich selbst, sondern eine dritte und eigentlich fremde Natur. Wir lernen diese dadurch nur desto besser kennen, weil sie jemand beobachtet, jemand überdacht hat und uns nicht die Sache, sondern das Resultat der Sache vorgestellt wird." Mit der unmittelbaren „Beobachtung" stand es in der frauenlosen Gesellschaft unseres Lagers schlecht, hier mußte die Erinnerung einspringen. Aber man sieht, daß die beschränkten Möglichkeiten eines frauenlosen Ensembles sogar zu einer Steigerung des Theaterhaften beitragen können und daß unsere Praxis in keiner schlechten Tradition stand.

Meine letzte Rolle war die Ophelia, die erste, die ich spielte, die Julie in „Dantons Tod". Eine Nebenrolle gewiß; außer der Szene, in der Danton von den Alpträumen der Erinnerung an die Septembermorde heimgesucht wird und sie seine Selbstquälerei mit den Argumenten der Verteidigerin besänftigen möchte, hat Julie nur zwei kleine Auftritte: Sie schickt einen Boten zum verurteilten Danton, und sie macht wahr, was sie ihm hat melden lassen, sie folgt ihm in den Tod. Vielleicht die Figur in Büchners Werk, die Goetheschen Frauenfiguren, vor allem dem Klärchen im „Egmont", am nächsten steht. Es war diese Aufführung, die mich für den Dichter Georg Büchner gewonnen hat.

In der Inszenierung von Zuckmayers „Des Teufels General" spielte ich die Rolle der Anne Eilers, der Frau des Oberst, dessen fünfzigsten Luftsieg man am Beginn der Handlung feiert. Sie hat ihre große Szene am Ende des Stückes, als sie von General Harras Rechenschaft für den Tod ihres Mannes fordert. Und nach einer der Vorstellungen ereignete sich etwas, was dem Gedanken der „selbstbewußten Illusion" (bei der Frauendarstellung durch Männer) ganz eklatant widersprach. In einem kurzen Moment des Unbeobachtetseins riß der Darsteller des Obersten Eilers mich an sich und versuchte, mich auf den Mund zu küssen. Ich wehrte ihn ab, war aber weder besonders erstaunt noch entrüstet, obwohl mich wenig mit ihm verband.

Im dritten Jahr eines Lebens ausschließlich unter Männern hatte das Geschlechterproblem nicht mehr die alten klaren Fronten. Wer von einiger sinnlichen und geistigen Sensibilität war, beobachtete an sich eine zunehmende Empfänglichkeit für männliche Körperschönheit und Intellektualität. Sie löste die alte Geschlechterpolarität nicht einfach auf, durchbrach sie aber. Das galt wohl mehr für die Jüngeren als die Älteren unter uns und zumal für die künstlerisch Reizempfindlichen. Bis zu einem gewissen Grade war, was durch die Mangel- und Ausnahmesituation hervorgerufen wurde, nichts Geringeres als eine Umpolung.

Es gab auch Homosexuelle von Natur, Männer mit „konstitutioneller" Homosexualität, unter uns, zumindest wußten wir es von einem, der unter Freunden auch daraus keinen Hehl machte. Kurt, vor dem Krieg Solotänzer an einer großen Oper, war einer der liebenswürdigsten und hilfsbereitesten Mitgefangenen, immer ein bißchen aufgedreht und eigentlich immer optimistisch. Er hatte ja zum Wohlbefinden auch gewissen Grund, weil er sich in der Männergesellschaft des Lagers wie in einem Dorado fühlen konnte. Andererseits mag er manchmal auch gelitten haben, weil die aufeinander hockenden Gefangenen durch ihre wechselseitige Beobachtung das Lager zu einem Überwachungsstaat im kleinen machten, zumal wenn nach einem nächtlichen Brotdiebstahl ein Argwohn um sich griff, der einen bestimmten Bewachertyp auch moralisch legitimierte. Kurt war ein beliebter Darsteller des Unterhaltungs- wie des klassischen Theaters. Er war der erste Anwärter für Frauenrollen; erst später ist mir klar geworden, daß dabei vielleicht auch der heimliche Transvestit auf seine Kosten kam. Er verkörperte mit einer Spiellust, die ihres Erfolgs bei einem reinen Männerpublikum sicher war, besonders gerne Vamps und Stars, in „Des Teufels General" die Operettendiva Olivia Geiss, aber in „Kabale und Liebe" auch die am Ende rührend und pathetisch werdende Mätresse Lady Milford.

Kurt war also Homosexueller; als ich ihn später in Ostberlin besuchte, wo er dem Tanzensemble eines Theaters angehörte, stellte er mir seinen Partner vor. Wen aber der Entzugsdruck der Gefangenschaft vorübergehend umpolte, den führte es in eine männerbündische Freundschaft oder auch in eine „situative", eine Homosexualität auf Zeit in den Grenzen, die das Lagerleben zog. Überhaupt ist hier der als Schamwort, als Euphemismus in Mißkredit geratene Ausdruck Homoerotik viel angemessener. Entstehen konnten Freundschaften mit der Steigerungsstufe der Liebe. Ich spreche davon nicht im Konjunktiv. Es war eine wichtige und schöne Erfahrung.

Hamlet in Belgrad

Nach einer internationalen Vereinbarung sollten die letzten deutschen Kriegsgefangenen bis zum 31. Dezember 1948 entlassen sein, nur Kriegsverbrecher durften zurückbehalten werden. Auf die Jahreswende als den Anfang eines neuen Lebens begannen wir uns einzustellen, obwohl auch Gerüchte kursierten, daß der Entlassungstermin nicht für alle gelten werde. Jedenfalls wurde eine Kulturwoche unter dem Titel „Ernte und Ausklang" geplant, und tatsächlich war diese Festwoche zwischen dem 28. August und dem 5. September krönende Zusammenfassung. Mit vier Konzerten wartete sie auf, mit einer Matinee, mit einer Kunstausstellung und einem „Bunten Abend", in dessen Titel wir alle unsere Erwartungen ausgedrückt fanden: „Glückliche Reise".

Zum Höhepunkt aber wurde die Inszenierung des „Hamlet", eine fünfstündige Aufführung, in der das Ensemble noch einmal alle Register zog. Die Verbindungen mit Betrieben der Stadt Werschetz hatten sich inzwischen so gut entwickelt, daß auch das Bühnenbild und die Beleuchtung von erstaunlicher Perfektion waren. Zwei weibliche Rollen hatte der Regisseur Stockder zu vergeben, die der Königin und die der Tochter des Polonius. Die erste der beiden fiel Gustav Kropatschek zu, dem späteren Dramaturgen am Wiener Theater in der Josefstadt. Ich aber kann sagen, was bei so mancher Schauspielerin bloßer Wunsch geblieben ist; daß ich einmal die Ophelia gespielt habe.

Die Inszenierung begeisterte nicht nur uns Gefangene, Beteiligte wie Zuschauer, und nicht nur die Gäste aus der Stadt; es war mit ihr offensichtlich auch Staat zu machen. Denn etwa zwei Wochen später wurde das Ensemble zur Lagerleitung gerufen, und Kommissar Steiner erklärte uns (ich zitiere Buderaths Erinnerungsprotokoll): „Meine Herren, packen Sie alles zusammen, was Sie an Kostümen, Requisiten usw. benötigen. Sie fahren nach Belgrad und werden dort den Hamlet spielen." Wir hörten die Botschaft, aber woher sollte der Glaube kommen? Als der Kommissar mit Einzelheiten herausrückte, zerstreuten sich unsere Zweifel. Im Lager ging die frohe Nachricht von Mund zu Mund, war sie doch eine Hoffnungsbotschaft für alle: Das Tor zur Freiheit hatte sich schon ein Stück geöffnet.

Ende September packte Stockders Theatertruppe die Kulissen, Kostüme und Requisiten und auch die dringendsten eigenen Habseligkeiten zusammen. Ein Wagen fuhr das Bühnenzubehör zum Bahnhof, wir selbst folgten ihm in lockerer Gruppierung. Nur zwei Personen begleiteten uns, aber ohne Gewehr. Wozu auch Waffen? Verrückt wäre gewesen, wer jetzt noch einen Fluchtversuch gewagt hätte. Wir bestiegen einen Personenwagen, in dem Abteile für uns reserviert waren. Als sich der Zug in Bewegung setzte, dachte ich zurück an den Tag vor mehr als drei Jahren, als die Eisenbahnfahrt aus Richtung Novi Sad hier endete und ein verachteter, elender Haufen aus dem Viehwagen stieg. Jetzt wurden wir, Repräsentanten des Kulturlebens von Gefangenen, in der jugoslawischen Hauptstadt erwartet. Der Tag nach der Ankunft war den Proben auf der Bühne vorbehalten – auf einer richtigen Bühne! Ich meine sicher zu sein, daß es das ehemalige Deutsche Theater in Belgrad war, in dem wir spielten. Am Abend des 2. Oktober war kein Zuschauerplatz leer. Unser Publikum waren deutsche Kriegsgefangene aus dem Belgrader Raum, rehabilitierte sogenannte „Volksdeutsche" und deutsch sprechende Jugoslawen, aber auch einige in Serbien Dienstverpflichtete aus der Bundesrepublik. Kommissar Steiner saß auf einem der vorderen Ehrenplätze und trug den Stolz dessen zur Schau, dem dies alles zu verdanken war. In der Tat schlug ihm an diesem Abend aus dem Ensemble eine Welle der Sympathie entgegen.

Wir merkten, was eine gute Akustik in einem richtigen Theatersaal wert ist. Rasch hatten wir das Publikum im Griff und wurden unsererseits angespornt durch die deutlich spürbare Resonanz. Wir spielten uns in einen Enthusiasmus hinein wie nie zuvor. Blitzlichter störten uns nicht, beflügelten uns sogar – wir sahen die Fotos schon in der Zeitung. Am Schluß wurden wir mit Beifall überschüttet. Kommissar Steiner nahm Glückwünsche entgegen.

Nach der Vorstellung saßen wir noch zusammen, und es trat jemand zu mir heran, den ich als einen früheren Obergefreiten meines Zuges erkannte; er hieß Wilke. Es war das erste Mal, daß ich einen der Soldaten traf, die ich im Frühjahr 1945 gern nach Deutschland zurück und nicht in die Gefangenschaft geführt hätte. Ich war mir nie sicher gewesen, wie sie wohl nach der Kapitulation über mich gedacht und geredet haben mochten. Mit der Autorität der Offiziere war es im Augenblick des Zusammenbruchs der Armee vorbei, und mancher mag seinem Zorn über ungerechte Behandlung, über Arroganz oder Privilegien von Offizieren freien Lauf gelassen haben. Und wer hätte von sich sagen können, er sei ohne Fehl gewesen?

Wilke war nicht gekommen, mir nachträglich Vorwürfe zu machen. Seine Freude, mich wiederzusehen, schien nicht gespielt. Ihm war noch genau mein „politischer Unterricht" im kroatischen Dorf gegenwärtig; das sei ein nüchterner Lagebericht gewesen, über den alle sich gewundert hätten. Und er erinnerte sich an einen Abend, dessen Einzelheiten mir entfallen waren. Wir hatten damals auf dem Rückzug ein Dorf erreicht, an das Weinberge grenzten. Der Weingutsbesitzer war offenbar in Panik und glaubte, er müsse vor den Partisanen noch möglichst viel von seinen Weinbeständen in Sicherheit bringen. Der Weinkeller stand offen, und der Besitzer hatte nichts dagegen, daß der Kellermeister zwischen den Transporten eine „Weinprobe" mit uns veranstaltete. Diese Probe artete bald in ein Gelage aus. Der Kellermeister fand zunehmend Gefallen an seinem eigenen Wein und bestand im Gespräch immer wieder darauf, daß die Deutschen einen großen Fehler gemacht hätten: „Die Sache mit den Juden." Offenbar wußte er mehr als ich. Was ich vergessen hatte und woran Wilke jetzt erinnerte, war die Beharrlichkeit, mit der ich dem Kellermeister darin zustimmte, daß wir den Krieg verloren hätten. „Ich habe damals gedacht", sagte Wilke, „mein Gott, der Leutnant redet sich um Kopf und Kragen." Ich mußte seine nachträgliche Anerkennung einschränken. „Es war nur der Wein, der meine Zunge so locker machte." Aber Wilke wollte mich offensichtlich als einen unerschrockenen Klardenker im Gedächtnis behalten. Dann aber begann er herumzudrucksen, und es dauerte eine Weile, bis er sich zu seiner Frage durchrang: „Wie kommt es, daß Sie ... daß du die jugoslawische Nationalhymne übersetzt hast?"

Ich fiel aus allen Wolken. Doch, er habe meine Übersetzung und meinen Namen in einer Gefangenenzeitung gelesen. Das Rätsel löste sich auf, aber mein Erstaunen legte sich nicht so rasch. Ich hatte im Lager Werschetz von einem Dolmetscher jugoslawische Gedichttexte in einer deutschen Interlinearfassung erhalten mit der Bitte, sie in eine poetische Form zu bringen, und mich hatte die Aufgabe gereizt. Mit keinem Wort war davon die Rede gewesen, daß unter den Gedichten die jugoslawische Nationalhymne sei und daß meine Übertragung nach Belgrad gehe. Mir lag und liegt noch ein Vers im Ohr, der es mir angetan hatte: „Spring über die Drina, spring über die Drau!"

Die Freude über die Begegnung mit Wilke hob die ohnehin überschäumende Stimmung. Und das Hochgefühl hielt auch an, als wir am nächsten Tag zum „Ausgang" in die Stadt geführt wurden. Zwei Sportveranstaltungen standen auf dem Programm: ein Tenniskampf und ein Fußballspiel. Auf dem Tennisplatz sahen wir zwei jugoslawische Spitzenspieler, deren Namen ich bald vergaß. Mehr Spannung lag über dem Fußballstadion, trafen doch „Roter Stern Belgrad" und eine Wiener Mannschaft aufeinander. Obwohl wir parteiisch waren, hielten wir uns mit Sympathiebekundungen zurück. Zu dankbar waren wir, überhaupt im Stadion, unter Tausenden von freien Menschen, sitzen zu dürfen.

Zum Abschluß besuchten wir ein Café. Es lag so, daß man auf die Donau hinabschauen konnte. Unsere Rast in der Festung Peterwardein, auf dem Durst- und Hungermarsch vor dreieinhalb Jahren, fiel mir wieder ein. Auch damals sahen wir zur Donau hinüber, aber mit welchen Empfindungen? Was für ein Abstand nun! Wie im Traum fühlten wir uns, aber in einem Traum, dessen Wirklichkeit mit den Händen greifbar war. Wir genossen die Caféhaus-Atmosphäre, tranken Kaffee nach Wiener (und Balkan-) Art, mit einem Glas Wasser.

Unsere Rückfahrt nach Vršac traten wir in der Gewißheit an, daß sie nur vorläufig sei und wir bald auf umgekehrtem Wege in die endgültige Freiheit reisen würden. Kommissar Steiner hatte im Lager schon die Nachricht vom großen Erfolg der Hamlet-Truppe verbreiten lassen. Wir luden auf dem Bahnhof von Werschetz unsere Kostüme und Bühnengerätschaften wieder aus und schritten stolz hinter unserem Thespiskarren her. Den Einmarsch ins Lager empfanden wir wie einen Triumphzug.

In den Kellern des Kommissars

Ein paar Tage nach unserer Rückkehr wurde ich ans Lagertor geholt. Einen Grund nannte man mir nicht. Auf mich wartete ein Posten, wiederum ohne Gewehr. Er verstand kein Deutsch, ich kein Jugoslawisch, und so gingen wir schweigend nebeneinander her, auf die Stadt zu. Nicht völlig unbekannt war mir der Weg. Zum Umerziehungsplan der jugoslawischen Lagerleitung hatten auch zwei Kinobesuche gehört. Zweimal also waren wir, tageweise nach Gruppen aufgeteilt, zum Stadtkino marschiert. Der erste Film, den wir sahen, war ein sowjetischer Propaganda-Schinken, mit endlosen Kolonnen Fahnen schwenkender und Porträtbilder tragender Menschen, die an Stalin und seiner Politbüro- und Marschallsriege vorbeizogen. Daß wir auf fatale Weise an das Ritual Nürnberger Parteitage und Führer-Paraden erinnert wurden, muß unseren Erziehern entgangen sein. Also ein Schuß, der nach hinten losging. Ein Kinoerlebnis ersten

Ranges dagegen war Charly Chaplins „Der große Diktator". Die wunderbare artistisch-groteske Hitlerparodie und die Ausnahmesituation, in der ich sie sah, haben mich für immer zum Chaplin-Enthusiasten gemacht.

Aber nicht ins Kino wurde ich diesmal geführt, sondern auf einen Platz, auf dem der Posten das Schweigen durchbrach und lebhaft „Korso! Korso!" rief. „Korso" nannte man hier einen abendlichen Rundgang Flanierender auf dem Platz. Wir betraten ein Haus, stiegen die Treppe hinauf zu einer Wohnung, die offensichtlich zugleich als komfortables Büro diente, und es empfing mich – Kommissar Steiner. Auf ihn war ich nicht gefaßt, denn wir wußten nur von seinen Büroräumen gegenüber dem Lager. Der Posten wurde nach unten geschickt, Steiner wollte mit seinem Gast allein sein.

Mein erster Gedanke war: Hamlet, Belgrad! Aber ich hatte doch eine so untergeordnete Rolle gespielt, daß kein Anlaß zu solcher Audienz bestand. Während ich noch rätselte und wohl auch etwas ratlos dreinschaute, schenkte Steiner ein Glas voll und reichte es mir: „Spitzenwein aus Vršac!" Er zog mich an ein breites Fenster. Draußen war ein klarer Oktobertag. Vor dem blauen Himmel hoben sich hinter der Stadt die Hänge mit den Weinbergen ab. Steiner war bemüht, Wohlbehagen auszustrahlen. „Sie werden bald zu Hause sein."

Was nun begann, war kein Verhör, sondern freundliche Erkundigung nach meinem Zuhause und meinen Zukunftsplänen. Kein Zweifel, hier sprach jemand, der als ein Freund in Erinnerung bleiben wollte. Er hörte sich interessiert meine Vorstellungen vom künftigen Studium an, warf auch einen Satz dazwischen wie „Sie gehören ja schon im Lager zu den geistigen Köpfen"; er wollte auf keinen Fall in den Verdacht geraten, daß er mich unterschätzte. Er lenkte zu den Tagen in Belgrad über, zu unserer Aufführung und zu dem breiten Echo, das diese künstlerische Leistung ehemaliger Feinde gefunden habe. Und nun fing er vorsichtig an, die Vorzüge einer Gesellschaft ins Licht zu rücken, die ein Ereignis wie die Hamlet-Aufführung von Gefangenen im Lager und dann in einem Theater der Hauptstadt ermöglicht hatte.

Sein Werben um Freundschaft ging ins Werben für sein Land, die Plauderei ging in die politische Instruktion des Kommissars über: In Jugoslawien können sich die Kunst und die Wissenschaft entfalten wie nie zuvor. Dem Sozialismus sind große Verbesserungen zu verdanken, und ihm gehört die Zukunft – überall in der Welt. Diese Welt ist in zwei große Lager geteilt. Daß Tito die Alleinherrschaft Stalins nicht mehr anerkennt und sich von der Kommunistischen Internationale, der Komintern, losgelöst hat, bedeutet keine Abkehr vom Sozialismus. Denn der Sozialismus ist die einzige Garantie für den Fortschritt. Das muß jeder vernünftige Mensch, jeder Mann von Geist erkennen.

Ich befand mich also in einer Schulungsstunde, und meine Lage war prekär. Die Entlassung in die Freiheit winkte, und die wollte ich nicht im letzten Augenblick gefährden. Warum sollte ich einen Mann, der mir einen politischen Rat mit auf den Weg geben wollte, verärgern? So hörte ich ihm zu, widersprach nicht, hielt meine Fragen zurück, nickte mit dem Kopf, wo man zustimmen konnte. Zumal das Eingeständnis, daß Tito ein Abtrünniger der Komintern sei, muß ihm nicht leicht gefallen sein, weil dieses Thema für Altkommunisten noch tabu war. Im ganzen versuchte ich den Eindruck eines Lernwilligen zu machen, der sich alles durch den Kopf gehen lassen und zu Hause beherzigen will.

„Jeder muß sich heute, im Kampf zwischen Fortschritt und Reaktion, entscheiden", sagte Steiner. Er wollte offenbar mehr, als mir bloß die weltpolitische Lage erläutern. „Auch Sie stehen doch sicherlich auf der Seite des Fortschritts."

In einem allgemeinen Verständnis des Wortes konnte ich seine Frage wohl bejahen, aber mir begann seine Zudringlichkeit unbehaglich zu werden. „Es genügt heute nicht mehr, das Richtige zu erkennen, man muß auch das Richtige tun", sagte er und variierte so das Marx-Zitat, wonach es die Welt nicht nur zu interpretieren, sondern auch zu verändern gilt. Ich widersprach nicht, blieb aber merklich reserviert, weil ich mißtrauisch geworden war.

„Der Sozialismus braucht Menschen mit Engagement, und die müssen nicht unbedingt in vorderster Front stehen." Die Einschränkung leuchtete mir ein, aber wo war der Haken?

Ich beschreibe hier nicht die Reaktionen eines Naivlings aus ironischer heutiger Sicht, sondern eine Ahnungslosigkeit, die überrumpelt wurde.

„Für die Entscheidungen der sozialistischen Führung ist es wichtig, möglichst viele Informationen zu sammeln. Sie können dabei helfen." Worauf lief das hinaus? Ich spürte eine plötzliche Leere im Kopf.

„Der Imperialismus ist der Feind der Menschheit, und wir brauchen Nachrichten über seine Pläne." Wie wollte ich an Pläne der Imperialisten kommen, was hatte das alles mit mir zu tun?

„Ihr Heimatort liegt in der Nähe von Bremen, und in Bremerhaven werden die amerikanischen Truppen und Waffen entladen. Es wäre für Sie nicht schwer, da einige Beobachtungen zu machen." Ich wandte ein, daß ich ja studieren wolle und die Universität weit weg sei.

Aber so ließ mich Kommissar Steiner nicht entkommen. „Bremerhaven war ein Beispiel. Sie sollen nur die Augen offen halten, und das können Sie überall."

Nun war es heraus; Mitarbeiter des Geheimdienstes sollte ich werden.

Steiner wiegelte ab. „Was verstehen Sie unter Geheimdienst? Es gibt doch im Sozialismus keine Gestapo. Wir müssen uns aber gegen die Machenschaften des Imperialismus verteidigen. Wir brauchen Mitarbeiter für unsere Aufklärungsarbeit. Und niemand wird es erfahren, wenn Sie uns ab und zu ein paar Informationen zukommen lassen." Ich wußte, daß es in Deutschland eine jugoslawische Militärmission gab. Von ihr aus konnten Verbindungsleute operieren.

Es galt Steiner von meiner Untauglichkeit zu überzeugen. Viel zu furchtsam sei ich für solche Tätigkeit, und meine Unsicherheit werde mich verraten. Da stieß ich bei Steiner auf lebhafte Ungläubigkeit; er hatte wohl solche „Entschuldigungen" schon mehrfach gehört und war auf sie gefaßt.

„Keine Sorge, Sie werden die Angst rasch verlieren, wenn Sie von der guten Sache, um die es geht, überzeugt sind. Und das sind Sie doch, oder?" Die Daumenschraube zog an. Ich versuchte trotzdem noch einmal, mich herauszuwinden: ich sei wirklich völlig ungeeignet.

Steiner ließ meinen Selbstzweifel nicht gelten, und dann spielte er seinen Trumpf aus: „In einer Woche geht ein Transport nach Deutschland ab. Wollen Sie dabei sein?"

Einen Punkt größerer Verwundbarkeit hätte er nicht treffen können. Alle unsere Gedanken waren nach den Versprechungen der letzten Wochen auf den Tag der Entlassung so sehr fixiert, daß wir uns eine Enttäuschung nur als eine Katastrophe vorstellen konnten. Steiner rechnete mit dieser psychologischen Situation und nutzte sie zur Erpressung. Er zeigte auf den Schreibtisch, auf ein Papier:

„Wenn Sie diese kleine Erklärung unterschreiben, sind Sie in zehn Tagen zu Hause."

Jetzt hieß es einen klaren Kopf behalten. Die Ablehnung schloß nicht nur die Heimkehr mit dem nächsten Transport aus, sie stellte mehr in Frage. So versuchte ich Zeit zu gewinnen.

Steiner drängte auf sofortige Unterschrift, war aber dann doch mit einer Bedenkzeit einverstanden. „In zwei Tagen sehen wir uns wieder. Aber dann will ich eine klare Antwort."

Der apodiktische Ton dieses Satzes war eine unmißverständliche Drohung, und sie begleitete mich auf dem Rückweg. Nichts mehr nahm ich von der wunderbaren Durchsichtigkeit des schönen Herbsttages wahr; dumpfe Ahnungen hingen wie Nebel in meinem Kopf. „Hamlet" und das Fest in Belgrad schienen plötzlich sehr ferngerückt. Im Lager hielt ich mich an die Weisung des Kommissars, auf Fragen zu antworten, wir hätten uns über die Aufführung und meine Eindrücke in Belgrad unterhalten. Von Steiners Ankündigung eines baldigen Heimkehrertransports wagte ich nicht zu sprechen. In den folgenden beiden Nächten schlief ich miserabel. Ich fragte mich, wen sonst wohl der Kommissar noch anzuwerben versucht hatte, wer schon die Verpflichtungserklärung unterschrieben haben könnte. Nahm ich nicht alles zu schwer? Konnte man sich nicht in Deutschland einfach der Zusammenarbeit entziehen? Wie weit reichte überhaupt die Macht des jugoslawischen Nachrichtendienstes? Aber wurde man nicht erpreßbar? Sicherlich gab es Verbindungen zwischen den Geheimdiensten des Ostblocklagers.

Was mich bedrückte, war die Furcht vor einer Verstrickung, aus der ich mich vielleicht ein Leben lang nicht würde befreien können, also die Angst um die eigene Person. Aber mir war auch bewußt, daß ich mich mit der Unterschrift einer zwielichtigen, mit verbrecherischen Mitteln arbeitenden Organisation ausliefern würde. Zwar waren die offiziellen Meldungen, die von der jugoslawischen Lagerleitung freigegeben wurden, immer gefiltert worden, aber es gab einen breiten Strom von Nachrichten, die auf anderen Wegen ins Lager kamen und von Mund zu Mund gingen. Und es waren nicht etwa Überbleibsel nationalsozialistischer Propaganda, was man über die Praktiken des NKWD, der GPU, des KGB oder neuerdings MWD unter Stalin erfuhr. Daß sich der jugoslawische Geheimdienst nach dem Vorbild des sowjetischen organisiert hatte, daran zweifelte ich nicht. „Wir sind gewarnt. Uns mischten Demagogen nur einmal Gift zu einem Zaubertrank". Diese Zeilen meines Gedichts waren mir zum Wahlspruch geworden, und jetzt war die Zeit gekommen, dazu zu stehen. Ich wollte nicht auf ideologische Verbrämungen hereinfallen, nicht Informant einer anderen Art von Gestapo werden.

Beim zweiten Mal brachte mich der Posten nicht in die Stadtwohnung, sondern ins Gebäude der jugoslawischen Lagerleitung. Das Büro des Kommissars hatte hier ganz das Aussehen eines Dienstzimmers. Steiner kam nicht sofort auf den Punkt, er versuchte noch einmal Schönwetter zu machen. Wein wurde allerdings nicht geboten, nur eine Zigarette. Dann kramte Steiner eine Zeitungsnotiz über die Folgen des Atombombenabwurfs der Amerikaner auf Hiroshima und Nagasaki hervor. Dergleichen dürfe sich nicht wiederholen; es zu verhindern, müßten alle friedfertigen Menschen zusammenhalten. Er versuchte mich jetzt mit dem moralischen Appell der Friedensidee zu packen, sprach von der Solidarität der friedliebenden Völker. „Wollen Sie sich da ernsthaft ausschließen?" Natürlich wollte ich nicht, und ich versprach, in Deutschland mit allen Kräften für die Friedensidee zu kämpfen – ich bemühte mich, das gewisse Pathos politischer Veranstaltungen in die Worte zu legen –, aber nicht in einer Aufgabe, in der ich mit Sicherheit versagen würde.

Auf das erneute Untauglichkeitsargument reagierte Steiner ärgerlich: „Aber ein Mann von Ihrer Intelligenz bewältigt doch noch ganz andere Dinge!" Wir waren wieder in derselben Sackgasse wie zwei Tage zuvor. Noch einmal stellte er mir die Informantentätigkeit als die beiläufigste, leichteste, zugleich doch verdienstvollste Sache der Welt vor und winkte wieder mit der schnellen Heimkehr; er servierte mir die künftige Aufgabe wie auf dem Tablett.

Ich kannte meine weiche Flanke, meine Schwäche, schwer nein sagen zu können, und sammelte alle Willenskraft. Vielleicht klang deshalb meine Absage etwas forciert, etwas schroff. Steiner schien beleidigt, stand auf.

„Sie können noch einmal eine Nacht darüber nachdenken. Morgen muß ich Ihre Antwort haben, sonst kann ich Sie nicht mehr auf die Liste des Heimkehrertransportes setzen."

Die Nacht war weniger unruhig, als ich befürchtet hatte. Mein Entschluß stand fest, das erließ mir die Qual des Hin- und Hergeworfenseins. Mit schneller Heimkehr war nun nicht zu rechnen, aber nach so vielen Monaten der Gefangenschaft kam es, wenn so viel auf dem Spiel stand, wohl auf einige weitere Wochen nicht an. Ich stellte mich darauf ein, mit den Letzten zu fahren. Aber die Hoffnung, Weihnachten oder Neujahr zu Hause zu sein, gab ich noch nicht auf.

Diese Erwartungen waren äußerst gedämpft, als ich das letzte Gespräch mit dem Kommissar hinter mir hatte.

Wieder wurde ich von einem Posten abgeholt, doch trug er jetzt ein Gewehr. Als wir in der Kommandantur ankamen, stieß er mich eine Kellertreppe hinab und dann in eine Art Verschlag. Nach einiger Zeit kam Steiner, schimpfte mit dem Posten und entschuldigte sich bei mir, aber das Manöver war zu durchsichtig, sollte es wohl auch sein. Er führte mich in einen anderen Keller, in einen Raum, in dem nur ein Tisch und zwei Stühle standen, der aber einer Vernehmungszelle ähnlicher sah als einem Büro. Von der behaglichen Stadtwohnung über den Arbeitsraum in die Keller – die Einschüchterung war wohlinszeniert. Keine Zigarette diesmal, kein Vorspiel, ein harter Dialog begann sofort. Man merkte, daß Steiners Stimme im Verhör erprobt war.

„Sie sind zu einem Entschluß gekommen?"

„Ja, aber lassen Sie mich ..."

„Ja oder nein?"

„Nein, aber ..."

„Wenn Sie nein sagen, interessiert das Aber nicht."

„Verstehen Sie bitte ..."

„Sind Sie ganz sicher, daß Ihr Entschluß richtig ist?"

„Ich habe es mir reiflich überlegt."

„Haben Sie auch an die Folgen gedacht?"

„Welche Folgen bitte?"

„Lenken Sie nicht ab! Ihr Nein wäre eine politische Flucht, wissen Sie das?"

„Ich sehe das anders. Es gibt so viele Möglichkeiten ..."

!Aber jetzt geben wir Ihnen eine einmalige Chance, sich endgültig vom Faschismus zu lösen. Oder sind Sie immer noch ein Faschist, ein verkappter Faschist?"

Der Faschismusverdacht konnte hier tödlich sein, und deshalb antwortete ich mit einem schnellen, zugleich erschrocken und abwehrenden Nein.

„Dann beweisen Sie es, jetzt! Unterschreiben Sie!" Er holte wieder das Papier aus der Tasche. „Hier!"

Ich sagte leise, aber bestimmt: „Ich kann nicht."

„Ist das wirklich Ihr letztes Wort?"

„Ja."

„Also Sie sagen nein."

Er holte ein zweites Papier aus der Tasche. „Unterschreiben Sie hier, daß Sie zu keinem über unsere Gespräche und unser Thema ein Wort sagen. Brechen Sie das Schweigen, müssen Sie mit Bestrafung rechnen."

Ich unterschrieb. Er rief nach dem Posten. Als ich mich in der Tür umdrehte und grüßte, sagte er nur, kalt und schneidend: „Das werden Sie noch bedauern."

Die Falle schnappt zu

Wenige Tage später verließ die Gruppe von Heimkehrern, in der ich hätte sein können, das Lager. Als wir, am Stacheldraht stehend, dem Zug fröhlicher Menschen noch einmal nachwinkten, verlor ich für einen Augenblick alle Sicherheit, das Richtige getan zu haben. Unter uns allen setzte sich nun die Ungeduld fest, das gespannte Warten auf den nächsten Transport. Und tatsächlich wurde schon bald, vielleicht eine oder zwei Wochen später, eine Liste neuer Namen bekanntgegeben. Die Abfahrt war für den folgenden Tag vorgesehen.

Welch maßloses Erstaunen, welch ungläubige Freude, als ich meinen Namen auf der Liste entdeckte. Steiners „Das werden Sie noch bedauern" war also nur ein Schreckschuß gewesen. Glückwünsche von allen Seiten. Man steckte mir Zettel und Briefe mit Nachrichten an Angehörige zu. Eine Aufregung sondergleichen, es wurde ein letzter langer Abend. Am anderen Tag zogen wir Glücklichen aus dem Lager, dem Bahnhof entgegen, wiederum nur – wie bei der Abfahrt zum Belgrader Gastspiel – in Begleitung unbewaffneter Posten.

Auf dem Bahnhof bestiegen wir zwar diesmal nicht Personenabteile, sondern Viehwaggons, aber was machte das schon – die

Wagen waren an einen Personenzug gekoppelt. Die Lokomotive zog an. Ein Aufatmen, ein wechselseitiges Sichanstrahlen und Sichanstoßen. „Leb wohl Werschetz! Leb wohl Vršac!" Die Waggontür war leicht geöffnet, wir sahen die Landschaft vorbeiziehen. „Leb wohl, Jugoslawien!" Der Zug hielt auf der nächsten Station; wir öffneten die Tür noch etwas weiter. Dann geschah es. Aus einem der Personenwagen stürmte ein Trupp Soldaten mit Karabinern und einem Maschinengewehr hervor, lange nicht mehr gehörte Befehls- und Fluchworte schlugen uns entgegen, die Türen wurden zugeknallt und von außen verriegelt. Wir sahen uns an, konnten es noch nicht glauben, wollten es nicht wahrhaben und konnten uns doch nicht gegen die Einsicht wehren: Eine Falle war zugeschnappt.

Banges Lauschen nach Geräuschen bei den nächsten Haltestellen. Dann hörten wir, daß unsere Wagen abgekoppelt wurden, stehen blieben. Die Türen wurden aufgerissen, wir mußten aussteigen, uns aufstellen; wer nicht schnell genug war, wurde mit dem Kolben bedroht. Wir erkannten das Bahnhofsschild: Zrenjanin. Der Name war uns nicht unbekannt. In Zrenjanin befand sich das Lager für gefangene Offiziere, gegen die Anschuldigungen vorlagen.

Warum aber waren wir hier? Im Lager angekommen, verlangte unser Sprecher Auskunft. Wir seien in Vršac als Heimkehrertransport abgefahren und könnten uns nicht erklären, was jetzt dies alles bedeute. Die Antwort, die der Sprecher mitbrachte, war kurz und ungeheuerlich: „Sie alle sind angeklagt, Kriegsverbrechen begangen zu haben."

Jetzt war mir die ganze Konsequenz von Steiners Drohung klar. Und wenn wir uns in den folgenden Tagen gegenseitig befragten, warum wohl gerade wir ausgesondert worden waren, bedrückte es mich, nicht offen reden zu können. Von jetzt an war mit allem zu rechnen. Ein gebrochenes Schweigegebot konnte unabsehbare Folgen haben. Kommissar Steiner war nun immer wie gegenwärtig. In der Kindheit wurde uns mit dem Schwarzen Mann Angst gemacht; überall konnte er lauern. Im Krieg dann hingen an den Mauern Plakate, auf denen über dem Warnspruch „Feind hört mit!" ein schwarzer Mann mit riesigen Ohren abgebildet war. Zu einer solchen Überfigur, zum Gegenbild des Schutzengels, wurde Kommissar Steiner für mich.

In Zrenjanin begann meine zweite Gefangenschaft, nein begann die eigentliche Gefangenschaft. In der ersten war ich Kriegsgefangener gewesen und hatte unter dem Schutz völkerrechtlicher Vereinbarungen gestanden, jetzt war mir das Stigma des Verbrechers aufgedrückt. Und niemand von uns glaubte, daß wir ordentliche Prozesse erwarten durften. Später erfuhren wir von der Parallelität der Verfahren in der Sowjetunion und in Jugoslawien. Etwa zur gleichen Zeit, als nämlich der vereinbarte Termin der Entlassung näher rückte, erklärte man dort wie hier einen Teil der Gefangenen zu Kriegsverbrechern und steckte sie in einen großen Mischtopf mit Fällen tatsächlicher Kriegsverbrechen. Obwohl Tito den Bruch mit der Komintern vollzogen hatte, blieben die Regierenden Jugoslawiens in diesem Punkt gelehrige Schüler.

Die Weihnachtstage und der Wechsel zum Jahr 1949 waren die traurigsten meines bisherigen Lebens. Zu Hause wollten wir sein, und jetzt waren wir davon weiter entfernt denn je. Die Tage verrannen monoton, in völliger Ungewißheit; die Behandlung durch die Wachposten und ihre Vorgesetzten erreichte wieder die Härte der allerersten Tage der Gefangenschaft, im Mai 1945. Inzwischen war der Endtermin der Entlassung deutscher Kriegsgefangener verstrichen, das Lager Werschetz mußte geräumt sein.

Eines Morgens wurden wir zu neuem Aufbruch alarmiert. Niemand verriet uns das Ziel. Auch während der Eisenbahnfahrt in geschlossenen Waggons war nicht zu erkennen, wohin es ging. Unsere Überraschung, als wir ausstiegen, war groß: Vršac. Wir marschierten denselben Weg wie vor dreidreiviertel Jahren. Ein Kreislauf von niederschmetternder Symbolik. Das Lager war tatsächlich leer, jetzt sollte es zu neuem Leben erweckt werden, aber zu welchem! Wir wurden zur ersten Baracke kommandiert. In der großen Tür stand verloren eine schwarze Katze, unser Mohrle.

Der Kater war uns im Herbst 1947 zugelaufen und hatte sich vor allem an mich und meinen Nebenmann und Freund (der jetzt offenbar in Deutschland war) gewöhnt. Ernähren konnten wir armen Kirchenmäuse ihn nicht, er mußte sich selbst versorgen. Und vielleicht war er bei einem seiner Beutezüge, vielleicht von einem Koch, erwischt und geprügelt worden. Denn er litt, als er bei uns auftauchte, schon an einer gewissen Beschädigung, er hatte einen leichten „Dachschaden". Deshalb besaß er auch nicht die Eigenwilligkeit und

Selbständigkeit anderer Katzen, war anhänglicher und – wenn man so etwas von Katzen überhaupt sagen kann – treuer als sie. Besonders mein Freund war ein großer Tierliebhaber, er gab ihm auch den Namen Mohrle. Im Winter war er uns fast unentbehrlich geworden. Abends sprang er (mein Freund und ich hatten die oberen Pritschen) zu uns herauf und legte sich mal zu meinem Freund, mal zu mir, wärmte uns die Füße und genoß selbst die menschliche Wärme. Gerade weil er eine so arme Kreatur war, hatten wir ihn liebgewonnen. Er brachte nicht nur ein Stück Häuslichkeit in die Öde der Pritschenreihen, wir sahen in dem Tier mit beschränktem Eigenwillen unsere Eingeschränktheit gespiegelt, in seiner Hilflosigkeit unsere eigene.

Mohrle also stand in der Tür, noch ganz verstört. Die allmähliche Leerung der Baracken und das Verschwinden seiner beiden Freunde mag ihm unheimlich gewesen sein, hatte ihn aber nicht bewegen können, das Lager zu verlassen. Jetzt schien alles wieder gut zu werden, Mohrle erkannte mich, kam gelaufen, strich mir um die Beine, schaute mit seinen leicht schielenden Augen zu mir auf. Es ist eine sonderbare Erfahrung, daß Tiere uns mehr rühren können als Menschen. Den ganzen Jammer meiner Lage fühlte ich, als ich Mohrle verloren dastehen sah, und eine Mischung von Freude und innerem Seufzen übermannte mich, als er wieder Besitz von mir nahm. Ich war dem Weinen nahe. Abends lag er wieder auf der Wolldecke, zu meinen Füßen, das glücklichste Tier auf der Erde. Noch lange lag ich wach, der unglücklichste Mensch auf der Erde. In solcher Situation wächst in einem der Selbstmordgedanke riesengroß heran.

Mohrles Glück hielt nicht lange vor. Vergünstigungen wurden uns nicht mehr gewährt, ein Posten entdeckte und vertrieb ihn. Vielleicht hat man ihn erschlagen, jedenfalls tauchte er nicht wieder auf. Aber unser Zusammensein wäre ohnehin nur von kurzer Dauer gewesen, denn ich verließ das Lager bald wieder. Nicht zu Verhören oder zur Gerichtsverhandlung, sondern zur Arbeit. Wir wurden in das Lager Potporanje verlegt, von dem aus wir nun Tag für Tag zu einer Arbeitsstelle des Donau-Theiß-Kanals marschierten. An den modernen Methoden des Kanal- und Tunnelbaus gemessen, war unsere Arbeitsweise primitiv. Kein Bagger, keine Lastkraftwagen zum Transport der ausgehobenen Erde. Es war alles ein bißchen wie zu Pharaos Zeiten. Die Erde wurde mit dem Spaten abgestochen, auf Schubkarren geschaufelt, etwa fünfzig Meter weit geschoben und dann abgekippt. Das „Dawai!" und „Heide brriso!" der Posten schlug den Takt dazu. Natürlich ging es an dieser Baustelle nicht um technische Effizienz, sondern um Bestrafung durch Fronarbeit. Wir wurden, wie wir später erkannten, gefügiger gemacht für die Prozeduren, die auf uns warteten.

Von Zeit zu Zeit verließen Gruppen das Lager Potporanje wieder, und an einem Tag im Herbst 1949 war die Reihe auch an mir. Die Drei wurde zur magischen Zahl; zum dritten Mal war der Bestimmungsort Vršac. In zwei Baracken hausten jetzt zwei verschiedene Kategorien von Gefangenen, in der einen die neuangekommenen, bisher noch nicht verhörten, in der anderen die bereits vernommenen – diese Baracke nannten wir mit dem Galgenhumor, der uns inzwischen eigen war, die CdU-Baracke (Club der Untersuchten). Direkter Kontakt bestand nicht, niemand durfte die Baracke ohne Posten verlassen. Doch konnte die schärfste Kontrolle nicht verhindern, daß Nachrichten von einem Lagerteil in den anderen durchsickerten, zumal alle aus derselben Küche verpflegt wurden.

So hieß es, daß die Vernehmungen in den Räumen der früheren deutschen Lagerleitung, in der Nähe des Tors, vonstatten gingen. Namen von Vernehmern machten die Runde, ich erinnere mich an Wilde, einen früheren Lehrer aus dem Westfälischen, dem ich aber nicht begegnete, und an Pfeiffer, einen früheren „Volksdeutschen" aus Jugoslawien, den ich um so besser kennenlernte. Von erschwerter Haft, von Prügel, ja von Folterungen wurde geflüstert. Nach und nach leerte sich unsere Halle, und eines Nachmittags rief man mich zur Tür. Ich sammelte meine Habseligkeiten ein und folgte dem Posten. Ich ging einen schweren Gang.

Man zeigt mir die Instrumente. Das Urteil

In der Verhörsbaracke wurde mir mein Gepäck, darunter die beiden Wolldecken, genommen. Behalten durfte ich nur mein Kochgeschirr, ausgehändigt bekam ich eine sehr flache Emailleschüssel, in die ich meine Notdurft verrichten sollte. Dann wurde ich in ein fensterloses schmales Nebengemach eines Büroraums gesperrt, das vielleicht einmal als Besenkammer gedient hatte. Diese Abstellkammer war, wie ich beim Eintreten gerade noch erkennen konnte, völlig leer. Ich setzte mich, zog die Knie an, wartete. Nichts geschah. Das ständige Dunkel erschwerte die Zeitorientierung. Aber es mußte inzwischen längst Abend sein. Ich legte mich hin. Mein Körpermaß kam mir zustatten, ich konnte mich gerade ausstrecken. Die Nacht wurde kalt, aber ich hatte wenigstens meinen alten Soldatenmantel behalten dürfen. Als ich morgens aufwachte, war die Luft nicht nur verbraucht, sondern auch durchdrungen vom üblen Geruch aus der Abtrittschüssel.

Jemand kam herein, ließ mich die Schüssel entleeren; dann saß ich wieder stundenlang im Dunkeln. Noch hatte ich weder zu essen noch zu trinken bekommen. Endlich öffnete sich die Tür; vor mir stand jemand, der mir niemals seinen Namen verraten hat, der aber – nach den Beschreibungen anderer – Pfeiffer gewesen sein muß. „Na, dann wollen wir mal", sagte er und ließ mich, seinem Stuhl gegenüber, auf einem Hocker Platz nehmen. Vor ihm auf dem Tisch lag ein Schreibblock; er war bereit, mein Geständnis zu Protokoll zu nehmen.

Doch ich hatte nichts zu gestehen. Er herrschte mich an: meine Kriegsverbrechen seien genau bekannt, durch Zeugen belegt; aber ich könne mit einem freiwilligen Schuldgeständnis das Strafmaß verringern. Ich merkte, daß sich Pfeiffer auf keinerlei Unterlagen stützen konnte außer auf meine Angaben zur Person und zur Wehrmachtseinheit, die ich schon bei der ersten Registrierung im Jahr 1945 gemacht hatte. Er drang weiter in mich ein, schimpfte, fluchte, drohte. „Aber ich kann mir doch nicht einfach etwas aus den Fingern saugen." Er glaubte Ironie zu hören und fuhr hoch, packte mich am Kragen und schrie: „Halten Sie mich nicht für dumm, oder ich vergesse mich!" Nach diesem Ausbruch nahm er sich zurück und wählte die sanftere Gangart. Darüber wurde es Mittag, er wollte essen gehen und sperrte mich wieder in meine Dunkelzelle. „Sie kriegen erst etwas, wenn Sie gesprächiger geworden sind." Seltsamerweise erschien er aber am Nachmittag nicht mehr. Hielt ihn eine andere Vernehmung fest? Am Abend füllte man mir Wasser ins Kochgeschirr und reichte mir ein Stück Brot.

In aussichtsloser Situation ist Hoffnung genügsam. Nachts legte ich mir Trost aus Pfeiffers Ausbleiben zurecht. Und tatsächlich begann der andere Morgen mit einer Überraschung. Pfeiffer machte die Tür auf und sagte: „Kommen Sie, wir machen einen Spaziergang!" Allerdings endete unsere Morgenwanderung schon in der CdU-Baracke. „Ich will Ihnen etwas zeigen." In einem abgetrennten Teil der Baracke, und zwar im früheren Lagerbühnenraum, also dort, wo am Schluß der Aufführung von „Dantons Tod" die Papp-Guillotine gestanden hatte, sah man Stricke mit einer Schleife von der Decke hängen. Waren es Galgen? Pfeiffer zeigte mir die „Instrumente". Dann rief er einige Männer aus dem „Club der Untersuchten" herein und sagte: „Erklären Sie Ihrem Kameraden mal alles!"

Was ich jetzt hörte, klang so unglaublich, daß ich zunächst den Verdacht hatte, eine Verschwörung sei gegen mich im Gange. Aber mir waren ja alle bekannt, die zu mir sprachen, und bald war ich mir sicher, daß sie ohne Zwang und offen mit mir redeten. An den Seilen, so erzählte mir einer, wird mit den Füßen nach oben und dem Kopf nach unten aufgehängt und geschlagen, wer nicht gestehen will. Die Unerweichlichen werden nachts in eine Blechbude gesperrt, in der sie fast erfrieren, und tagsüber geprügelt – bis sie Taten erfinden. Man muß hier umdenken, das hier ist eine völlig verkehrte Welt. Ohne Geständnis kommt hier keiner lebend raus; wir wollen hier aber nicht sinnlos verrecken. (Tatsächlich sind später zum Tode verurteilte Österreicher, die ihr Geständnis widerriefen, hingerichtet worden.) Man muß sich seine Geständnisse so ausdenken, daß ihr Scheincharakter später zu erkennen ist. Ich habe zum Beispiel zwanzig Morde erfunden, ein anderer sogar dreißig, und bei manchem waren sie auch damit noch nicht zufrieden. Jeder in der CdU-Baracke hat sich schuldig bekannt. Wir setzen auf die Zeit. Später wird sich alles aufklären lassen.

Gewiß war bei diesen Erklärungen zuviel Optimismus beteiligt. Aber ich versuchte mir doch, als mich Pfeiffer in die Vernehmungsbaracke zurückgeführt und wieder – zum „Nachdenken" – in meine Zelle eingeschlossen hatte, über unsere gemeinsame Notstrategie klar zu werden. Am Ernst der Drohungen unserer Vernehmer bestand kein Zweifel; mir waren Namen von Gefolterten genannt worden. Die Tat- und Schuldermittlung der Vernehmer beruhte auf den Erfindungen der Verhörten. Das Lager war zu einer Fabrik geworden, in der Geständnisse produziert wurden. Je widersinniger, desto besser.

Ich weiß, daß ich niemanden, der nicht zumindest in ähnlicher Situation gewesen ist, unser Verhalten, mein Verhalten ganz werde verständlich machen können. Aber wer dieses Lager nicht als toter Held – als Märtyrer wofür? – verlassen wollte, konnte sich nur retten, indem er der Verrücktheit dieser Welt mit dosierter, sich selbst bewußter Verrücktheit begegnete. Es galt in dieser absurden Situation einen letzten Spielraum von Vernunft, von Verstand, von Berechnung zu nutzen. Ich beschloß, diese Chance zu wahren.

Als mich Pfeiffer am Nachmittag aus meiner Zelle herausholte und die Vernehmung wieder aufnahm, begann ein zähes Ringen. Pfeiffer ist 1954 vor das Münchner Schwurgericht gestellt und wegen schwerer „Mißhandlung von Kameraden" verurteilt worden, trotz seiner Behauptung, unter Zwang und unter Bedrohung seines eigenen Lebens gehandelt zu haben. Ich bin von ihm weder geprügelt noch gepeitscht worden – die Mißhandlungen, von denen die Anklageschrift spricht, sind mir erspart geblieben. Ich war einer der späteren „Fälle" Pfeiffers und wußte eben von meinen Gesprächspartnern in der CdU-Baracke, wessen er fähig war. Offenbar stand er unter Druck, hatte ein bestimmtes „Soll" zu erfüllen. Mein Plan war, mich „kooperativ" zu zeigen, um dann an einem bestimmten Punkt mit einem entschlossenen Halt um so überzeugender zu wirken.

Wann aber war dieser Punkt erreicht, an dem sich der Vernehmer zufrieden gab? Eine gewisse Orientierung war vorgegeben durch die Zahlen, die mir meine „Berater aus der CdU-Baracke genannt hatten. Also fing ich an, mein Geständnis zu diktieren – Pfeiffer schrieb willig mit, sichtlich erleichtert, daß ich ihm die Formulierung abnahm. Das erforderte freilich viel Zeit und manche Vernehmungsrunde. Ich glaube einige Phantasie zu besitzen, aber den eigenen Kopf in die Schlinge hineinzureden, war eben nicht leicht. Zustatten kam mir, daß Pfeiffer inzwischen wohl die tollsten Erfindungen gehört hatte und so abgestumpft war, daß ihm Widersprüchlichkeiten nicht mehr auffielen. Meine Taktik bestand darin, meine fiktiven Opfer so auszuwählen, daß sie mit hoher Wahrscheinlichkeit noch lebten und mir notfalls als Entlastungszeugen dienen konnten. Welcher Art die Begegnung mit diesen Personen gewesen war und unter welchen Umständen ich sie umgebracht haben wollte, weiß ich nicht mehr. Die erfundenen Mordgeschichten waren von der tatsächlichen Erfahrung so weit entfernt, daß sie in meinem Gedächtnis keinen Haltepunkt gefunden haben. Nur an eines der „gestandenen" Verbrechen erinnere ich mich schon deshalb, weil ...

aber davon wird gleich noch zu erzählen sein. Es war die erfundene Tötung jener jungen Mira, von der ich im letzten Kriegsmonat so herzlich verabschiedet worden war, weil wir die Brücke neben ihrem Elternhaus hatten stehen lassen. Diese Tote, so dachte ich, wird bestimmt mit ihrer Lebendigkeit für dich bürgen.

Die Gelassenheit meines Berichtes sollte nicht darüber hinwegtäuschen, daß ich meine Lage damals als blutig ernst empfand. Aber dieser Widerspruch beleuchtet doch auch die Lage dessen, der sich selbst als Ungeheuer aufbauen und dabei höllisch aufpassen muß, mit dem Fuß nicht zu weit ins Fangeisen zu geraten. Es entstand zwischen Pfeiffer und mir ein spannungsvolles gegenseitiges Abtasten. Die Vernehmung wurde zum Pokerspiel. Wann würde er Schluß machen? Schließlich ging es nicht nur um Geständnis und Verurteilung überhaupt, sondern um die Höhe der Strafe. Immer wieder versuchte ich mich zu entziehen, immer wieder zwang mich Pfeiffer zum Weiterreden. Zu einer Art orientalischem Handel entwickelte sich die Vernehmung. Pfeiffer signalisierte etwas wie Bereitschaft zum Einlenken, bestand aber noch auf einem weiteren Fall. Ich riß alle meine Phantasie zusammen und gestand eine vierzehnte Tat. Als ich später in Freiheit war und Bekanntschaft mit dem Absurden Theater machte, wußte ich wohl, daß es in der Wirklichkeit noch absurder zugehen kann als auf der Bühne.

Nachdem Pfeiffer den vierzehnten Fall protokolliert hatte, war er eine Zeitlang unschlüssig, stand dann aber auf und sagte: „Für heute Schluß!" Und als er mich zu meiner Zelle führte, verlor er einen Augenblick lang die Kontrolle, vergaß seine Rolle: „Ob es genug ist, entscheidet der Kommissar." Ein unerhörter Schrecken durchfuhr mich. Der Kommissar – das konnte nur einer sein. Wieder richtete sich in meiner Vorstellung riesengroß die Gestalt Franjo Steiners auf.

Was Pfeiffer und Steiner auch immer besprochen haben mögen – ich hatte diesmal Glück. Pfeiffer verlangte am anderen Tag nur noch die Unterschrift unter das Geständnis, dann wurde ich zur CdU-Baracke gebracht. Dort wartete man auf Neuzugänge immer mit großer Neugier. Welchen Fortgang nahm diese unheimliche Farce? Wie war es den anderen ergangen? Die eigentliche Frage war die nach der Zahl der gestandenen Morde; das Ungeheuerliche schien sich auf ein numerisches Problem zu reduzieren. Als ich die

Zahl vierzehn nannte, klang in den Reaktionen fast etwas wie sportliche Bewunderung mit. Ich lag mit meinem Ergebnis an der unteren Grenze, also sehr günstig. Noch ahnte ich nicht, welchen Vorteil ich tatsächlich einmal aus meiner Geständnistaktik ziehen sollte.

Noch im Oktober fanden die Gerichtssitzungen statt – Farcen auch sie. Immer zu zehnt wurden wir in ein Zimmer geführt, in dem wir uns gegenüber dem Militärgericht aufzustellen hatten. Hinter uns standen unsere Wachtposten, die hier erfahren sollten, welche Monstren sie bewachten. Man begnügte sich mit dem Schein der Gerichtsverhandlung. Der Ankläger verlas eine Kurzfassung unseres Geständnisses, ein als Verteidiger amtierender Leutnant der jugoslawischen Armee sprach pro forma einen unverbindlichen Satz. Bei mir wertete der Ankläger es als erschwerend, daß alle Verbrechen in der Zeit von nur zwei Monaten verübt worden seien; der Verteidiger führte als mildernden Umstand die Verführung der Jugend im faschistischen Deutschland an. Am Schluß des Schnellverfahrens wurden die – schon vor der Verhandlung festgelegten und formulierten – Urteile verlesen. Unterschieden wurde bei diesen Oktober-Urteilen zwischen 15, 16, 18 und 20 Jahren Haft und der Todesstrafe. Mein Urteil lautete: fünfzehn Jahre Freiheitsentzug mit Zwangsarbeit.

Ich war also verhältnismäßig glimpflich davongekommen, hatte dafür aber sogleich eine Entschädigung zu zahlen. Wir mußten draußen noch einmal Aufstellung nehmen. Einer der Wachtposten ließ durch den Dolmetscher fragen, wer es sei, der das junge Mädchen Mira umgebracht habe. Er war sehr erregt; gerade dieser Fall also hatte den jungen Mann aufgebracht, und ich hatte sogar Verständnis dafür, weil der Soldat den Scheincharakter von Geständnis und Gericht nicht durchschaute, wohl auch nicht durchschauen konnte. Meine Nebenleute flüsterten mir zu: „Bleib still!" Aber ich wollte mich nicht hinter dem Kollektiv verstecken und meldete mich. Der Posten ließ mich vortreten und versetzte mir mit dem Gewehrkolben einen mächtigen Schlag gegen den Kopf, so daß ich hinstürzte. Nun hielten die anderen Posten den Wütenden zurück, und ich wischte mir das Blut ab. Die äußere Verletzung verheilte in den nächsten Tagen, aber die Trommelfell-Perforation im linken Ohr hinterließ einen Dauerschaden. So trage ich – ohne Groll – mein Leben lang das Mal eines hitzigen Rächers weiblicher Jugend, das Mal der Rache für ein Phantom.

Für immer verließen wir nun das Lager Vršac. Eingeliefert wurden wir in ein jugoslawisches Staatsgefängnis, das Zuchthaus von Sremska-Mitrovica.

Zwangsarbeit

So viele Zellen, wie für die verurteilten Kriegsgefangenen benötigt wurden, hatte das Zuchthaus, das für Kriminelle und politische Gefangene bestimmt war, nicht. So steckte man uns in größere Räume, die mit Strohsäcken ausgelegt waren. Auf ihnen verbrachten wir die Tage und Nächte. Auf dem Rücken liegen konnten jeweils nur wenige, die anderen lagen währenddessen auf der Seite; beim Wechsel kam es manchmal zu Rangeleien. Wir alle hatten jetzt eine dünne Haut.

Da uns zunächst kaum Bewegung erlaubt war, blieb ich nachts lange wach. Immer wieder gerieten meine Gedanken in den Sog einer Zahl: Du wirst zweiundvierzig sein, wenn du deine Strafe verbüßt hast. Gering sind die Aussichten, deine Eltern noch einmal wiederzusehen. Zum Studium wird es zu spät sein. Du wirst zwanzig Jahre lang keine Frau berührt haben. Vielleicht wirst du dich überhaupt nicht mehr zurechtfinden. Es wird nicht deine Schuld gewesen sein, aber dein Leben ist vertan.

Diese Gedanken suchten mich mit solcher quälerischen Unerbittlichkeit heim, daß sie zu meinem Trauma schlechthin geworden sind. Durch fünf Jahrzehnte hindurch, bis heute, ist unter meinen Alpträumen dieser der regelmäßigste: Ich sehe mich jeweils genau in dem Alter, das ich tatsächlich schon erreicht habe, und befinde mich doch immer noch in Gefangenschaft; ich bin um mein Leben betrogen worden. Aus solchen Alpträumen erwache ich mit einer von weit her kommenden Traurigkeit, die sich stundenlang nicht abschütteln läßt, obwohl Bewußtsein und Wahrnehmung den Traum widerlegen.

In den Depressionen der ersten Zuchthaustage kam mir unerwartete Hilfe von einem Buch. Einige unter uns hatten von den Bänden der Werschetzer deutschen Bibliothek, die ins Lager gelangt waren, jeweils einen mitgenommen und auch durch alle Kontrollen hindurch gerettet. Diese Bände tauschten wir dann unter uns aus, so daß eine Art Leihverkehr und ein Lektüregrundstock entstand. Ich selbst hatte beim Ringtausch im Lager Werschetz im Herbst 1948 gerade einen Band bekommen, den ich nicht unbedingt zu meinen Lieblingsbüchern zählen möchte: Ludwig Uhlands Werke in Auswahl. Doch konnte ich jetzt Uhland gegen seinen schwäbischen Landsmann eintauschen: eine Auswahl von Schillers Dramen. Uns bedeuteten, weil wir keinen Zugang zur modernen europäisch-amerikanischen Literatur hatten, die deutschen Klassiker noch sehr viel mehr als dem Lese- und Theaterpublikum der Heimat, dem sich nach der zwölfjährigen Isolation neue literarische Welten öffneten. Daß für mich nicht Schiller, sondern Goethe die erste Wahl war, hatte seinen Grund in der Gleichzeitigkeit des Sinnlich-Konkreten und des Geistigen in Goethescher Sprache; in der erhabenen und rhetorischen Sprache Schillers fühlte ich mich weniger heimisch. Es ist bis heute bei der stärkeren Wahlverwandtschaft zur Dichtung Goethes geblieben. Doch machte ich gerade damals, in der Zeit äußerster Niedergeschlagenheit, eine wunderbare Erfahrung: daß die mit ihrem idealistischen Schwung vom Boden sich lösende Sprache Schillers in ihrem Gegenentwurf doch unmittelbar mit der Realität zu tun hatte, daß der pathetisch-rhetorische Furor seiner Verse Ausdruck von Intensität war und eine mitreißende, emporhebende Kraft besaß. Nie wieder habe ich den Dramatiker Schiller mit soviel existentiellem Ernst gelesen wie damals, nie mehr so sehr das *Tua res agitur* empfunden.

Aber der Auftrieb, den die Schillersche Dichtung verschaffen konnte, war nicht von Dauer. Das Eingepferchtsein erzeugte Teilnahmslosigkeit, und so hofften wir alle, freier atmen zu können, als wir eines Tages zur Arbeit in den Zuchthauswerkstätten eingeteilt wurden. Wir hatten uns auf dem Hof aufgestellt, und einige Fachleute, selbst Gefangene, suchten sich ihre Mitarbeiter aus. Der Vertreter der Kunstwerkstätten war als erster an der Reihe. Und welch glückliche Entdeckung! In seiner Begleitung sah ich meinen Freund Wolfgang Berkefeld. Klar, daß mein Platz bei den Künstlern war! In der Werkstatt dann die herzlichste Umarmung. Wolfgang, zu sechzehn Jahren verurteilt, war mit einem der früheren Transporte angekommen und hatte die ersten Grade der Kunsthandwerkslehre schon hinter sich. Hergestellt wurden in den Werkstätten Schmuckdosen und Zigarrenkästchen, deren Deckel wir mit Intarsien versahen, die wir färbten. Verkauft wurden diese Arbeiten dann als jugoslawische Volkskunst.

Es hatten sich neben Zeichnern und Graphikern auch einige weitere Mitglieder der früheren Werschetzer Bühne in der Werkstatt zusammengefunden, und für alle war eine Tätigkeit, die der Phantasie Raum ließ, im Zuchthausdasein ein Lichtblick. Für die Anfertigung der Schmuckdeckel war eine Normzeit festgesetzt, die man beim ersten Mal noch nicht zu erfüllen brauchte. Wolfgang, ein Laie wie ich, manuell sogar noch ungeschickter, gab mir Ratschläge, andere führten mich in die Technik des Schnitzens ein. Ich machte nun eine Erfahrung wie so viele andere Gefangene vor mir: daß sich unter Zwangsverhältnissen menschliche Fertigkeiten ungewöhnlich schnell entwickeln können. Schon beim zweiten Kästchen erreichte ich die Zeitnorm. Zwar war meine Intarsienarbeit, deren Muster ich selbst entworfen hatte, nicht eben medaillenwürdig, aber ich merkte von Mal zu Mal einen Fortschritt, und ich hätte sicherlich noch manches Wohnzimmer in Jugoslawien oder – wer weiß? – im Ausland mit Schmuckstücken jugoslawischer Volkskunst versorgt.

Daß ich es nicht zum Verdienten Künstler des Volkes brachte, lag nicht an mir. Der Traum vom Winter in warmer Künstlerstube zerrann bald. Ein Transport für ein Außenlager wurde zusammengestellt, und Wolfgang zitierte aus Schillers „Don Carlos" die Anfangsverse: „Die schönen Tage in Aranjuez/Sind nun zu Ende." Wir ließen unser Aranjuez für immer hinter uns. Auf dem Bahnhof Sremska-Mitrovica richteten wir uns, so gut es ging, häuslich in unseren Viehwaggons ein. Als wir ausstiegen, schlug uns feuchtkalte Luft entgegen. Wir befanden uns unweit der ungarischen Grenze und bezogen ein Lager in der Nähe einer Kiesgrube. Ungemütliche Winterwochen begannen, wir hatten Eisenbahnwaggons mit Kiesschotter zu beladen.

Mehrfach haben wir im ersten Zwangsarbeitsjahr das Lager gewechselt. Immer handelte es sich um Barackenlager, und da ich das Barackenleben schon seit der Arbeitsdienstzeit in Kollrungermoor kannte, wollte ich mich nicht beklagen. Aber aus der schon wärmeren Jahreszeit ist mir eine Baracke in ganz besonderer Erinnerung geblieben. Läuse, Flöhe, Wanzen – sie alle gehörten in den Kriegsjahren in Rußland zum Soldatenalltag. Gegen Läuse und Flöhe verteilte man am Anfang der Gefangenschaft DDT; Ritzen in den

Holzpritschen, in die sich im Lager Werschetz die Wanzen verkrochen, brannten wir von Zeit zu Zeit aus. Ungeziefer also jagte uns keinen Schrecken ein. Aber noch nie hatten wir in einer so blühenden Rattenpopulation gelebt wie in dieser Lagerbaracke. Aus allen Ecken lugten und flitzten die Ratten hervor; mitten auf dem Gang zwischen den Pritschenreihen spielten sie, von unserer Gegenwart völlig unbeeindruckt, ihre Brunstspiele und jagten sich quietschend; nachts sprangen sie auf unsere Betten und huschten über unserer Körper und Köpfe, und wehe, wenn einer vergessen hatte, sein Brot an einen Bindfaden zu hängen und hochzuziehen. Anfangs schlugen wir noch einige der frechen Biester tot, aber dann war das Beseitigen der toten Ratten lästiger als das Gewiesel und Gehusche der lebenden, zumal der Rattenhydra sofort neue Köpfe nachwuchsen. Am Ende schickten wir uns ins Gemeinschaftsleben mit der Rattenbrut und verlernten den Ekel.

Von der ungarischen Grenze rückten wir südwestwärts, auf die Linie Zagreb-Belgrad. Zu dieser Zeit wurde die dreispurige Autobahn zwischen den beiden Republikhauptstädten gebaut. Wenn mir später Freunde und Bekannte, auch aus Jugoslawien, von ihren Fahrten über diese Route erzählten, waren sie immer erstaunt, daß ich mit der Entstehungsgeschichte der Autobahn so vertraut war. Kilometer um Kilometer trieben wir die Trasse vor. Die Brigadiers, Techniker aus unseren Reihen, verstanden sich auf großzügige Berechnung geleisteter Arbeit, so daß wir keine übermäßigen Schwierigkeiten hatten, die Norm zu erfüllen. Ja, mit unseren Tagesergebnissen waren wir jugoslawischen Bautrupps, deren Brigadiers solche Berechnungskunst nicht beherrschten, bald ein Dorn im Auge, weil sie eine Normerhöhung befürchteten. So galt es ein Gleichgewicht zu finden zwischen der listigen „Sklavenmoral" von Gefangenen und der Solidarität mit den jugoslawischen Arbeitern. Da wir am kroatischen Teil der Autobahn eingesetzt waren, kam es ohnehin zu keiner Feindseligkeit.

Auch die gedrosselten Anstrengungen waren für viele, zumal ältere Mitgefangene noch strapaziös. Ich kann unsere Zwangsarbeit nicht mit der Häftlingsfron im Bergwerk und in den eisigen Wintern des berüchtigten nordsibirischen Workuta vergleichen. Doch waren die meisten von uns durch Herkunft und Beruf auf schwere körperliche Arbeit nicht vorbereitet und durch die Jahre der Gefangenschaft überdies geschwächt. Ich konnte auch hier von der harten Schule der Pionierausbildung noch profitieren. Das eigentlich Bedrückende an der Verurteilung war der Freiheitsentzug. Die Zwangsarbeit wurde weniger zu einer Sache des Körpers als des Kopfes, des Gemüts. Natürlich entbehrten wir auch die Genüsse des wachsenden Wohlstands in der Heimat, für die der Inhalt der Pakete nach der Währungsreform zu unserem Gradmesser wurde (und dank der Fernliebe meiner Mutter zählte ich zu den Begünstigsten). Aber uns umgaukelte doch nicht die tägliche Verlockung. Gewiß, wir waren unvergessen; in meiner Tasche trug ich ein Bild meiner Nichte Angelika, deren Taufpate in Abwesenheit ich war. Doch alle Zeichen der Zugehörigkeit ließen das Ausgeschlossensein um so spürbarer werden. Der Wunsch, endlich an jenem anderen Leben teilzuhaben, schlug auf Gemüt und Denken und trieb Tagträume hervor: ungehindert durch eine Straße gehen, mit dem Fahrrad ins Freie fahren, in einer Vorlesung sitzen, mit einer Studentin flirten, ins Theater gehen, Musik hören, tanzen, tanzen und so fort.

Manche der Mitverurteilten verhärteten, sahen sich nur noch als Opfer einer schreienden Ungerechtigkeit und eines willkürlichen Antifaschismus, entdeckten wieder und pflegten heimlich ihre Sympathie mit einem Regime, das Privilegien und Ruhm gewährt hatte. Die Zahl politisch Unverbesserlicher wuchs wieder, verblaßte Feindbilder traten kräftiger wieder hervor, das Militärische und die alte Offizierehre gewannen ihren Wert zurück. Ich will die Anzeichen dafür nicht überschätzen, aber symptomatisch für die Restauration war doch eine Szene in einem der Lager der Autobahn.

Als wir eines Tages müde von der Arbeit zurückkehrten, lief die Nachricht durchs Lager, daß einige der verurteilten Generäle, die nach wie vor von den übrigen Offizieren getrennt blieben, vorübergehend bei uns seien, darunter der General der Division, der ich angehört hatte. General Hauser war kein schneidiger oder gar martialischer, sondern ein eher umgänglicher Mann. Wie sich herumgesprochen hatte, malte er gern. Ein Major aus dem früheren Divisionsstab trommelte die ehemaligen Untergebenen des Generals zusammen und stellte sie ihm vor. Ich war nicht nur müde, mir mißfiel auch dieser Rummel um einen Vorgesetzten, den ich nie zu Gesicht bekommen hatte, dieser Rückgriff auf eine alte Rangordnung, deren Denkvoraussetzungen mir längst fremd geworden waren. Das bescheidene Dastehen Hausers, dessen einfache Kleidung ohnehin kein autoritäres Auftreten zugelassen hätte, versöhnte mich etwas.

Der Stabsoffizier stellte mich also vor. Hauser gab mir die Hand und sagte (oh hätte er doch gar nichts gesagt!): „Leutnant Hinck, ich freue mich, daß Sie die Fahne der Division so hochgehalten haben." Ich war perplex. Natürlich war sein Satz metaphorisch gemeint. Aber daß er annehmen konnte, ich hätte mich um der Ehre seiner Division willen in fünfjähriger Gefangenschaft aufrecht gehalten, daß er keinen Abschied vom verbrauchten Vokabular nehmen konnte, daß er sprach, als stünden wir hier bei einer Ordensverleihung und nicht vor der Baracke eines Zwangsarbeitslagers, das brachte mich auf, machte mich zornig. „Herr General", sagte ich, noch die Höflichkeit wahrend, um sie aber gleich fahren zu lassen, „ich habe überhaupt keine Fahne hochgehalten." Sagte es und machte auf dem Absatz kehrt. Ich habe meine Affekthandlung auch nachher nicht bereut, als man mir Vorwürfe machte. Daß ich eine „Geheimdienstverweigerung" so schwer büßen mußte, hatte mich verbittert, aber mit dieser Konservierung eines Denkens von gestern wollte ich nichts zu tun haben.

Wir hatten uns offenbar an der ersten Autobahn des Landes so sehr bewährt, daß wir auch an anderen Brennpunkten des Straßenbaus gebraucht wurden. Also hieß es wieder die Siebensachen packen. Unser neuer Bestimmungsort war ein Lager in der Nähe von Grocka, einer Stadt an der Donau, südöstlich von Belgrad. Eine zweifache Aufgabe wartete auf uns: die mit den Steinen beladenen Donauschiffe zu entladen und ein Teilstück der Straße Belgrad-Smederevo zu schottern. Es war inzwischen Sommer geworden. Wir arbeiteten viel mit bloßem Oberkörper, waren gebräunt und sahen deshalb für die Serben, die uns aus einiger Entfernung zuschauten, bei aller Hagerkeit wohl gesund aus. Aber der Eindruck täuschte. Die Hungerphasen und die gemüse- und vitaminarme Kost der fünf Jahre zeigten ihre Wirkungen. Viele litten an Ödemen, wir alle an Dystrophie. Mir begann das obere Zahnfleisch zu faulen, ein Backenzahn kündigte seinen Dienst auf. Im Lager machte sich ein ehemaliger Schüler der Zahnmedizin, Student im zweiten Semester, nützlich. Mit einem Zwirnsfaden beförderte er den Zahn an die Luft und nahm ihn in seine Trophäensammlung auf.

Unter den beiden Arbeitsarten war das Entladen der Schiffe die unbeliebtere. Wir mußten die großen Steinbrocken, die erst später zertrümmert wurden, in Schubkarren laden und über Bohlen zum Ufer hinaufschieben. Das war eine Knochenarbeit, und ich hatte seit dem Schleppen der Brücken-Balken an der Mosel bei Koblenz und dem Einfahren der Pontons auf dem Inn bei Rosenheim keine Arbeit mehr verrichtet, bei der so sehr die letzten Kräfte gefordert waren. So waren wir immer froh, wenn wir wieder zur Straßenbaukolonne wechseln konnten.

Mir sind aus den Sommertagen in Grocka mehr Sonnen- als Regentage im Gedächtnis. Dieses Lichte in der Erinnerung mag aber auch eine nachträgliche Korrektur sein. Seltsame Nachrichten drangen zu uns durch. Keiner wußte am Ende, woher sie kamen und ob sie nicht bloß wieder Gerüchte waren, die schließlich nur Enttäuschung zurückließen. Der deutsche Bundeskanzler Adenauer, so hieß es, hat schon zu Anfang des Jahres im deutschen Bundestag auf die widerrechtliche Behandlung deutscher Kriegsgefangener in Jugoslawien hingewiesen. Diplomatische Beziehungen zwischen Belgrad und Bonn sind aufgenommen worden. Jugoslawien ist stark an Wirtschaftsbeziehungen zur Bundesrepublik interessiert. Tito soll Verständnis für deutsche Gegenwünsche haben. Sind wir ein jugoslawisches Faustpfand für Verhandlungen?

Wir hatten uns alles Wunschdenken abgewöhnt und hielten die Hoffnung im Zaum. Aber eine innere Unruhe blieb. So verging der Sommer, neigte sich zum Herbst hinüber. Und eines Tages geschah das Wunder doch.

Wir trotten von der Arbeit heim. Im Lager große Aufregung. Eine Liste mit den Namen von Begnadigten ist eingetroffen. Kaum sind wir in der Baracke verschwunden, ruft uns ein Kommando zurück: Alles antreten! Der jugoslawische Lagerkommandant kommt, hält ein Papier in der Hand, redet. Der Dolmetscher übersetzt. Ein erster Teil der Häftlinge wird begnadigt und repatriiert: alle zu fünfzehn Jahren Verurteilten. Die Namen werden verlesen, in alphabetischer Reihenfolge ... E, F, G ... Mir stockt das Herz – schlägt weiter: Ich bin dabei! Was wäre gewesen, wenn Pfeiffer nur ein paar Geständnisse mehr von mir verlangt hätte? Nicht daran denken jetzt.

„Wegtreten zum Essensempfang!" Die Gruppe der Begnadigten bleibt stehen. Liegt sich in den Armen? Nein. Noch ist alles unbegreiflich. Nur langsam löst sich die Erstarrung. Freude bricht durch. Wir empfangen die Glückwünsche der noch nicht Erlösten, nun

Hoffenden. Aber im Innern sperrt sich immer noch etwas, für Realität zu halten, was nur ein Wachtraum sein kann.

In dieser Nacht lange, lange Zeit kein Schlaf.

Wiedergeboren

Am Ende des Tunnels das Licht und die Freiheit

Jessenice ist die letzte slowenische Eisenbahnstation vor der Grenze zu Österreich, zur Strecke Villach-Salzburg, die letzte Station vor dem Karawankentunnel. Hier bezogen wir noch einmal für ein paar Tage ein Durchgangslager. Die Herbsttage waren schön, nachts hörte man die Bergwasser rauschen, hier hätte man Urlaub machen können. Aber uns saß, so kurz vor dem Schritt in die Freiheit, die Unruhe im Nacken. Man raunte, daß vor zwei Jahren noch jemand aus dem Transport herausgegriffen worden und wieder zurückgeschickt worden sei. Ein Latrinengerücht vielleicht, aber eines, das unser abgrundtiefes Mißtrauen spiegelte.

Unser Begnadigungsdekret enthielt den Zusatz „des Landes verwiesen" (und ich habe später lange Zeit die Probe aufs Exempel vermieden und meine Frau und Tochter allein an die dalmatinische Küste reisen lassen). Wir durften das Durchgangslager verlassen und in den Ort gehen. Unvergeßlich das erste Gespräch mit deutschsprechenden freien Menschen, mit österreichischen Eisenbahnern, in einem Café. Unvergeßlich das Schlendern am Fluß entlang: der Save, jenem Fluß, an dessen unterem Lauf mir die Sprengung einer Brücke erspart geblieben war.

Eine gute Stunde vor der Abfahrt versammelten wir uns in der Bahnhofshalle. Es sollte also mit der Entlassung endgültig ernst werden. Vielleicht vermutet der Leser einen Erzählertrick, wenn jetzt noch einmal Kommissar Steiner auftritt. Aber nicht die Dramaturgie der Erzählung will es, sondern die Dramaturgie der Wirklichkeit. Da stand er doch tatsächlich in der Halle: mein Widersacher, mein Verhängnis. Er stand da, als sei er immer schon unser Schutzengel gewesen, als genieße er in der Stunde unserer Entlassung seinen Triumph. Ich duckte mich unwillkürlich, wandte mich ab, verkroch mich. Nur nicht gesehen werden! Nur ihm keine Gelegenheit geben, sein „Das werden Sie noch bedauern" zum zweiten Mal wahr werden zu lassen! Es war der letzte Schrecken, den Steiner mir einzujagen vermochte. Wir stiegen in den Zug. Er holte mich nicht heraus. Ich war ihm nur ein Begnadigter unter anderen. Ich war ihm völlig gleichgültig. Gott sei Dank!

Der Zug verließ den Bahnhof, tauchte in den Karawankentunnel ein, hatte noch die Steigung zu bewältigen. Erst als es bergab ging, begann sich die Spannung zu lösen. Dann, auf kärntnerischem Boden, das Ende des Tunnels. Das Licht! Dieses einmalige Erlebnis des Zusammenhangs von Freiheit und Licht! Der Zug durchfuhr den Bahnhof Rosenbach. Wir schrieben den 19. Oktober 1950. Ich habe ihn immer als meinen zweiten Geburtstag, als Tag meiner Wiedergeburt im Gedächtnis bewahrt, und Kärnten als das Land dieser Wiedergeburt. In vielen Sommern bin ich dahin zurückgekehrt.

Kaum merklich ging aber, sobald wir auf österreichischem Boden waren, durch die Gruppe der Heimkehrer auch schon ein Riß, den nur die gemeinsame unbändige Freude überdeckte. Daß sich endlich Ärger, ja Wut Luft verschaffte, war verständlich. Doch machte sich einer auch zum Wortführer derer, die weitergingen: Sollte ich jemals wieder nach Jugoslawien gehen, dann nur, um es ihnen heimzuzahlen! Dieser Vergeltungsdrang war mir fremd, ja unheimlich. Zu Beginn hatte ich die Gefangenschaft als eine Sanktion für mein persönliches Versagen empfunden. Das Gefühl, etwas gutmachen zu müssen, war mit der Dauer der Gefangenschaft schwächer geworden. Erst nach der Heimkehr sollte es mir recht bewußt werden, daß die meisten von uns Sündenböcke für andere gewesen waren, für davongekommene Schuldige, die längst wieder in guten Positionen saßen oder Pensionen bezogen. Salopp gesprochen, es hatte zu einem gut Teil die Falschen erwischt. Das hat mich mit Bitterkeit erfüllt. Als ich Jugoslawien verließ, tat ich es ohne Haß. Für dieses Land standen ja nicht nur Kommissar Steiner und seine Hintermänner, sondern beispielsweise auch die Frauen, die sich unter Lebensgefahr der durstleidenden Gefangenen erbarmten.

In Salzburg standen am Bahnhof frühere Lagergefährten; die Nachricht von unserer Ankunft und Durchfahrt war also vorausgeeilt. Von Salzburg blieb es nur ein Sprung zur österreichischen Grenze; der Name der ersten deutschen Stadt war die Frohe Botschaft selbst: Freilassing. Wir übernachteten im Heimkehrer- und Flüchtlingslager Piding, ich konnte meinen Eltern telegraphieren.

Auf der Fahrt zum Entlassungslager Friedland erhielt ich meine erste Lektion in neuer Politik- und Wirtschaftskunde. Alle Begnadigten unseres Heimkehrertransports waren zu fünfzehn Jahren, also der niedrigsten Strafe, verurteilt gewesen – mit einer Ausnahme:

Rudolf. Wir nannten ihn (in Anlehnung an die österreichisch-gräfliche Witzfigur) Bobby, was ihn nicht lächerlich machen, sondern nur sein kultiviert-adliges Auftreten kennzeichnen sollte. Er war Mitglied einer bekannten Hamburger Bankiers-Familie und verdankte es offenbar „guten Beziehungen", daß er nun zu den Erstbegnadigten gehörte. Keiner hat es ihm mißgönnt, er war immer die Liebenswürdigkeit in Person. Auf der Fahrt nach Friedland saßen wir zu sechst mit ihm und seinem Bruder, der ihn abholte, also Vorinformationen besaß, in einem Abteil Dieser jüngere Bruder ließ uns Kaffee und Gebäck servieren, auch einen Kognak. Wir, der Gesellschaft entwöhnt und mit einem unansehnlichen Entlassungsanzug bekleidet, ließen uns von ihm ersten Anschauungsunterricht in weltmännisch-sicherem Auftreten geben, erhielten Einblicke in die demokratischen und wirtschaftlichen Verhältnisse des Lebens, in das wir nun eintreten sollten, und hingen geradezu an seinen Lippen. Kurz, er war ein vorzüglicher Lehrmeister der ersten Stunde. Die Frage, wie es ihm und der Familie gelungen war, den Bruder vorzeitig aus der Haft loszueisen, wurde aus Taktgründen nicht gestellt. Für mich waren die Begegnung mit ihm und der Fall eines erfolgreichen Spiels der Beziehungen eine wichtige Erfahrung meines neuen Lebensabschnitts. Sie führten mir gleich am ersten Tag die wiedergewonnene Macht der Wirtschaft, hier der Bankwirtschaft, vor und auch die Bereitschaft sozialistischer Länder, im Eigeninteresse mit dem Klassenfeind zu kooperieren.

In Friedland erfuhren wir beim feierlichen Empfang durch einen Vertreter der Bundesregierung, was alles für unsere Entlassung getan worden war. Mächtig erklang der Dankchoral. Bevor uns die Entlassungsscheine ausgehändigt wurden, befragte uns ein britischer Offizier, der sich politisch-militärische Informationen über Jugoslawien von uns erwartete. Ich kann mir nicht vorstellen, daß er irgend etwas erfuhr, was den westlichen Nachrichtendiensten nicht schon längst bekannt war. Von Steiners Erpressungsversuch sagte ich kein Wort – das Thema Geheimdienst war für mich tabu; ich wollte mich weder weiteren Fragen noch neuen Nötigungen aussetzen. Frühmorgens verließ ich, mit Entlassungsgeld und Fahrschein versehen, Friedland.

Nicht, um sofort nach Hause zu fahren. Sobald ich Freiheitsluft geatmet hatte, war ein unbändiger Unternehmungsgeist in mich gefahren. Ich hatte nur einen Gedanken: so rasch wie möglich zur Universität, das Studium beginnen! Schon lange zuvor hatte ich mich für Göttingen entschieden. Und Friedland lag vor seinen Toren. Also stieg ich in Göttingen aus, fragte mich durch zum Dekanat der Philosophischen Fakultät, wartete auf die Sprechstunde des Dekans. Ein höflicher Herr empfing mich, der sein Erstaunen über meine Kleidung vornehm verbarg: der Finno-Ugrist von Farkács. Ich erklärte ihm kurz meine Situation und bat, noch zum Wintersemester immatrikuliert zu werden. Er blickte mich an, schaute durch die Bräune meiner Gesichtshaut hindurch und sagte: „Wenn Sie unbedingt wollten, können wir Ihren Wunsch erfüllen. Ich verstehe Ihren Drang, das Versäumte nachzuholen. Aber ich kenne manchen ähnlichen Fall, und ich möchte Ihnen empfehlen, nichts zu überstürzen. Sie müssen zunächst in ärztliche Behandlung, und nach fünfeinhalbjähriger Gefangenschaft brauchen Sie auch Erholung und Zeit, sich auf das neue Leben einzustellen. Wenn ich Ihnen einen guten Rat geben darf: Nehmen Sie, gekräftigt und gerüstet, Ihr Studium erst zum Sommersemester auf." Alles war mit so viel Freundlichkeit und Überzeugungskraft gesprochen, daß die Sache eigentlich schon entschieden war. Die Art, wie der Dekan mich behandelt, mich schon aufgenommen hatte in die geistige Gemeinschaft der Alma mater, tat mir unendlich wohl und war mir, wenn ich es recht überlegte, im Augenblick auch genug. So setzte ich meine Fahrt mit dem Gefühl fort, schon einen Schritt vorangekommen zu sein.

Längst war die Dunkelheit hereingebrochen, als ich mich, nach zweimaligem Umsteigen, meinem Heimatort Selsingen näherte. Auf dem Bahnhof warteten meine Mutter, meine Schwester und mein Schwager. Dieses Wiedersehen nach sechs Jahren, nach solchen Jahren, muß man nicht beschreiben. Gesagt wurde fast gar nichts. Worte waren auch nicht nötig. Zu Hause saß mein Vater, im Gehen schon behindert, im Sessel (er sollte nur noch knappe zehn Monate zu leben haben). Ich begrüßte meinen zehnjährigen Neffen Volker wieder, schloß zum ersten Mal meine Nichte Angelika in die Arme. Ich war zu Hause.

Mein Vetter Hinrich, der Gastwirt, fand sich mit einer Flasche Kognak ein. Er hatte sich inzwischen zum Anhänger der neugegründeten niedersächsischen Deutschen Partei gemausert, deren Vorsitzender Heinrich Hellwege Minister in Adenauers Kabinett war (und

1955 für vier Jahre zum Ministerpräsidenten von Niedersachsen gewählt wurde). Nicht weniger aber sympathisierte Vetter Hinrich mit dem Major Ernst Remer, der am 20. Juli 1944 in Berlin den Erfolg des Widerstandes gegen Hitler vereitelt hatte und nun als Redner einer rechtsradikalen Partei durch die Lande zog. In Selsingen hatte sein Ruf als Mann von altem Schrot und Korn einen Saal gefüllt. Vetter Hinrich wollte – wieder einmal – auch mich ins rechte Licht rücken (in des Wortes doppelter Bedeutung) und forderte mich auf, meine Heldengeschichte zu erzählen. Ich berichtete von meiner Weigerung, mich dem jugoslawischen Geheimdienst zu verpflichten. Begeistert rief er aus: „Das hast du für Deutschland getan." Ich dachte zurück an General Hausers Unterstellung. Hier sollte ich nun die Fahne Deutschlands hochgehalten haben. Es war unmöglich, meinem Vetter jetzt zu erklären, wieviel komplizierter alles war, und so sagte ich nur: „Nicht wie du meinst, Hinrich." Meine Mutter meldete sich mit der Forderung, die meinem Ohr noch vertraut klang, doch endlich mit der „leidigen Politik" aufzuhören, und diesmal hatte sie recht. Doch sollte sich, was mir am ersten Abend mit meinem Vetter widerfuhr, noch oft wiederholen: daß nationalistisch oder gar rechtsradikal Gesinnte mich, den unschuldig Verurteilten und Spätheimkehrer, als Kronzeugen für ihre Argumentation beanspruchten. Und noch oft mußte ich den Beifall von falscher Seite abwehren.

Dekan von Farkás hatte sich nicht getäuscht: Die ärztlichen Untersuchungen brachten es an den Tag, daß mein Körper stärker gelitten hatte, als ich in meiner neuerwachten Daseinsfreude wahrhaben wollte. Eine Zahnfleisch- und Nasenoperation, eine Behandlung des linken Ohrs und viele Bestrahlungen wurden nötig.

Aber überhaupt nicht zu drosseln war mein Tanzfieber. Ludwig Harig hat in seinem autobiographischen Roman „Wer mit den Wölfen heult, wird Wolf" die Tanzmanie der ersten Nachkriegsjahre beschrieben. Sie war inzwischen abgeebbt, aber ich mußte offensichtlich alles in wenigen Monaten nachholen. Damals war gerade der Samba „Eijeijei Maria" in Mode gekommen. Die angestaute Lebens- und Bewegungsgier explodierte. Hochzeiten von Vettern und Kusinen standen gerade zu dieser Zeit an und wurden für mich fast zu Dauertanzveranstaltungen, jeder Club- und Faschingsball wurde wahrgenommen. Tanz war im ersten Jahr ekstatische Form der

Selbstwahrnehmung des Körpers, war etwas wie kultischer Tribut an die Freiheit, war Lebenselexier.

Für mein Studium konnte ich mit einer Spätheimkehrerhilfe rechnen. Soweit ich mich durch Lektüre auf die Universität vorbereiten konnte, geschah es. Aber die richtigen Bücher waren in Selsingen rar. So tat ich, was im Falle von Literaturmangel nicht das Dümmste ist, ich versuchte selbst Literatur zu machen, schrieb das Hörspiel „Alle Züge fahren vorüber". Der Titel deutet die aus der Gefangenschaft noch nachwirkende Grundstimmung an. Ich schickte das Hörspiel an Ernst Zeller, es wurde vom Österreichischen Rundfunk gesendet. Die „Neue Zeitung" in München, eine der damals angesehensten Zeitungen in Deutschland, druckte das Gedicht:

> Des Prometheus Kinder
>
> Wir haben sieghaft Brücken gespannt
> über Meer und Kontinente.
> Wir haben das Geheimnis verbannt
> als Herren der Elemente.
>
> Wir graben den Göttern hilfreich ihr Grab,
> den schwachen und allzu müden,
> und nehmen ihnen das Letzte noch ab:
> uns an den Felsen zu schmieden.

Göttingens Magneten. Helmuth Plessner

Der Elan, mit dem ich mich im Frühjahr ins Studium stürzte, erhielt einen Dämpfer in den ersten Seminaren. Ich merkte plötzlich, in welchem Maße mir die Fähigkeit zur freien Rede abhanden gekommen war, daß ich mich um zehn Jahre verspätet hatte. Wie ein Fossil fühlte ich mich unter den Jüngeren. Vor allem ein durch seine blendende kritische Intellektualität auffallender Kommilitone schüchterte mich ein. Es war Winfried Hellmann, der bald zu meinen besten Freunden gehörte, dann seine Dissertation über das Geschichtsdenken Thomas Manns schrieb und sich später als Verlagslektor einiger meiner Bücher angenommen hat. Ich brauchte Zeit, um in den Seminardiskussionen meine Hemmungen zu überwinden.

„Winterfliegen" nannte einige Jahre später in der in Göttingen redigierten „Deutschen Universitätszeitung" der Soziologe Hans Paul Bahrdt die aus dem Krieg und der Gefangenschaft zurückgekehrten Studenten, die sich von der Universität nicht mehr trennen konnten und in ihrer geistigen Wärme überwinterten. Zu ihnen zählte nicht Joachim Kaiser, der sich rechtzeitig zum Rundfunk in Frankfurt abgesetzt hatte, als Literaturkritiker seinen Weg machte, auch in der „Gruppe 47", und in Göttingen in den Gesprächen nur noch als Legende anwesend war. Zu ihnen gehörte als spät Aufgetauchter auch ich nicht, zumal ich nicht die Absicht hatte, an der Universität zum Methusalem zu werden. Was ich aber mit diesen „Winterfliegen" gemeinsam hatte, war das Ungenügen an dem reinen Lehr- und Lernbetrieb der Universität, an einer Selbstgenügsamkeit der Wissenschaft, war der Wunsch nach geistiger Auseinandersetzung mit den Erfahrungen, die der Totalitarismus des „Dritten Reichs" und seine schlimmen Folgen und Folgewirkungen verursacht hatten. Wir waren in unmittelbarerem Sinne als unsere jüngeren Kommilitonen „gebrannte Kinder", und als solche wollten wir wissen, wie es zu den Katastrophen des Kriegs, des Rassenwahns, der Judenvernichtung hatte kommen können und wie Wiederholungen zu verhindern waren. Wir hatten Geschichte erlitten, auch an ihr mitgewirkt; es war uns mit der Geschichte im existentiellen Sinne ernst. In solcher Situation traf Karl Jaspers' Buch „Vom Ursprung und Ziel der Geschichte" ins Zentrum meiner tastenden Überlegungen, zumal mit Sätzen wie diesen: *Geschichte und Gegenwart werden uns untrennbar.* Das geschichtliche Denken steht in einer Polarität. Ich trete von der Geschichte zurück, sehe sie als ein Gegenüber ... Oder ich werde der Gegenwärtigkeit im Ganzen inne, des Jetzt, das ist und worin ich bin, und in dessen Vertiefung mir die Geschichte zur Gegenwart wird, die ich selber bin." „Die Geschichte wird um so gegenwärtiger, je weniger sie Gegenstand ästhetischen Genusses bleibt."

Das entschied über die Wahl der Lehrer. Gerade war von Lissabon her Wolfgang Kayser nach Göttingen berufen worden. Kayser gehörte in der zweiten Hälfte der zwanziger Jahre in Berlin zu jenem Kreis von Schülern im Barockseminar Julius Petersens (1927/28), aus dem eine Reihe der bekanntesten Germanisten der Generation hervorging (unter anderen Richard Alewyn, Erich Trunz, Benno von Wiese). Aus einem Vortrag, den Kayser in diesem Seminar hielt, entstand seine Doktorarbeit „Die Klangmalerei bei Harsdörfer". Diese Untersuchung zeichnet die literaturwissenschaftliche Arbeitsweise vor, die bei ihm dominierend geblieben ist: die Analyse der dichterisch-sprachlichen Mittel, ihrer Poetik und ihres Bezugs zu fremdsprachlichen Literaturen. Kaysers Laufbahn begann im Ausland und setzte sich, nach einer Zwischenzeit, im Ausland fort. Von 1930 bis 1933 war er Lektor in Amsterdam, von 1941 bis 1946 Dozent für Germanistik an der Philosophischen Fakultät Lissabon.

Aber wir wußten damals so gut wie nichts über Kaysers Vergangenheit. Über die Vorgeschichte seiner Entsendung nach Portugal hat jetzt bei einem Internationalen Kongreß des Portugiesischen Germanistenverbandes (1996) Teresa Seruja berichtet. Nach eigener Aussage hatte sich Kayser 1936 vergeblich um eine Dozentur in Berlin beworben. Der Eintritt in die NSDAP (1937) scheint die Bedenken des NS-Dozentenbundes zerstreut und die Türen für eine Dozentur in Leipzig geöffnet zu haben. Als 1941 eine Dozentenstelle in Lissabon zu besetzen war, fiel die Wahl, bei der das „Reichsministerium für Wissenschaft, Erziehung und Volksbildung" und das deutsche Auswärtige Amt mitzuentscheiden hatten, auf ihn. Portugiesische Germanisten bescheinigen ihm, daß Forschung und Unterricht durch ihn „eine wissenschaftliche Qualität gewannen". Die Literatur des Vormärz, Heinrich Heine und Georg Büchner tauchten freilich in seinem Lehrplan für das 19. Jahrhundert nicht auf. Auch eine „Anthologie der Deutschen Dichtung", in Gemeinschaft mit portugiesischen Kollegen herausgegeben, schloß Heine aus. Im Lehrangebot für das 20. Jahrhundert endete die Literatur mit der Dichtung Rilkes.

Auffallend ist, daß ihm auch ein allgemeines ermunterndes Auf-die-Schulter-klopfen von Hans Friedrich Blunck, dem Altpräsidenten der Reichsschrifttumskammer, in einem Brief aus dem Jahre 1943 nicht bewegen konnte, sich der Literatur des „Dritten Reiches" anzunehmen. Wehrte sich der „Ästhet" in ihm, der Verächter von Literatur mit politischer Wirkungsabsicht? War es die Überzeugung von der Kurzlebigkeit der nationalsozialistischen „Blut-und-Boden"-Dichtung? Waren es Scheu oder Widerwille, sich mit regime- und linientreuen Germanisten wie Franz Koch oder mit der völkisch-stammesgeschichtlichen Literaturbetrachtung Nadlers gemein zu machen, galt also für ihn, was Walter Müller-Seidel für Hermann August Korffs Nichtbeachtung der Gegenwartsliteratur annimmt: die Devise „Lieber schweigen als reden oder schreiben wie Josef Nadler"?

Selbstverständlich ist der Fall Wolfgang Kayser nicht vergleichbar mit dem eines anderen Germanisten, der in den vergangenen Jahren Schlagzeilen machte, dem Fall des SS-Hauptsturmführers Hans Ernst Schneider, der sich nach dem Krieg unter dem Namen Hans Schwerte eine neue Identität verschaffte, in Erlangen noch einmal zum Dr. Phil. promoviert wurde und den Gipfel seiner Laufbahn als hochgeehrter Rektor der Technischen Universität Aachen erreichte. Aber dieser Fall hat doch zu neuem Nachdenken gezwungen. Waren wir allzu fahrlässig? Wie war es möglich, daß Verstrikkungen in die Kulturpolitik des NS-Staates damals unter manchen Hochschullehrern offenbar als Kavaliersdelikt betrachtet und auch von uns Studenten, soweit wir davon hörten, ohne sichtliche Empörung hingenommen wurden, daß Hans Schwerte noch in den fünfziger Jahren an literarischen Urteilen festhalten konnte, die er auch als Hans Ernst Schneider und als Mitglied der SS-Institution „Ahnenerbe" vertreten hatte? Was hat uns so vergangenheitsblind sein lassen? (Erst auf dem Münchner Germanistentag 1966 haben Professoren der jüngeren Generation rebelliert.) So mancher Germanist auf dem Lehrstuhl, auch Heinz-Otto-Burger, der Hans Schwerte förderte, profitierte von den Tabus, mit denen damals konkretere Fragen nach den Jahren im „Dritten Reich" belegt waren. Wolfgang Kayser lebte nicht mit einer Maske, wie Hans Ernst Schneider mit der Maske des Hans Schwerte. Dennoch glaubte ich später manchmal in seinem Gesicht einen Zug von Undurchdringlichkeit wahrzunehmen, der gewissen Themen und Fragen von vornherein einen Riegel vorschob.

„Das sprachliche Kunstwerk" (1948), die rasch zum Standardwerk gewordene Einführung in die Literaturwissenschaft, war nicht an den Bezügen der Literatur zu außerdichterischen Entwürfen orientiert, sondern ausschließlich an dem in sich geschlossenen sprachlichen Gefüge; das Buch begründete die Methode der sogenannten „immanenten Interpretation". Hier wird das Konzept der Doktorarbeit Kaysers zur Reinkultur gebracht, doch war die völlige Abstinenz vom Politischen wohl auch eine Reaktion dessen, der sich an der Politik die Finger verbrannt zu haben meinte.

Noch einmal: Über Kaysers Haltung im „Dritten Reich" wußten wir damals wenig. Ich hörte im ersten Semester mit großen Gewinn Kaysers Vorlesung über die Dichtung des Barock, bewunderte auch seine rhetorische Grandezza, wurde aber in seinem Seminar über die Literatur des Sturm und Drang nicht heimisch, wohl auch weil er meine Deutung eines Goetheschen Dramas kritisierte: zu wenig sprachanalytisch, zu dramaturgisch! Kayser war das Idol junger Studentinnen, die ihn aus den ersten Bankreihen des Hörsaals anschwärmten; er war beliebt bei künftigen Gymnasiallehrern, denen er mit seiner Methode klare Anleitungen für den Deutschunterricht mitgab. Er seinerseits warb um die älteren, durch eine harte Lebensschule gegangenen Studenten. Und eben sie blieben zur Mehrzahl spröde gegenüber seiner ästhetisch-formalen Interpretationskunst. So orientierte ich mich von Kayser weg, ohne im geringsten zu ahnen, auf welche Weise er mich eines Tages in seine Nähe ziehen sollte.

Ich fand meine Freunde im Schülerkreis von Klaus Ziegler. Ziegler war kein eleganter Rhetoriker, und manchmal glaubte man seinen Begriffsapparat klappern zu hören. Aber das Ausgreifen seiner Textdeutung in geistesgeschichtliche und gesellschaftliche Zusammenhänge kam meinen Erwartungen von Literaturinterpretation entgegen. Mit ihm konnte man über die amerikanisch-europäische Literatur der Gegenwart reden. Und Ziegler war kollegial befreundet mit dem Universitätslehrer, der für mich in Göttingen die stärkste Anziehungskraft besaß.

Helmuth Plessner verband philosophische Anthropologie und Kultursoziologie. Er war 1934 in die Niederlande emigriert und 1939 in Groningen Professor für Soziologie geworden; während der deutschen Besetzung hatten ihn holländische Kollegen geschützt. Zu eben der Zeit, da ich mein Studium begann, holte ihn die Universität Göttingen auf den neuen Lehrstuhl für Soziologie, doch vertrat er die ganze Fachbreite zwischen Philosophie und Soziologie. Bald trafen meine Freunde und ich uns regelmäßig in seiner Vorlesung.

Plessner war Schüler Edmund Husserls, wie Martin Heidegger. Und ich denke mich in eine Alternativsituation hinein: Wie hättest du dich verhalten, wenn Heidegger und Plessner an derselben Universität gelehrt hätten und du zwischen ihnen hättest wählen können? Ich bin überzeugt, daß ich nicht in Heideggers Bann geraten wäre. Mein Zugang zum Denken eines Philosophen hängt von seiner Sprache ab. Und Heideggers Fundamentalontologie und vor allem die Philosophie nach der „Kehre" um 1930 setzten mir mit ihrer Sprache Blockaden, die ich nicht überwinden konnte. Es gab für mich zwischen den Worten, mit denen sich meine Erfahrungen des letzten Jahrzehnts ausdrücken ließen, und der Verkündigungssprache der Heideggerschen Philosophie keine Brücke. Und ich vermutete in seiner Sprache auch einen Zusammenhang mit jener Erfahrungsblindheit, die sich in seiner berüchtigten Rektoratsrede von 1933 spiegelte. Durch Plessners Schriften erkannte ich mich selbst besser als Leib-Geist-Wesen und als geschichtlich bestimmte Person.

In seinem Buch „Die Stufen des Organischen und der Mensch" (1928) kennzeichnet Plessner den Menschen durch seine „exzentrische Position": Kraft seiner Reflexivität kann sich der Mensch zu sich selbst verhalten, befindet sich in einer Doppelrolle. Bald steht er seinem Körper als Instrument gegenüber, bald fällt er mit ihm zusammen, ist also Mitte und Peripherie zugleich. Auf Grund der Distanz, die er zu sich selbst hat, wird Kultivierung zur Aufgabe: Er muß sich erst formen zu dem, worauf er angelegt ist. Sinnlichkeit und Geistigkeit sind immer vermittelt. Überlieferte Verhaltensnormen und Sinnentwürfe werden durch gesellschaftlich bedingte Rollen übernommen, werden aber im Rollenspiel für die Verwandlung und schöpferische Neugestaltung frei.

Diese typischen Bedingungen menschlichen Daseins sind – und hier wurde für mich unmittelbar die Beziehung zu Literatur und Theater hergestellt – auch in der schauspielerischen Aktion wiederzufinden, so Plessners Aufsatz „Zur Anthropologie des Schauspielers": Der Schauspieler spaltet sich in sich selbst, bleibt aber hinter der Figur, die er verkörpert, stehen, identifiziert sich zwar mit der Figur in einer bestimmten Situation, aber ist sie nicht einfach. Hinter dem Ausdrucksbild des Darstellers steht nicht das Gefühl, sondern die bildnerische Absicht des Schauspielers (dieser Gedanke sollte mir eine Brücke zur Schauspielkunst im „epischen Theater" Bertolt Brechts bauen).

Schon 1924 erschienen war Plessners Buch „Grenzen der Gemeinschaft". Es war auch zu verstehen als Antwort auf Ferdinand Tönnies' „Gemeinschaft und Gesellschaft" (1887, zur eigentlichen

Wirkung kommend erst mit der 2. Auflage 1912). Zwar hat Tönnies'
Enkelin Sibylle Tönnies sich noch einmal gegen Mißverständnisse
verwahrt und betont, daß ihr Großvater die Unterscheidung zwischen Gemeinschaft und Gesellschaft getroffen habe, um die politische Romantik auf den ihr angemessenen Bereich zu beschränken.
Doch las man aus dem Buch die Botschaft heraus, daß die Menschen
durch die Rückbesinnung auf ihr Menschsein wieder zu einer neuen
„Gemeinschaft" reifen könnten. Hier setzt Plessners Utopiekritik
an, sein Einspruch gegen die Verachtung westlicher zivilisatorischer
Errungenschaften, gegen einen „Sittengesetzfanatismus" und Echt-
heitskult in Deutschland, gegen die Überbewertung der „Gemüt-
haftigkeit" und den Anspruch des Deutschen, „in seinen besten
Männern das Gewissen der Welt" zu sein. Plessner plädiert für eine
Kultur der zwischenmenschlichen Beziehungen, in der „Takt",
„Maske" und spielerische Distanz ein Recht haben, auch eine „Un-
bekümmertheit", wie wir sie an anderen Völkern beobachten.

Es fiel uns nicht schwer, in Plessners Diagnose von 1924 schon
die Warnung vor demokratie-, zivilisations- und gesellschaftsfeind-
lichen Kräften zu entdecken, die sich im Führerstaat und in der
Ideologie der „Volksgemeinschaft" bald voll und verheerend entwik-
keln sollten. Mehr noch zum Schlüssel für politische Entwicklungen
der ersten Jahrhunderthälfte wurde uns sein 1935 erschienenes
Buch über das „Schicksal deutschen Geistes im Ausgang seiner bürgerlichen Epoche", das dann 1959 unter dem Titel „Die verspätete
Nation" berühmt und mit mehreren Auflagen zum Standardwerk
wurde – „verspätete Nation" war hinfort ein historisch-politischer
Grundbegriff.

Den unpolitischen Charakter des Denkens in Deutschland und
die unpolitische Haltung des deutschen Bürgertums erklärt Plessner
nicht zuletzt aus der Glaubensspaltung um 1500 und aus der Entstehung der lutherischen Staatskirche. So kommt der Prozeß adlig-
bürgerlicher Zivilisation in Deutschland frühzeitig zum Stillstand;
der durch die Religionskriege verursachte wirtschaftliche Zusammenbruch reicht mit seinen Folgen weit ins Zeitalter der Aufklärung
hinein, die Ideen der Französischen Revolution sind das Mitbringsel
einer Invasionsarmee. Zwar sieht sich das 19. Jahrhundert selbst als
Erfüllung der Zeiten des Columbus und des Kopernikus, aber zugleich drückt der Verlust von Freiheit an den anonymen ökono-

misch-industriellen Umbildungsprozeß das persönliche Selbstgefühl.

In der verspäteten Nation entsteht im letzten Drittel des 19. Jahrhunderts ein Verlegenheitshistorismus, und bis ins 20. Jahrhundert hinein dauert die Suche nach einer historischen Rechtfertigung des Lebens an, das Bemühen um einen Stil in Kunst und Handwerk, das ausweicht ins Zusammenlesen historischer Stilelemente, und zwar zu einer Zeit, wo von der Bedeutung des Vergangenen nur noch sein ästhetischer Reiz übriggeblieben ist. Kein kontinuierlich entwickeltes nationales Selbst- und Geschichtsbewußtsein ist vorhanden. Dem durch Bismarck geschaffenen Nationalstaat fehlt die liberale Rechtsidee, auch die große geschichtliche Erinnerung – sie ist auf das Mittelalter und das Heilige Römische Reich zurückverwiesen.

Mir erschien nach der Lektüre des Buches der Weg der verspäteten Nation wie ein Ritt über den Bodensee, wobei – anders als in der Sage – das Eis nicht gehalten hatte, die Nation eingebrochen war. Nie zuvor war mir so deutlich geworden, wie der Aufstieg und die Wirkung des politischen Desperado und Zerstörers Hitler in Deutschland hatte möglich werden können. Bei keinem der Göttinger Universitätslehrer fühlte ich mich mit den Fragen, die ich aus den zehn Jahren des Überlebens mitgebracht hatte, so aufgenommen wie in Plessners Schriften und Seminaren.

Plessner verkörperte in seinen Vorlesungen, auf dem Podium, ein wenig seine eigene Anthropologie, den Leitsatz von der „Exzentrischen Position" des Menschen, zumindest von der Doppelrolle des Schauspielers, der sich in sich selbst spaltet. Plessner war vortragender Gelehrter und Schauspieler zugleich, er versinnlichte seine Gedanken durch Bewegungen und Gesten, durch Mimik und sprachliche Modulation. Die Vorlesung wurde zur Inszenierung, bei der er selbst als Regisseur immer erkennbar blieb. Hier wurde Wissenschaft so lebendig dargeboten, wurden Literatur und Theater so undogmatisch auf die Grundbedingungen menschlichen Daseins und zugleich auf die Gesellschaftsgeschichte bezogen, daß ich mir – obwohl im Hauptfach Literaturwissenschaftler – Plessner als meinen späteren „Doktorvater" wünschte.

Göttingen hatte zu dieser Zeit eine ganze Reihe von Magneten. Den Begründer der Quantentheorie und Präsidenten der Kaiser-Wilhelm-Gesellschaft von 1931 bis 1935, Max Planck, hatte das Kriegsende von Berlin nach Göttingen verschlagen. Zwar war er schon 1947 verstorben, aber noch lebten und wirkten in Göttingen die Atomphysiker Otto Hahn und Werner Heisenberg. Unter den Historikern glänzten Hermann Heimpel und Percy E. Schramm. Den bekannten Rechtsphilosophen Rudolf Smend lernte ich später sogar als Nachbarn kennen. Eine ruhmvolle Zeit erlebte das Deutsche Theater unter Heinz Hilpert, der 1950 nach Göttingen gekommen war und mit seinen Inszenierungen von Komödien Shakespeares, von Dramen Ibsens, Strindbergs oder Tschechows, Gerhart Hauptmanns oder Carl Zuckmayers an den subtilen Regiestil Otto Brahms anschloß und Göttingen für eine Zeitlang zu einer der führenden deutschen Theaterstädte machte. Einmal ließ er sich überreden, in der Universität ein Regieseminar anzukündigen, und wenn er seiner Aufgabe auch eher mit der linken Hand nachkam, so waren wir doch stolz auf sein Testat im Studienbuch. Oft sah man in Hilperts Loge berühmte Schauspieler, die gerade in den Filmstudios arbeiteten, denn Göttingen besaß zu dieser Zeit auch Filmproduktionsstätten.

Die alte Burschenherrlichkeit?

Die Göttinger Studentenjahre gehören zu den erfülltesten meines Lebens, weil sie Ersatz für soviel Entgangenes mitlieferten, weil sich der geistige und der Lebenshunger zugleich sättigen durften. Meine Liebesaffären verliefen durchaus nicht immer so unglücklich, wie meine Liebeslyrik glauben machen wollte. Bekanntlich schwimmen die Zierfische der Poesie gern im Element der Melancholie. So ließ ich manches Erlebnismotiv ins Resignative hinüberchangieren. Neu war, was mir in der Kriegs- und Gefangenschaftszeit nicht zu Gebote stand oder abhanden gekommen war: die Ironie – Ironie als Ausdruck von Selbstabstand und Distanzhaltung überhaupt. Ein Teil dieser Gedichte der Studienjahre ist in Anthologien erschienen. Ich setze einige hierher, weil sie die Beschreibung der Lebensatmosphäre ersetzen können.

Plessner machte uns in seinen Vorlesungen die Psychoanalyse interessant. Gerade hatte Rowohlt unter dem Titel „Das andere Geschlecht" Simone de Beauvoirs Bestseller herausgebracht. In unseren Gesprächen war der Band eine Zeitlang das Hauptthema. Mir schien eine kleine Satire angebracht. So entstand ein Text mit dem Titel „Psychoanaparalysiert".

Eher mit dem Ohr am Gedicht von Joachim Ringelnatz als an der Prosa von Simone de Beauvoir schrieb ich die Verse „Kleines Nocturne":

Ich hab ihr ein stürmisch Notturno gegeigt
und nannte sie meine kleine Prinzessin.
Sie hat mir die schönsten Sterne gezeigt
aber sagte, sie sei eine einfache Hessin.
Sonst sprachen wir beide wenig.
Ich weiß, was ich sah.
Ihr Vater ist sicher der König
von Nordamerika.

Die Diskussion über die Wiederbewaffnung spaltete die Öffentlichkeit. Mir war, nach zehnjährigem Dienst fürs Vaterland, bei dem Gedanken an eine neue deutsche Armee nicht wohl. Daß überhaupt so schnell nach der Kriegskatastrophe und der Zertrümmerung der Städte schon wieder die Notwendigkeit bestand, über Heer und Wehrpflicht zu streiten, lähmte mich eine Zeitlang. So erklärt sich der resignative Ton der Verse, die ich in meiner Studentenbude am Nikolausberger Weg schrieb:

Herbstmeditationen eines Studenten

Der Wein hat mein Fenster überrankt,
so krieg ich noch weniger Sonne als er.
Mit meiner Wirtin bin ich verzankt.
Auch kriegen wir wieder Militär.

Im Laden sind nun die Tomaten billig,
selbst dafür ist meine Kasse zu schwach.
Überhaupt: das Fleisch ist willig,
aber der Geist läßt nach.

Eine Freundin hab ich! Doch sind wir zu zwein,
so darf ich mir gar nichts erlauben.
Nun ja! An meinem Fenster der Wein
bringts auch nur zu sauren Trauben.

Neuen Auftrieb gab der Umzug in die „Akademische Burse". Dieses Studentenheim, an dessen Konzept und Gründung der klassische Archäologe Boehringer – damals schon Präsident des Deutschen Archäologischen Instituts in Berlin – großen Anteil hatte, orientierte sich am Vorbild der englischen Colleges. Als ein Geviert gebaut, in dessen Innenhof klösterliche Ruhe herrschte, aber auch herrliche Feste gefeiert werden konnten, hatte die Burse neben der großen Küche und dem großen Eßraum noch einige Teeküchen und an jeder Ecke kleinere Eßräume, in denen man sich zu jeder Tageszeit treffen konnte. Alles, auch der große Musik- und Veranstaltungssaal, war für Kommunikation eingerichtet. Wir veranstalteten Debating societies, in denen an einem belanglosen Gegenstand die Kunst der Argumentation und der freien Rede geübt wurde. Immer wohnten auch Dozenten in der Burse, allerdings nicht wie beim Vorbild der Colleges mit Tutoraufgaben. So datiert aus dieser Zeit die Bekanntschaft und dann kollegial-freundschaftliche Beziehung zu Arthur Henkel, dem späteren Doyen der Heidelberger Germanistik. Der Gästetrakt beherbergte die Universitätsgäste auf Zeit, aber auch Schauspielerinnen und Schauspieler des Deutschen Theaters, die bei den rauschenden Sommer- und Faschingsfesten für Boheme-Stimmung sorgten. Das Zusammenleben beruhte auf dem Grundsatz absoluter Mündigkeit der Bewohner; es gab deshalb, abgesehen von einigen technischen Anweisungen, so gut wie keine Hausordnung. Die Burse war der ideale Ort für eigenständige und in ihren geistigen Interessen nicht eben durchschnittliche Studenten. In diesem Kreis freier Individuen fielen alle Rückstände zehnjähriger Bevormundung von mir ab, hier schloß ich dauerhafte Freundschaften, mit Eberhard Gaupp, dem späteren Lektor des Deutschen Taschenbuchverlags, oder mit Gert Rabanus, der später in München Filme synchronisierte und in der Burse als geistreicher Charmeur die Schauspielerinnen des Gästetrakts bezauberte.

Heftigere Auseinandersetzungen um die Wiederanerkennung alter Rechte der farbentragenden und schlagenden Verbindungen und Korporationen begannen. Daß Horst Schoen, Mann einer Kusine, Professor der Göttinger Medizinischen Fakultät, der selbst als Student einer Korporation angehört hatte, sich nach dem Kriege andere Formen studentischen Zusammenlebens wünschte, hat mich immer in meiner Abneigung gegen die Restauration der alten Burschenherrlichkeit bestärkt. Und wie solche Abneigung längst ihre Geschichte hatte, zeigte mir Heinrich Heines Göttingen-Satire in der „Harzreise"; lebten doch offenbar „all die Vandalen, Friesen, Schwaben, Teutonen, Sachsen, Thüringer usw." schon um 1824 „in Sitten und Gebräuchen noch immer wie zur Zeit der Völkerwanderung". Daß diese Satire an Aktualität wenig verloren hatte, brachte mich auf und bedrückte mich zugleich. So gingen Aggressivität und Zukunftsskepsis in das Gedicht „Korporationslokal" ein.

Hier hat man der Jugend geistige Spitzen,
die Herren stud,
schon wieder mit fröhlichen Bändern und Mützen,
unter einem Hut.

Hier geht man schon wieder der deutschen Seele
ganz gründlich auf den Grund:
es wechseln markige Bardenchoräle
und Stiefel von Mund zu Mund.

Hier ist auch schon die Elite mit schmissigen
Narben dekoriert.
Und immer wieder wird mit dem flüssigen
Hopfen und Malz exerziert.

Und Fahnen wölken um heiligste Güter:
hier in der Garnison
der Hinterlader und Ladenhüter
einer hoffnungslosen Nation.

Die studentischen Verbindungen konnten das Verbot im „Dritten Reich" und demokratische Rechte ins Feld führen. Für unsere neue Demokratie hätten wir uns den Freiheits- und Oppositionsgeist der Burschenschaften im frühen 19. Jahrhundert gewünscht; was wir dagegen befürchteten, war das Klima von Konservatismus und Brauchtumskult, in dem wieder Autoritätsgläubigkeit gedeihen konnte. Geradezu Empörung löste bei meinen Freunden und mir die Schließung eines Kriegsverletzten-Heims aus.

Wer dieses Haus bezog, war nur
mit sehr viel Glück vom Krieg genesen.

Hier wohnte Stille, und im Flur
klang hohl der Takt der Beinprothesen.

Vorn auf dem Schild der Pforte stand:
Studentenheim für Schwerverletzte –
bis schließlich ein Altherrn-Verband
sie kurzerhand nach draußen setzte.

Ein Heil dem deutschen Aktenblatt!
Jetzt steigt Kommers der Bundesbrüder,
das vivat crescat floreat
und Täterätätä der Lieder.

Der Kurfürst Friedrich von der Pfalz
freut sich der tapfern Jünglingsseelen
und labt mit Göttertrank Wallhalls
die abgekämpften Burschenkehlen ...

Nur morgens früh die alte Frau
mit Kehrblech und mit Scheuerbesen
hört manchmal wieder schon genau
das dumpfe Dröhnen der Prothesen.

Das Eigentumsrecht der Verbindung an dem Haus war nicht zu
bestreiten, die Rückgabe juristisch unantastbar. Uns erschien aber
die gerichtlich erzwungene Räumung des Hauses nicht nur als juri-
stisches Problem. Ein Widerspruch zwischen Recht und humaner
Gerechtigkeit wurde offenbar. Das Gedicht deutet ihn an, begnügt
sich aber damit nicht. Die Vorausdeutung des Schlusses ist keine
übertriebene (im Krieg hätte man gesagt: defätistische) Schwarzma-
lerei, kein effektvoller Kassandraruf, sondern Ausdruck einer in Erfahrungen begründeten Sorge. Meinem Freund Eberhard Gaupp
hatte der Verlust des einen Beins die Hoffnung auf eine schauspie-
lerische Laufbahn zerstört, und mir waren zu einer Zeit, da noch
amputierte Kriegsteilnehmer in die Hörsäle humpelten, die Paukbö-
den, Mensuren und frischen Schmisse im Gesicht und der Geist, der
in diesem Treiben Befriedigung und Vergnügen fand, ein grauen-
voller Anachronismus. Ich habe Jahrzehnte später literarische Vorträge in studentischen Verbindungen gehalten, die vom alten Bier-
dunst entlüftet und zu zivilisierteren Formen des Gemeinschafts-

lebens übergegangen waren. In der ersten Hälfte der fünfziger Jahre aber, in Göttingen, drängten die Burschenschaften mit einem Erscheinungsbild in die Öffentlichkeit zurück, aus dem ein Geist der Unbelehrbarkeit sprach. Nichts war für mich alarmierender als die Beobachtung, daß aus geschichtlichen Erfahrungen keine Konsequenzen gezogen wurden, kein Gedanke fataler als der, daß wir unser historisches „Lehrgeld" umsonst bezahlt haben könnten.

Bertolt Brecht

Es begann alles zufällig und ohne Vorbereitung. Bei einem der Treffen mit Hamburger Freunden sagte Wolfgang Berkefeld: „Du solltest dir eine Karte für die Kammerspiele besorgen, dort spielt Ida Ehre die Mutter Courage." Also blieb ich einen Tag länger in Hamburg und ging in die Aufführung von Brechts „Mutter Courage und ihre Kinder". Brecht war mir zu dieser Zeit als Theatermann nicht unbekannt, und die Nachrichten vom Echo seiner Inszenierungen und seiner Theatertheorie im Ausland, zumal in Frankreich, beeindruckten mich. Aber ich hatte vorerst Nachholbedarf in der Lektüre moderner ausländischer Dramatiker: Th. S. Eliot und Christopher Fry, Eugene O'Neill, Thornton Wilder, Tennessee Williams und Arthur Miller, Paul Claudel, Jean Paul Sartre, Albert Camus und Jean Anouilh, F. Garcia Lorca und so fort. Im übrigen war bei jemandem, der ein sozialistisches Land aus der Perspektive des Zwangsarbeiters kennen gelernt hatte, die Neugier auf das Theater und die Literatur der DDR nicht sonderlich groß. Hans Niedecken-Gebhard, der Leiter der Theaterwissenschaftlichen Abteilung in Göttingen, hatte als ehemaliger Regisseur pompöser Festspiele überhaupt kein Organ für Brechts Theatertheorie, von Heinz Hilperts behutsam psychologisch-illusionistischen Inszenierungen gab es keinen Weg zu Brechts Verfremdungsstil, für Wolfgang Kayser war Brecht „Didaktiker", aber kein „Dichter". Nur Klaus Ziegler und Helmuth Plessner ebneten uns, mit ihrer Rückschau auf die Kultur der zwanziger Jahre, einen Zugang zu Brecht. Aber ich betrat die Hamburger Kammerspiele nicht gerade mit übermäßigen Erwartungen.

Und dann geschah etwas, das ich nicht mit Rilkes berühmtem Satz „Du mußt Dein Leben ändern" umschreiben will, wohl aber als ein Initiationserlebnis bezeichnen muß. Ich hatte plötzlich „meinen" Autor, mein Thema. Die große Ernüchterung durch den Krieg, die große Desillusion des jugendlichen Mißbrauchten und Mitläufers – dieses Lebensgefühl meiner Generation, Grundgefühl jedenfalls vieler Generationsgenossen, hier fand ich es ausgedrückt: im Grundton des Stücks. Mutter Courages zynischer, aber auch durchschauender Blick auf den Krieg; die ironische, sprachsatirische Entlarvung der Heldenklischees, der verlogenen Phrasen, der Durchhalteparolen, der pastoralen Salbaderei und der Bemäntelung von Grausamkeit durch Ideologie; das Hinabgerissenwerden in den Malstrom des Krieges, den man zu beherrschen glaubte und der am Ende alle wahllos verschlingt, die Täter, die Mitläufer und die Unschuldigen; die Enthüllung des Kriegs als eines von Menschen erlittenen, aber von Menschen auch zu verantwortenden Unheils – all dies traf mich mit Blitzen, die mir mein eigenes Bewußtsein erhellten, das Bewußte noch bewußter machten.

Aber nicht nur die große Desillusion in „Mutter Courage" entsprach meiner eigenen zeitgeschichtlichen Erfahrung, sondern auch die Begegnung mit der sozialen Gegenkraft. Für mich war das Kardinalerlebnis menschlichen Erbarmens die mutige Hilfsbereitschaft kroatischer Frauen am Weg des Gefangenenzugs geblieben, und Gleiches entdeckte ich nun in der geschändeten, verunstalteten, aber in ihrer Kinder- und Menschenliebe todesmutigen stummen Kattrin. Die „große Helferin" hat Brecht einmal die stumme Kattrin genannt. Und wenn er auch an das bloße Mitleid des Zuschauers nicht appellieren wollte, so hat er doch das tätige Mitleid dargestellt. Eine im Drama der Gegenwart ganz unvergleichliche Figur, die Figur der zugleich Hilfsbedürftigen und Hilfsbereiten, begegnete mir in Kattrin.

Und dann die Theaterästhetik des Stücks: die Leinengardine mit den Handlungsabrissen der Szenen und den historischen Kommentaren, die gerade durch ihre Widersprüche unverwechselbaren Figuren, die vom Volkston her aufgerauhte und andererseits mit dem Paradoxen spielende Sprache, das Zündende und zugleich Widersetzliche der Songs, die Offenheit des Schlusses und die Überantwortung denkbarer Schlußfolgerungen, einer möglichen historischen

Erkenntnis an den Zuschauer selbst – dies alles elektrisierte mich. Als ich das Theater verließ, stand mein Entschluß fest: Über diesen Autor, diesen Theatermann schreibst du deine Doktorarbeit.

Ich hatte nun ein Ziel, und es begann in Göttingen eine Zeit vielfältiger Recherchen und Entdeckungen. Als ich einen ersten Entwurf meines Dissertationsplans entwickelt hatte, ging ich zu Plessner. Er war derjenige Lehrer in Göttingen, der am meisten Interesse an mir bekundete. „Ich übernehme", sagte er, „gern das zweite Referat, aber Hauptreferent muß ein Literaturwissenschaftler sein, also doch wohl Ziegler."

Das Treffen mit Ziegler mag wohl eines der sonderbarsten Doktorandengespräche sein, die je geführt wurden. Wir hatten uns für einen Nachmittag nach seiner Vorlesung verabredet und machten uns vom Hörsaal im Auditoriumsgebäude auf den Weg über die Weender Straße, um in der Eisdiele Agnoli einen Espresso zu trinken. Doch dann zog Ziegler „Nowaks Probierstuben" in der Langen Geismarstraße vor, wo wir mit ihm manchmal abends nach einem Seminar einkehrten.

Ziegler pflegte Wermut mit einem Kornschnaps zu trinken – ein Mischgetränk, das ich nie probiert hatte, zu dem ich mich aber jetzt überreden ließ. Dann zog ich mein Manuskript heraus und begann meinen Arbeitsplan zu erläutern. Ziegler hörte aufmerksam zu, vergaß aber dabei das Trinken nicht und ermunterte auch mich, so daß Nowak uns nachschenken mußte, und das nicht nur einmal. Das Getränk war teuflisch und, da ich nicht daran gewöhnt war, von verheerender Wirkung. Ich wurde geradezu überfallen vom Brechreiz, konnte mich auch nicht mehr auf die Toilette retten, sondern nur noch verhindern, daß sich das Erbrochene über den Tisch ergoß. Nowak fuhr aus der Haut und beschimpfte mich, Ziegler griff zur Notwehr der pathetischen Übertreibung, um Nowak zu besänftigen: ich sei gerade eben erst aus sibirischer Gefangenschaft gekommen. Ein Gehilfe Nowaks rückte mit Eimer und Scheuerlappen an. Mir gelang es noch, meine Brieftasche hervorzuziehen. Ziegler war nämlich auf den Besuch bei Nowak nicht vorbereitet gewesen und für Zeche und Taxikosten nicht gerüstet. Es war im übrigen unter seinen Schülern kein Geheimnis, daß seine Frau ihn kurzhielt. Er setzte mich ins Taxi und brachte mich heim. Als ich am anderen Morgen wieder zu Bewußtsein kam, waren schon die Brieftasche und ein Briefchen überbracht worden, in dem Ziegler mich beschwor, mir den Vorfall nicht zu Herzen zu nehmen, ihn einfach zu vergessen.

Vergessen hatte ich tatsächlich die Einzelheiten des Gesprächs; mein Kopf war leer. Nur der grundsätzliche Einwand Zieglers war mir in Erinnerung geblieben: „Ihr Konzept bleibt zu sehr auf Systematisches beschränkt, muß ins Historische erweitert werden." Das war, wie mir bald klar wurde, der entscheidende Wink.

Ich arbeitete nun selbständig weiter, und in anderer Weise als der Anfang war die Schlußphase ungewöhnlich. Ziegler hatte einen Ruf nach Tübingen angenommen. Plessner war auf den Fortgang der Arbeit neugierig geworden und bestellte mich ein paarmal für den Sonntagmorgen in sein neues, hochmodernes Haus an der Herzberger Landstraße, in dem es kaum Türen gab: Man hatte vom Eingangsflur über einen großen Mittelraum freien Zugang zum Arbeitszimmer. Plessner setzte sich hinter seinen Schreibtisch, ließ mich davor Platz nehmen und gab das Zeichen zum Einsatz. Ich las ihm fertige Kapitel der Doktorarbeit vor. Ich fühlte mich ein bißchen wie jemand, der eine Matinee gibt. Zustimmung im Mienenspiel oder durch Kopfnicken nahm ich wie Applaus.

Auch die allerwichtigste Förderung – ein Jahr zuvor – verdankte ich Plessner, wenngleich auf indirekte Weise. Ich arbeitete im Jahr 1954 an einem wissenssoziologischen Forschungsunternehmen Plessners mit, das die Beugung von Hochschullehrern unter die Herrschaft des nationalsozialistischen Regimes untersuchte. Für Recherchen im Geheimen Preußischen Staatsarchiv wurde ich im Herbst 1954 für mehrere Monate nach Westberlin geschickt. Unterkunft fand ich bei Onkel Hermann in der alten, während des Kampfes um Berlin beschädigten, aber inzwischen wiederhergestellten Wohnung, im selben Zimmer, das mich drei Jahre lang beherbergt hatte. Das Forschungsunternehmen verpflichtete mich nur zu einer bestimmten monatlichen Stundenzahl, so daß Zeit genug für andere Interessen blieb. Ich hatte Plessner meine Absicht, Brecht im Berliner Ensemble zu besuchen, nicht verschwiegen.

Damals, sieben Jahre vor dem Bau der Berliner Mauer, konnte man noch ohne Paßkontrolle in den Ostsektor der Stadt fahren, ja die Parole „Deutsche an einen Tisch!" in den Gaststätten Ostberlins forderte zur Wiederkehr geradezu auf. So fuhr ich an einem Septembervormittag mit der S-Bahn zum Bahnhof Friedrichstraße und begab mich zum Theater am Schiffbauer Damm, in dem das Berliner Ensemble seit dem Frühjahr 1954 zu Hause war, obwohl die Proben weiterhin auf der Probebühne des Deutschen Theaters stattfanden. Mich begrüßte die Dramaturgin Käthe Rülicke, die mir sogleich von Brechts Plan zu einem Stück über den ersten Aktivisten der DDR, den Ofensetzer Hans Garbe, erzählte. Sie hatte für Brecht die Materialien geordnet und berichtete darüber mit einem ideologischen Feuer, das mich innerlich abkühlte. Und es hat mich dann überhaupt nicht gewundert, daß Brecht nie an eine ernsthafte Bearbeitung des Stoffes gegangen ist.

Um zu Brecht zu gelangen, mußte ich eine Art Stationenweg hinter mich bringen. Käthe Rülicke stellte mich der Chefin des Ensembles und der Frau Brechts, Helene Weigel, vor. Die Zerschlagung des Ostberliner Arbeiteraufstandes vom 17. Juni 1953 durch russische Panzer hatte in der Bundesrepublik den Antikommunismus verstärkt, und so war der Besuch eines westdeutschen Brecht-Doktoranden auch dann noch willkommen, wenn dieser mit der Empfehlung, ein Kommunist zu sein, nicht dienen konnte und wollte. Kurz, Helene Weigel empfing mich freundlich. Und ich will überhaupt nicht unterstellen, daß ihre Höflichkeit nur berechnend war. Aber warm wurde mir erst, als ich zu Elisabeth Hauptmann kam. Man merkte sofort, daß hier nicht ideologische Rechtgläubigkeit das Wort führte. Elisabeth Hauptmann, schon seit den zwanziger Jahren Mitarbeiterin, hat sich mehr als durch die Mitautorschaft an Brecht-Stücken dadurch verdient gemacht, daß sie Brechts lyrische Texte in ihre Obhut nahm. Sie mußte ihn einmal sehr geliebt haben; man ahnte es, wie man auch spürte, daß die Beziehungen längst formalisiert waren. Sie kannte Göttingen, hatte Freunde dort, und so ergaben sich auch persönliche Anknüpfungspunkte. Ein Klima freundlicher Offenheit war bereitet.

Und dann stand plötzlich Brecht im Zimmer. Ich war von der Unvermitteltheit seines Erscheinens überrascht, aber dann nicht im geringsten überwältigt. Nichts an ihm gab für einen imponierenden Auftritt etwas her: nicht die bekannte einfache Brecht-Joppe oder das Brillengestell, nicht die wenig tragende Stimme oder das etwas Linkische in seinem Gebaren. Was mich aber sofort für ihn einnahm, war ein Anschein von Verlegenheit, den ich eher bei einem schüchternen Lyriker erwartet hätte als bei einem weltbekannten Theaterautor und Regisseur. Brecht vermied jegliche Audienzatmosphäre, ja es schien, als setzte er sich selbst herab, um seinem Besucher und Gesprächspartner ein Gefühl von Gleichrangigkeit zu geben. Mir fiel nachher als Kommentar zu dieser Szene der Satz aus der „Legende von der Entstehung des Buches Taoteking ..." ein: „Sagt jetzt: kann man höflicher sein?" Jedenfalls war ich erleichtert; hier wurde keine Huldigung verlangt. Das Gespräch blieb locker und kurz. Das Eigentliche stand ja noch bevor. Offenbar hatte ihn Käthe Rülicke von meinem Wunsch schon berichtet. Denn Brecht sagte: „Wir sehen uns dann in den Proben."

Es handelte sich um die Proben zum „Kaukasischen Kreidekreis". Diese Inszenierung ist die letzte noch vollendete Inszenierung Brechts gewesen. Die erste Premiere fand am 7. Oktober 1954 statt; aber Brecht, mit dem Erreichten nicht zufrieden, probte danach noch weiter. So hatte ich an vielen Vormittagen des Herbstes Gelegenheit, die Arbeit eines Regisseurs zu studieren, der selbst die fertige Inszenierung noch als ein Work in progress betrachtete.

Brecht betrat bei den Proben selten die Bühne; er spielte den Schauspielern nicht vor, sondern hörte sich Vorschläge an; ließ sie ausprobieren und die Schauspieler selbst die bestmögliche Lösung finden. Nur an einen Auftritt auf der Probebühne erinnere ich mich: Mit hoher blecherner Stimme fuhr Brecht Bühnenarbeiter an, die anscheinend begriffsstutzig waren. Sonst herrschte Gelassenheit; Brecht setzte die Schauspieler nicht unter Druck. Das war allerdings nur bei großzügiger Bemessung der Probenzeit möglich: Die Proben zum „Kaukasischen Kreidekreis" dauerten weit über ein halbes Jahr.

Hervorragende Schauspieler konnte ich beobachten, allen voran Ernst Busch, der den Richter Azdak spielte. Seine Vorschläge wurden von Brecht mit großem Ernst erwogen. Angelika Hurwicz, die Darstellerin der Magd Grusche, erschien mehr als die Lernende. Ich traf sie Jahrzehnte später in Köln wieder, wo sie eine russische Komödie inszenierte. Die Regisseurin war als Schülerin Brechts nicht wiederzuerkennen; sie hielt sich an einen konventionellen realistischen Stil, der auch auf den Provinzbühnen der DDR nicht angeeckt wäre. Helene Weigel gab der Gouverneursfrau eine Härte, die gesellschaftskritisch überpointiert schien, aber durch den grotesken

Stil der Palastszene gerechtfertigt wurde. Als außerordentliches Talent erschien mir damals Heiz Schubert, das spätere „Ekel" der Fernsehserie, in der Rolle des Neffen, den der fette Fürst Kazbeki im Gerichtsspiel auf den Richterstuhl setzt.

Ich saß während der Proben meistens in einer der hinteren Reihen. Es gab weder bei Brecht noch bei den Schauspielern nervöse oder empfindliche Reaktionen gegen Zuschauer im Probensaal. Ich durfte Gäste mitbringen, Göttinger Freunde, die gerade in Berlin waren. So Erika Steinhoff, die später selbst Berliner Kulturgeschichte mitschreiben sollte, als Frau des Filmwissenschaftlers Ulrich Gregor, in der gemeinsamen Arbeit im Westberliner Arsenal-Kino und im Forum des jungen Films, den alternativen Berliner Film-Festspielen. So Klaus Schulz, der seine Doktorarbeit über den Theatermann Erwin Piscator schrieb und dann nach dem Studium eine Zeitlang Regieassistent Piscators war.

Mit Klaus Schulz saß ich auch in einer Hauptprobe, aus der sich mir vor allem eine Szene eingeprägt hat. Immer schon hatte ich mir diese Szene als ein theatralisches Herzstück des Schauspiels vorgestellt – Brechts Arrangement aber ließ alle meine Erwartungen weit hinter sich. Grusche, mit dem Kind auf der Flucht vor den Panzerreitern, heiratet einen angeblich todkranken Bauern, um dem Kind der Form nach einen Vater zu geben (der Bauer simuliert seine Krankheit, um dem Kriegsdienst zu entgehen). Zu Anfang kennzeichnet der Mönch die doppelbödige Situation: „Liebe Hochzeits- und Trauergäste!" Auf der einen Seite der Bauernhütte liegt der Sterbende, der Nebenraum füllt sich mit Dorfbewohnern. Trauer und Freude wetteifern miteinander. Immer mehr Gäste drängen in den kleinen Raum, verschlingen den Beerdigungs- und Hochzeitskuchen, schwatzen und beten, singen und musizieren. Nicht jeder Fuß findet noch Platz auf dem Boden. Und als man glaubt, der Raum müßte bersten, stürmt noch ein Mann mit einem riesigen Instrument herbei und quetscht sich in die Hütte. Ein Moment der Beruhigung tritt ein, als über das Ende des Krieges berichtet wird. Und nun kommt es tatsächlich zur Explosion. Der Simulant, der Tote erhebt sich vom Lager, die Gäste schreien auf, und die Frauen entfliehen in panischem Entsetzen.

Die Szene hatte viel vom Burlesk-Grotesken und vom Bewegungsfurioso der Commedia dell'arte; vielleicht nur noch Giorgio

Strehler hätte sie so inszenieren können wie Brecht. Mein Freund und ich saßen bei dieser Hauptprobe unmittelbar hinter Brecht, und das allzulang unterdrückte Lachen riß uns am Ende der Szene buchstäblich von den Sitzen. Am unvergeßlichsten an Brecht ist mir das glückliche Lächeln, mit dem er sich jetzt zu uns umdrehte. Wir waren offenbar das Publikum, das er sich für diese Szene erhoffte. Und ich hätte ihm alle jene als Zuschauer gewünscht, die sich ihn immer nur als Schulmeister des Lehrtheaters dachten. Gewiß war diese Hochzeits-Sterbe-Szene einer der artistisch-theatralischen Höhepunkte der Inszenierung.

Welche Verwunderung deshalb bei meinem Besuch einer der Vorstellungen im Theater am Schiffbauer Damm. Man muß wissen, daß zu dieser Zeit ein Teil des Publikums noch aus Westberlin herüberkam; vor allem bekannte Schauspieler entdeckte ich im Parkett. Trotzdem blieb bei der Szene, die mit demselben Elan gespielt wurde wie auf der Probe, der Beifall aus, dem man an anderer Stelle der Aufführung nicht versagte. Ja, etwas wie Verlegenheit oder Bedrükkung schien sich ausgebreitet zu haben. Erst jetzt wurde mir bewußt, daß Brecht hier grob gegen eine Regel des „Sozialistischen Realismus" verstoßen, ja ein Sakrileg begangen hatte: nämlich Angehörige eines Volkes, das nur als verehrungswürdig und heroisch dargestellt werden durfte, ins Komisch-Groteske zu ziehen. Daß hier im russisch besetzten Ostteil der Stadt an ein Tabu gerührt wurde, mußten auch die westdeutschen Besucher gespürt haben. Die sonst beifallfreudigen Hände schienen wie gelähmt. Ich war sehr enttäuscht.

Doch ich sah nicht ein, daß einem weltbekannten Ensemble in seinem eigenen Haus aus ideologischen Gründen der verdiente Beifall vorenthalten werden sollte. Also ging ich in eine der nächsten Vorstellungen, kümmerte mich nicht um die Skrupel des Publikums und klatschte nach der Szene herausfordernd. Ich hatte einen Zündfunken in ein Pulverfaß geworfen. Denn man schien auf das befreiende Zeichen geradezu gewartet zu haben. Alle Dämme der Selbstzensur brachen, der Beifall prasselte los, selbst die sauertöpfischen Funktionäre wurden mitgerissen, und die Westberliner brauchten nicht mehr zu befürchten, hier als „Klassenfeinde" erkennbar zu werden.

Es war wohl der glücklichste Moment, den ich im Theater je erlebte. Als unerträglich hatte ich die Bevormundung empfunden, die sich im heimlich verordneten Schweigen des Publikums ausdrückte. Ich bin nach Brechts Tod im August 1956, bis zur Maueröffnung 1989, nie mehr in eine Aufführung des Berliner Ensembles gegangen. Mich interessierten die Versuche, Brecht dogmatisch zu vereisen, nicht mehr. An das theatralische Genie Brechts reichte keiner seiner Erben und Nachlaßverwalter heran. Und Witwen sind nicht immer die besten Testamentsvollstrecker.

Brechts Inszenierung des „Kaukasischen Kreidekreises" ist für viele seine schönste überhaupt gewesen; sie brachte ihm beim Pariser Gastspiel im Juni 1955 einen triumphalen Erfolg. Ich hatte über Monate hinweg in den Proben gesessen und mich für ein freundlich-glückliches Lächeln des Stückeschreibers und Regisseurs an einem Abend mit dem Zünden einer Beifallsrakete bedankt.

Universitätsstreik: Ein Kultusminister muß gehen. Curd Jürgens dreht einen Film

Im Jahr 1955 wurde nach den Landtagswahlen in Niedersachsen die von der SPD geführte Landesregierung durch eine „bürgerliche" Koalitionsregierung unter Heinrich Hellwege abgelöst. Zum Kultusminister berief Hellwege den Verleger Schlüter. In seinem Plesse-Verlag hatte Schlüter rechtsradikale Schriften herausgebracht, und es meldete sich sofort energischer, Parteigrenzen übergreifender Widerstand gegen seine Ernennung. Die Universität streikte.

Gewiß, meine Freunde und ich hatten uns schon an Protesten beteiligt, etwa an der Demonstration vor und in dem Kino, das einen Film von Veit Harlan, dem Regisseur von „Jud Süß", ins Programm genommen hatte. Aber eine solche „Massenbewegung", eine solche Übereinstimmung im politischen Handeln, eine solche Gemeinschaft von Professoren und Studenten kannten wir noch nicht. An den Protest der „Göttinger Sieben" gegen die Aufhebung der Verfassung durch den hannöverschen König Ernst August II., im Jahr 1837, wurde erinnert. Gewiß lag in diesem Vergleich Anmaßung, denn die sieben Göttinger Professoren hatten ihren Aufstand mit der Entlassung zu bezahlen, während wir von einem demokratischen

Grundrecht Gebrauch machen konnten. Aber wenn später die Achtundsechziger den Intellektuellen meiner Generation vorwarfen, staatsfromm und indifferent gewesen zu sein, so taugte der Streik der Göttinger Universität sehr wohl zum Gegenargument (wie ja auch das „Göttinger Manifest" von 1957, der öffentliche Einspruch von achtzehn Atomwissenschaftlern gegen die atomare Aufrüstung der Bundeswehr).

Natürlich entsprach die Arbeitsverweigerung von Professoren und Studenten zur zum Teil den Bedingungen eines Streiks von Arbeitnehmern gegen Arbeitgeber; die eigentlich Geschädigten waren die Studenten selbst. Aber als ausnahmsweise benutztes Kampfmittel hatte sie ihr Recht. Und immer bleibt der Streik der Göttinger Universität ein Beispiel für Wachsamkeit gegenüber dem Rechtsradikalismus, für eine außerparlamentarische Opposition längst vor Entstehung der „Außerparlamentarischen Opposition" (der APO) in den späten sechziger Jahren, ein Beispiel auch dafür, daß die Demokratie gegen eine demokratisch gewählte Regierung Gegenkräfte entwickeln kann, wenn sich in die Regierung Elemente drängen, deren Ziel die Abschaffung der Demokratie ist. Der Streik erwies sich als ein höchst wirksames Mittel, trat eine Lawine los. Binnen einer Woche war Kultusminister Schlüter abgelöst.

Wir befanden uns in dieser Zeit in Hochstimmung, hatten wir doch zum ersten Mal das Erlebnis des Handelns in demokratischer Solidarität. Diese Hochstimmung war jenem Glücksgefühl verwandt, das nach so vielen Zeugnissen die politische Tat in revolutionärer Situation begleitet. Ja, als eine Revolution im kleinen empfanden wir die Protestaktion von Professoren und Studenten durchaus. Und bekanntlich schließen sich Revolution und Liebe nicht aus, können sogar einander befeuern. So jedenfalls erfuhr ich es. In dieser Zeit nämlich fanden meine Freundin Sigrid und ich endgültig zusammen.

Sigrid und ihre Eltern waren Flüchtlinge aus Niederschlesien. Auf das Rittergut Lenschütz, das der Großvater, ein erfolgreicher Landwirt, gekauft hatte, war nun kein Kredit mehr aufzunehmen; der Lastenausgleich ging an die geflohene Großmutter; die Eltern strandeten gerade bei einem weiteren Berufsversuch. Sigrid hatte eine Dolmetscherschule in Göttingen besucht und dann als Sekretärin gearbeitet, um sich Geld für das Studium zu sparen. So waren wir beide Spätlinge an der Universität. Verwandte Erfahrungen hatten uns nähergebracht, aber der Funke mußte erst noch überspringen. Das geschah während der Streikwoche. So wurde für uns diese Zeit nicht nur im politischen Sinne zu einer Sternstunde.

Neue Fortschritte machte meine Doktorarbeit. Ich war längst auch dem Lyriker Brecht ins Netz gegangen. Seine „Hundert Gedichte" machten unter den Freunden die Runde. Und wenn Gert Rabanus abends laut das Schlußgedicht der Sammlung, die Trilogie „An die Nachgeborenen", vorlas, waren wir uns einig, daß kein Gedicht der Gegenwart so unmittelbar zu unserer Generation sprach wie dieses. Immerhin hatte sich der Lyriker Brecht in dieser Zeit gegen die neue Faszination zu behaupten, die von Versen Gottfried Benns ausging, der aus den Verirrungen und dem verordneten Schweigen der Nazizeit wieder aufgetaucht war. Freilich blieb die Beschäftigung mit Lyrik für mich sozusagen Feierabendvergnügen. Auch die Romanlektüre trat vorübergehend zurück. Zwar machte uns Winfried Hellmann immer neu Thomas Mann interessant, und gebannt hörten wir die Schallplatte mit Thomas Manns Gedenkrede zu den Schillerfeiern von 1955 in Stuttgart und Weimar, dennoch war ich vorwiegend auf der Fährte des Theaterautors Brecht, fuhr mit Sigrid zu Brechtaufführungen, etwa zur Inszenierung des „Guten Menschen von Sezuan" in Wuppertal oder zur „Galilei"-Aufführung in den Kölner Kammerspielen.

Als die Sammlung des Materials für die Doktorarbeit abgeschlossen war, begann ich mit der Niederschrift. Sie beanspruchte sechs Monate Arbeitszeit im Jahr 1955/56 und teilte sich in drei Abschnitte. Nach dem zweiten und vierten Monat machte ich jeweils für vier Wochen Ferien – im Sommer trampten Sigrid und ich zur Insel Sylt –, so daß neue Arbeitslust sich anstaute und ich energiegeladen an meinen Schreibtisch in der Akademischen Burse zurückkehrte. Mich an die Ökonomie solcher Arbeitsweise zu halten, ist mir nie wieder gelungen. Im Frühjahr 1956 lag die Dissertation fertig vor und wurde der Fakultät eingereicht.

Mit der mündlichen Prüfung war erst gegen Ende des Sommersemesters zu rechnen; mir blieb genügend Zeit, mich vorzubereiten. Aber für bloßes Pauken von Wissensstoff hatte ich kein Sitzfleisch. Deshalb ergriff ich die Gelegenheit zu einer Abwechslung, die mir lehrreiche Einblicke in die Arbeit der Göttinger Filmstudios versprach. Ein gern gesehener Gast in der Burse war der Pianist und Student der Musikwissenschaft Konrad Elfers, und befreundet war ich mit dem Schauspieler Gert Schaefer, der unter Brecht im Berliner Ensemble gespielt hatte und von Hilpert engagiert worden war. Beide sollten in dem Film „Ohne dich wird es Nacht" mitspielen, der unter der Regie von Curd Jürgens gedreht wurde und in dem er selbst die männliche, seine damalige Frau Eva Bartok die weibliche Hauptrolle hatte. Elfers und Schaefer waren für Musikerrollen angeworben worden und suchten für die Band noch zwei Partner; der eine sollte ich sein. Es handelte sich um keine bloßen Statistenrollen, drei Drehtage waren für uns vorgesehen; die Gage erschien mir, bei meinen bescheidenen Ansprüchen, geradezu fürstlich.

Das verlockende Angebot hatte nur einen Haken. Ich sollte im Film mit einem Instrument auftreten, das ich noch nie in der Hand gehabt hatte: mit einer Klarinette. Also ging ich in ein Fachgeschäft für Musikinstrumente in der Weenderstraße, erklärte mein Dilemma und bat, mich einmal auf einer Klarinette versuchen zu dürfen. Da ich keinerlei Kaufabsicht hatte, holte ich mir beim Geschäftsinhaber, der sich in wort- und gestenreicher Entrüstung erging, eine Abfuhr. Gert Schaefer, der den Kontrabaß spielen sollte, tröstete mich: „Ich weiß nicht einmal, wie man das Ding richtig hält." Und Konrad Elfers beruhigte uns beide: „Es wird sich schon alles finden."

So trafen wir eines schönen Sommertags zu Aufnahmen, das heißt zunächst zum Empfang der Musikinstrumente im Filmstudio ein. Konrad Elfers hatte gut lachen: Er war Pianist und schaute sich das Studioklavier, auf dem der Staub überwintert hatte, mit Herablassung an. Gert Schaefer machte erste Standproben mit dem Kontrabaß. Und ich zog mich in eine Ecke zurück, um mit der Klarinette vertraut zu werden. Man hatte mir gesagt, daß es für ein Greenhorn des Klarinettenspiels unendlich schwer sei, dem Instrument überhaupt einen Ton zu entlocken. In der Tat wollte es mir nicht gelingen, diesen Satz zu widerlegen. Ich stieß meinen Atem in das Mundstück, ich blies die Backen auf, ich atmete ganz tief, füllte den Brustkorb und sammelte dann alle Luft wieder ein und schleuderte sie in die Klarinette, ich arbeitete schwer. Als ich gerade meine letzten Lungenkräfte mobilisierte und versuchte, mit einem Gewaltakt der Klarinette wenigstens ein Quäkton abzupressen, ging ein Arbeiter des Requisitenfundus vorbei und sagte: „Da könn se lange blasen! Wir ham doch det Blatt rausgenommen."

Meine Niederlage war zugleich mein Triumph. Von einer stummen Klarinette konnte ich nicht als Nichtskönner überführt werden. Ich ging zu den anderen zurück und teilte ihnen meine Entdeckung mit. „Ja, wußtest du denn nicht, daß die Musik vom Playback kommt?" fragte Elfers. „Wir mimen nur." Das wußte ich wohl, aber gar so einfach hatte ich mir das alles nicht vorgestellt.

Wir folgten den Arbeitern, die als letztes Möbelstück das Klavier in die Bar schoben, die im Studio aufgebaut war. Der Film handelte, in einem Satz gesagt, von einem Süchtigen; das Thema war damals noch nicht so abgenutzt wie heute und wurde, wie dann der fertige Film bewies, durchaus mit Ernst behandelt. Von diesem Ernst aber war in den Barszenen, in denen wir unsere Auftritte hatten, wenig zu spüren. Zentral war die Begegnung der beiden Hauptfiguren. Ich besitze noch ein Standfoto einer Szene, in der ich mit meiner Klarinette zwischen Curd Jürgens und Eva Bartok stehe, die dem vierten Musiker gerade die Gitarre abgenommen hat und in die Saiten greift. Alles sieht verworfener aus als es war.

An bekannteren Schauspielern wirkten noch Ernst Schröder und die damalige Femme fatale an Hilperts Deutschen Theater, Tatjana Iwanow, mit. Curd Jürgens' Regie lag in ständigem Clinch mit dem Text des Drehbuchs, der stellenweise tatsächlich hanebüchen war. Als in einer Szene eine Rechnung vom Kellner präsentiert wurde, war der Betrag ungewöhnlich niedrig. Curd Jürgens hatte offenbar in der vorhergehenden Nacht wieder einmal gegen das Provinzleben der Stadt Göttingen rebelliert und war noch nicht ganz klar im Kopf. Mein naseweiser Einwand, daß dieser Betrag doch wohl nicht ganz passend sei, erntete keinesfalls Mißbilligung. Jürgens erhöhte den Betrag um das Fünffache.

Der Regie widmete er sich mit der linken Hand. Als ihn Ernst Schröder fragte, was er nach Betreten der Bar machen sollte, antwortete er: „Also du kommst nach vorn und ... na, und machst einen auf diesen." Dieses „einen-auf-diesen-machen" war überhaupt Jürgens' Standardanweisung an die Darsteller. Zwar konnte er sich auf seine Schauspieler verlassen, aber da jeder das „auf-diesen-machen" individuell auslegte, endete das fröhliche Improvisieren manchmal in einem Tohuwabohu, was freilich nicht eben so schlimm war, weil die Szenen ohnehin mehrfach gedreht wurden.

In Hamburg sah ich den Film zum ersten Mal im Kino. Was für ein Widerspruch zwischen den Eindrücken bei den Aufnahmen und beim fertigen Film. Rohstoff geblieben war, was der Kameramann in den Kasten gebracht hatte: Der Film selbst war erst am Schneidetisch entstanden. Vielleicht ist dies die wichtigste Erkenntnis, die mir mein kleines Zwischenspiel in den Göttinger Filmstudios eintrug, ganz abgesehen davon, daß es mir die Wartezeit auf vergnügliche Weise verkürzte.

Die Dissertation kursierte inzwischen bei den Gutachtern (drei mußten die beiden Gutachten gegenzeichnen). Es schien nicht schlecht zu laufen. Die mündliche Prüfung wurde auf den 29. Juli festgesetzt. Wolfgang Kayser war zu den Gastvorlesungen in den USA unterwegs, aber das konnte mich nicht berühren, weil er nicht zu meinen Prüfern gehörte. Da rief mich eines Tages der Direktor des Seminars, der Altgermanist Hans Neumann, zu sich.

Tribünen der Literatur

Die Leiden des alten Assistenten

Mir war während des Studiums, bei allem historischem Interesse, der unmittelbare Umgang mit dem Theater und der lebendigen Literatur unentbehrlich geworden. Von Anfang an hatte ich meine Fächer so gewählt, daß mir die Studienratslaufbahn verschlossen war – ich wollte gar nicht erst in Versuchung kommen, nach diesem Notanker zu greifen. Für einen Moment lang mag mir der Gedanke, vielleicht einmal als freier Schriftsteller leben zu können, nicht abwegig erschienen sein; aber dieser Traum war verflogen. Gewiß, die Sendung des Hörspiels und die Aufnahme von Gedichten in Anthologien hatten Mut gemacht. Ich war auch, wie die befreundete Irina Korschunow, die nachher erfolgreiche Romanautorin im Hoffmann und Campe Verlag, mit Gedichten im letzten „Göttinger Musenalmanach" vertreten. In der Anthologie „Mitten im Strom" von 1956 fand sich mein Name neben denen von H.G. Adler, Erich Fried und Helmut Heißenbüttel. Und doch ahnte ich, daß die satirisch-ironischen Gedichte der Göttinger Studentenzeit eine Art Satyrspiel meiner Lyrik sein könnten. Die Entscheidung fiel, als ich Gottfried Benns Vortrag „Probleme der Lyrik" von 1951 wieder las und mich Sätze trafen, die ich beim ersten Mal wohl überlesen hatte: „Lyrik muß entweder exorbitant sein oder gar nicht ... keiner auch der großen Lyriker unserer Zeit hat mehr als sechs bis acht vollendete Gedichte hinterlassen." Solchem Maß glaubte ich nicht standzuhalten.

Es ist eine beliebte Verdächtigung der Poeten gegen Literaturwissenschaftler und -kritiker, daß sie verhinderte oder gescheiterte Dichter seien und ihr verdrängtes Minderwertigkeitsgefühl und ihren Neid nun durch eine um so schärfere Kritik kompensierten. Aber kann eine frühe, wenngleich abgebrochene poetische Produktivität nicht auch Voraussetzung für ein vertieftes Verständnis für literarische Texte sein? Ja, sind die Einsicht, das „Exorbitante" nicht leisten zu können, die Selbstkritik und der Verzicht auf die Gloriole des Künstlerischen nicht ehrlicher als die lebenslange Produktion literarischer Durchschnittsware? Ist ein selbstkritischer nicht sogar der bessere Literaturkritiker? Mir jedenfalls erschien es nicht als Schande, von den vagen Hoffnungen auf eine Schriftstellerlaufbahn Abschied zu nehmen. Nur wollte ich aus dem lebendigen Zusammenhang von Entstehung, Verbreitung und Wirkung von Literatur nicht ausscheiden. Und so richteten sich meine Vorstellungen auf Berufe wie die des Dramaturgen, des Verlagslektors, Rundfunkredakteurs oder Literatur- und Theaterkritikers.

Nun also stand ich vor dem Seminardirektor. Hans Neumann verriet mir, daß er die Gutachten zu meiner Doktorarbeit gelesen habe und mir gratuliere. Haben Sie bestimmte Berufspläne? Ich erklärte sie. Können Sie sich auch vorstellen, an der Universität zu bleiben? Sie würden zunächst einen Lehrauftrag für Theaterwissenschaft erhalten, später müßte man weitersehen. Der Lehrauftrag, den Neumann mir anbot, wurde frei, weil Eckehard Catholy, der Nachfolger des verstorbenen Niedecken-Gebhard, nach Tübingen ging. Ich wollte den Seminardirektor um Bedenkzeit bitten, machte mir aber klar, daß ich mich bisher nirgendwo beworben hatte und sich mit dieser Chance das Berufsproblem vorläufig lösen ließ. Dann konnte man weitersehen. So sagte ich zu.

Bisher hatte ich völlig unbefangen studiert, ohne besonderen Ehrgeiz. Jetzt geriet ich unter Erwartungsdruck, ging nicht mehr unbelastet in die mündlichen Prüfungen. Und so geschah es, daß ich ausgerechnet bei Helmuth Plessner, meinem Förderer, ins Straucheln kam. Der 29. Juli 1956 war ein schwüler Tag, schon am Vormittag hing ein Gewitter in der Luft. Nicht nur ich fühlte eine Dumpfheit im Kopf, auch Plessner hatte nicht seinen besten Tag. Mit einer Penetranz, die ich an ihm gar nicht kannte, beharrte er auf der Frage nach einem schweizerisch-italienischen Nationalökonomen und Soziologen, über dessen Theorie ich etwas zu sagen wußte, bei dessen Namen aber mein Gehirn blockiert war. Kurz, ich hatte den Namen Pareto nicht parat. Die Prüfung wurde zu einer kleinen wechselseitigen Enttäuschung, die allerdings den Tag kaum überdauerte. Doch habe ich aus diesem Mißklang für die Zeit, wo ich selber Prüfungen abzunehmen hatte, einiges gelernt: keine Prüfungszeit vergeuden und den Kandidaten nicht auf eine Schwäche festnageln, sondern ihm zu seinen Stärken verhelfen!

Vom Wintersemester an leitete ich dann die Theaterwissenschaftliche Abteilung in der Geiststraße. Der Sprung vom Studenten zum Dozenten brachte natürlich Probleme mit sich. Ich trat vor ein Auditorium, in dem ich eben noch selbst gesessen hatte, mußte zumindest im Seminar Freunde plötzlich mit Sie anreden – das vertrauliche Du im Unterricht wäre zu dieser Zeit noch undenkbar gewesen. Aber dieses Problem ließ sich mit Taktgefühl lösen. Auch mit der „Autorität" des Lehrenden hatte ich wenig Schwierigkeiten; ich war durchweg um ein Jahrzehnt älter als der Großteil der Studenten und wählte Themen, für die ich wirklich zuständig war. Der eigentliche Einschnitt bestand im nötigen Wechsel der Sprechweise.

Ich war aus der Gefangenschaft mit einer bestimmten Ausdrucksbeschränkung zurückgekehrt. Die Erfahrungen der zurückliegenden zehn Jahre hatten meine Sprache einerseits karger, anderseits gefühlsbetonter werden lassen. Ich bemerkte in Göttingen, daß ich mich von den Mitstudenten durch eine zwar ernstbestimmte, aber auch etwas verquollene Ausdrucksweise unterschied. Dieser Anflug von Verquollenheit wurde mir selbst bald peinlich, dann unerträglich. Ich wollte die Freiheit, mit der ich nun über mein Leben bestimmen konnte, auch für meine Sprache gewinnen. Und was sich in den lyrischen Versuchen spiegelte, galt auch für die Kommunikation mit anderen: Ich entdeckte die Möglichkeiten der Ironie. Wahrscheinlich hat mir dabei der Autor der Göttingen-Satire Hilfe geleistet, aber zu meinen Lieblingsautoren zählte Heine damals noch nicht. Mit der Ironie ließen sich Widersprüche fassen, mit der Ironie konnte man sich unangenehme Zeitgenossen vom Leibe halten, sich tarnen, sich Überlegenheit verschaffen. Ich tastete ihren ganzen Spielraum aus, ich genoß die Ironie und stand bald im Ruf, immer nur in der zweiten oder dritten Dimension zu reden, so daß man oft nicht wußte, woran man mit mir sei. So wurde ich für manchen zum unsicheren Kantonisten. Und ich vermute, daß ebendies auch Sigrid eine Zeitlang abgehalten hat, mir zu trauen – bis sie merkte, daß Ironie auch ein subtiles Ausdrucksmittel für Zärtlichkeit sein kann.

Daß aber dem Lehrenden Grenzen im Ironiegebrauch gezogen sind, wurde mir bald bewußt. Selbstverständlich hat die Ironie im Sinne des Sokrates, als Mittel der „Entbindungskunst", sogar eine wichtige Lehrfunktion: Sie entlarvt Scheinwissen; der Lehrer gibt sich selbst als Lernbegierigen aus und macht deutlich, daß nur die Einsicht in die eigene Unwissenheit zum Wissen führen kann. Doch bei mir war Ironie ja von anderer Art: sie lebte vom Widerspruch zwischen Gesagtem und Gemeintem, erlaubte Verstellung, Maskierung und kam dadurch der Freude am Schauspielerischen entgegen; sie verlangte, daß der heimliche Widerruf, das Dementi mitgehört, die Tarnung durchschaut wurde; sie spielte mit dem Hörer und zwang ihn, ständig auf der Hut zu sein, sie spielte Überlegenheit aus. In einem Zusammenhang gebraucht, wo ich mich ohnehin in der Position einer „Autorität" befand, konnte sie leicht anmaßend und verletzend wirken. So nahm ich, wenigstens als Dozent, Abschied von meinem sprachlichen Lieblingsspiel. Umgeleitet wurde das Vergnügen an der Ironie auf ein besonderes Interesse an literarischen Formen der Ironie.

Durch Albrecht Schönes Habilitation und Berufung nach Münster war am Göttinger Seminar eine Assistentenstelle freigeworden. Wolfgang Kayser hatte sich aber eine weitere erstritten, so daß er von 1957 an über zwei Assistentenstellen verfügen konnte. Eine bot er mir an. Lange hat mein Erstaunen angehalten. Noch vor wenigen Jahren hatte er in seiner Vorlesung Brecht zum Nicht-Dichter erklärt, jetzt akzeptierte er als Assistenten einen Brecht-Spezialisten. Das hohe Ansehen Plessners (ein paar Jahre später wurde er Rektor der Universität) mag mir zugute gekommen sein. Dennoch war Kaysers Wahl, durch die zugleich die Theaterwissenschaftliche als „Dramaturgische Abteilung" stärker an das Institut gebunden wurde, eine erstaunliche und auch beachtliche Entscheidung. Sie war ein Tribut an die liberalen Traditionen der Universität. Immer wieder bin ich als Doktorand, aber auch noch als Assistent gefragt worden, welche Zukunftschance ich mir denn als Autor einer Brecht-Arbeit ausrechne. Brecht war für die politische Führungsschicht der Adenauerzeit eher ein Gezeichneter; bekannt ist das Urteil des Außenministers Heinrich von Brentano, der Brecht mit dem Verfasser des Horst-Wessel-Liedes verglich. Die Universität aber und ein großer Teil der literarischen Öffentlichkeit folgten solchen politischen Vorgaben nicht.

Doch zog andererseits im Jahr 1959, als meine Dissertation unter dem Titel „Die Dramaturgie des späten Brecht" im Druck erschien, der Autor Brecht noch keinen Troß von Sekundärliteratur hinter sich her. Im Grunde brachten erst drei jüngere Adepten mit ihren Büchern in Westdeutschland die Brecht-Literatur in Trab. Zu ihnen darf ich neben Volker Klotz und Reinhold Grimm auch mich selbst rechnen. Die Vorreiter wurden mit mehreren Auflagen ihrer Bücher belohnt; „Die Dramaturgie des späten Brecht" erreichte die sechste Auflage.

Ich näherte mich der Dramaturgie der großen Exilstücke Brechts durch die Entgegensetzung einer offenen und einer geschlossenen Dramaturgie. Die geschlossene Dramaturgie folgt dem Baugesetz einer organisch sich entfaltenden, in sich geschlossenen dramatischen Welt, die ihren Charakter als Welt eines Spiels (als einer von Darstellern zu spielenden Welt) zu verleugnen sucht. Die offene Dramaturgie verzichtet auf den Anschein organischen Wachstums, kann die Künstlichkeit der Fügung eingestehen und Dichter, Regisseur und Publikum ins Bild der dramatischen Welt mit aufnehmen. Nicht das strenge Gesetz von Ursache und Folge gilt für die Reihung der Teile. Die dramatische Welt ist nur ein Teil des dramatischen Kunstwerks; sichtbar bleiben die Angeln, in denen sie hängt. Das Drama gibt sich als bloß beispiel- oder gleichnishaftes Abbild zu erkennen, gewinnt aber dafür die Freiheit des Spiels. Diese Entfaltung der Spielmöglichkeiten war es, die mich an Brechts eigener Inszenierung des „Kaukasischen Kreidekreises" fasziniert hatte.

Es kommt in Brechts Stücken zu einer Unterwanderung der Tragödie durch die Komödie. Die Person weicht der Forderung tragischer Selbstverwirklichung aus durch den listigen Versuch der Selbsterhaltung, aber die List bleibt fragwürdig, bleibt eine Tugend der „Notwehr" und von zwei Übeln nur das kleinere. Schreitet das Drama nicht fort zur Katastrophe der Tragödie (am ehesten noch in „Mutter Courage und ihre Kinder"), so doch auch nicht zum guten Ende der Komödie (ausdrücklich dem Publikum vorenthalten ist das glückliche Ende im Parabelstück „Der gute Mensch von Sezuan"). An den Figuren interessiert vor allem ihr zwischenmenschliches Verhalten, weniger ihre innere Befindlichkeit. Lessing, so sagt Max Kommerell in seinem Buch „Lessing und Aristoteles", hat den „mythischen" Fall des aristotelischen Dramas durch den „psychologischen" ersetzt. Brecht hat, so fand ich, den „psychologischen" durch den „soziologischen Fall" abgelöst.

Das Modell der offenen Dramaturgie erlaubte mir vergleichende Seitenblicke auf zeitgenössische europäisch-amerikanische Analogien, etwa bei Paul Claudel und Thornton Wilder. Der anaturalistische Zug der mit dem Zuschauer korrespondierenden Schauspielkunst, die von der Vorstellung einer „vierten Wand" Abschied nimmt, erklärt die Aufnahme grotesker Elemente, auch aus der Tradition der Commedia dell'arte. Weniger anziehend wäre für mich das „epische Theater" Brechts gewesen, hätte es in keinerlei Korrespondenzverhältnis zum Film, zur neuen Kunstform des 20. Jahrhunderts, gestanden. Ich sah im Film eine letzte Konsequenz der Illusionsbühne, genauer der naturalistischen Illusionsbühne: Der Zuschauer wandert mit der Kamera innerhalb der „vier Wände" umher, die Illusion ist vollkommen. Andererseits ist ein wesentliches Kennzeichen des Films die Montage, ist der Film auch eine episch-dramatische Mischform; darin zeigen sich Berührungen mit der offenen Dramaturgie. Dennoch steht die Illusionsfeindlichkeit der offenen Dramaturgie in Gegensatz zur Illusionistik der Filmdramaturgie. So wird eine dialektische Beziehung der Kunstformen sichtbar. Der Film, sobald er nicht mehr abfotografiertes Theater ist und sich verselbständigt, treibt die Gestaltungsprinzipien der vorgefundenen naturalistischen Illusionsbühne heraus, übersteigert sie und wirkt im Sinne einer Reinigung auf das Theater zurück. Daß ich nach meinen Erfahrungen in Jugoslawien in der politischen Gegenwart des geteilten Deutschlands die Möglichkeiten des sozialistischen Systems viel skeptischer beurteilte als Brecht, auch wenn seine eigenen Vorbehalte gegenüber dem SED-Staat drei Jahre nach seinem Tod kein Geheimnis mehr waren, versteht sich. Aber daß ich seine Prognosen nicht teilte, machte mich nicht blind für die Richtigkeit vieler seiner Diagnosen. Dennoch blieb das eigentlich Anziehende für mich Brechts Theaterästhetik. Das machte ich auch, wenn sich die Gelegenheit fand, meinen Studenten deutlich.

Im Mai 1957 vermittelte mir das Universitätswohnungsamt eine Zweizimmerwohnung, und zwar als Familien bzw. Zweipersonenwohnung. So kamen Pflicht und Neigung in schöne Harmonie und Sigrid und ich zum Trauring. Aber immer noch waren wir „Untermieter". Als wir 1960 eine eigene Wohnung in der Theaterstraße bezogen, hoch oben in einem Bankhaus, stand schon die Geburt unserer Tochter bevor. Am 24. Juni, am Johannistag, hielt ich sie in der Universitäts-Frauenklinik zum ersten Mal in meinen Armen. Meine Tochter nahm, indem sie mit ihren Händchen meinen Finger umklammerte, von mir Besitz. Ich weiß, alle Säuglinge haben diesen Klammertrieb. Aber den Mann möchte ich sehen, der solchen ersten Greifakt nicht als eine symbolische Vaterannahme versteht. Auf den Namen der Tochter hatten wir uns schon vorher geeinigt, aus gemeinsamer Neigung zu einer literarischen, einer Bühnenfigur.

Einmal im Jahr wurde auf der Bühne der Dramaturgischen Abteilung in der Geiststraße das Ergebnis einer Regieübung, eine Aufführung, öffentlich präsentiert. Unter den Stücken war eine Plautus-Bearbeitung von Jakob Michael Reinhold Lenz, Georg Kaisers Drama „Die Lederköpfe" und George Bernard Shaws Farce „Der Boxkampf". Für eine der Aufführungen hatten wir uns in eine besonders heikle Aufgabe eingelassen: die Einrichtung von Clemens Brentanos „Ponce de Leon", eines Lustspiels, in dem es von Reflexen der europäischen Komödientradition geradezu wetterleuchtete. Von einer sechs- hatten wir das Stück auf eine höchstens zwei- bis dreistündige Spieldauer zu kürzen. Das geschah in einer Übung des Wintersemesters. Auch in den Regieübungen des Sommersemesters behielt ich die Leitung, doch wurde die Regie immer einem begabten Studenten übertragen. Beim „Ponce de Leon" übernahm sie Christhart Burgmann, dem ich später oft wiederbegegnete, im Schauspielhaus der Stadt Köln, wohin er als Kulturredakteur des Westdeutschen Fernsehens gekommen war. Die Aufführung des „Ponce de Leon" hatte eine außerordentliche Publikumsresonanz, der phantasievollen Inszenierung und der beiden Hauptrollen, vor allem der weiblichen, wegen.

Was diese Gestalt des Bürgermädchens Valeria zu einer einmaligen Lustspielfigur macht, ist das Echo von Komödienfiguren Shakespeares und der Commedia dell'arte, die Verbindung mimischer und lyrisch-musikalischer Elemente, die Verschmelzung von Volkslied und Theater in einer colombinesken Figur. Die Darstellerin Barbara Grabenhorst, in den Ponce-Darsteller Jürgen Schoormann verliebt, tat das ihre dazu, daß alle Zuschauer hingerissen waren. Diese Aufführung war noch nach zwei Jahren so unvergessen, daß wir unserer Tochter den Namen Valeria gaben.

Die Aufführungen, auch die Feste, in der Geiststraße und die Gemeinschaft mit den Studenten, die hier viel enger war als in anderen Seminaren, gehören zum Bestand der hellen Erinnerungen an meine Assistentenzeit. Doch der plötzliche Tod Wolfgang Kaysers im Januar 1960, in seinem vierundfünfzigsten Lebensjahr, brachte vieles ins Wanken.

Kayser war in Berlin geboren. Er wirkte aber im öffentlichen Auftreten wie ein Mann romanischer Herkunft, nicht wie ein Berliner. Weder den Eindruck des einen noch des anderen machte er im persönlichen Umgang mit seinen Assistenten. Er liebte zwar den geselligen Kreis, und an Dämonie grenzte sein Glück in allen Spielen. Aber wo die Lust am Spielerischen nicht beteiligt war, konnte er verschlossen sein, zumindest uns mit Zeichen von Abwesenheit verunsichern. Albrecht Schöne hatte mich darauf vorbereitet: quälend sei seine Einsilbigkeit gewesen, wenn man aus dem Seminar zusammen nach Hause gegangen sei. Und Ursula Kayser berichtete nach seinem Tod Ähnliches vom gemeinsamen Frühstück, weihte mich auch in ein Geheimnis ein. Die Morgenstunden brauchte Kayser zu absoluter Konzentration. Er lernte nämlich seine Vorlesungen so gut wie auswendig. Die Brillanz des scheinbar freien Sprechens, der Eindruck der Improvisation verdankte sich einem ungewöhnlichen Gedächtnis. Kayser hatte die Fähigkeit, etwas rasch zu lernen und dann wieder zu löschen, so daß es sein Gedächtnis über den gespeicherten Grundbestand an Wissen hinaus nicht belastete. Solche Vortragskunst verlangte allerdings strengste innere Sammlung, und ich glaube, daß diese äußerste Anspannung, der er sich aussetzte, ihn einige Jahre seines Lebens gekostet hat.

Denn Kayser war, überall begehrt, oft zu Vorträgen in den USA und Europa unterwegs. Eine Woche vor seinem Tod sahen wir ihn in der Wohnung unserer Freunde. Peter Michelsen und Lilo, die ihr Engagement als Schauspielerin bei Heinz Hilpert aufgegeben hatte, feierten mit uns Peters Habilitation. Kayser, Anwalt der Habilitation, erschien als Ehrengast. Er war gerade aus Finnland zurückgekommen und wirkte überanstrengt, gesundheitlich angegriffen. Was wir an diesem Abend für vorübergehende Schwäche hielten, war bereits der Vorbote des Kollapses.

Kaysers Tod drohte mich aus der Bahn zu werfen, obwohl sich zunächst nichts zu ändern schien. Die damals enge Bindung des Assistenten an die Person des Ordinarius wurde mir zum Verhängnis. Neuberufene Professoren brachten ihre eigenen Assistenten oder Assistentenanwärter mit. Ich mußte wieder auf den Prüfstand, und zu brillieren fällt schwer, wenn man verunsichert ist. Jedenfalls hatte ich schließlich das Gefühl, mich auf einem Schleudersitz zu befinden. Freund Lothar Scheithauer, mein Assistentenkollege, von Hermann August Korff in Leipzig zu Kayser gekommen, wechselte zum Max-Planck-Gymnasium, folgte seiner Frau Edith, der späteren Bürgermeisterin von Göttingen, in den Schuldienst. Solche Ausweichmöglichkeit hatte ich mir verschlossen. Ich stand, für eine Assistentenstelle ohnehin eigentlich zu alt, vor dem vierzigsten Geburtstag. Für den Weg in den Verlag, die Dramaturgie oder den Rundfunk hatte ich den Anschluß verpaßt. Und meine jahrelangen Vorarbeiten für die Habilitation waren so weit fortgeschritten, daß ich sie nicht einfach preisgeben konnte. Meine Lage schien ausweglos.

Dann die glückliche Wende. Anderen war meine Situation nicht verborgen geblieben. Karl Otto Conrady, Dozent in Göttingen, wurde nach Saarbrücken, gleich danach auf einen Lehrstuhl in Kiel berufen und bot mir eine neue Chance. Und so machten wir uns gemeinsam zu erster Erkundung in die nördliche Landeshauptstadt auf. Ich mietete mir ein Zimmer in einem Vorort Kiels, jenseits des Nord-Ostsee-Kanals. Als ich im April, mit meinen Koffern im Volkswagen, auf dem Weg nach Kiel war, mußte ich an die Fahrt von Jessenice durch den Karawankentunnel denken. In Kiel lag ein sehr klares Licht über der Förde, und das Abendrot versprach einen guten Tag. Ich fühlte mich befreit.

Glückliche Kieler Sommer

Von den wenigen Jahren in Kiel sind mir vor allem die Sommer gegenwärtig geblieben. Die Frau des Romanisten Hinterhäuser, eine Italienerin, hat die Sommer-Atmosphäre Kiels und der Förde mit dem Ambiente italienischer Hafenstädte verglichen. Tatsächlich hatten das Licht und die Farben des Kieler Sommers an klaren Tagen etwas südlich Helles: mit dem Rot der Backsteingebäude, dem reinen Blau des Himmels und dem ganz sauberen Weiß der treibenden Wolken, denen die auf der Förde flitzenden Boote mit dem Weiß ihrer Segel zu antworten schienen.

Ich fuhr mit dem Fördedampfer nach Laboe hinüber, traf mich mit meinem Kollegen Dietrich Jöns, der schon mit seinen drei Kindern am Strand lag. Drei Töchter waren es, die mich mit skeptischen Blicken empfingen. Ich brach das Eis, indem ich drei Eis spendierte. Spendabel zu bleiben versuchte ich auch im folgenden Sommer, wenn wir von unserer neubezogenen Wohnung in einem Turmhaus die wenigen Kilometer zum Strand in Schilksee oder Strande gefahren waren und ich mich wieder väterlich meiner eigenen Tochter widmete. In den Sommerferien mieteten wir uns einen Strandkorb, und im Winter bestand immer noch die Möglichkeit, an die Schleuse des Nord-Ostsee-Kanals in Kiel-Holtenau zu fahren, wo die Schiffe sich hoben und senkten, Sprachlaute aus aller Herren Länder zu hören und die Phantasie der vierjährigen Valeria in die weite Welt hinauszuschicken. In den Nebelnächten des Spätherbstes und Winters rückten Nord-Ostsee-Kanal und Förde uns ins Haus und in den Schlaf, mit dem schaurig-schönen Getön der Nebelhörner, das dem Schläfer, der sich wohlig auf die andere Seite legte, seine eigene Geborgenheit bewußt machte. Alle Fotos, die aus der Kieler Zeit erhalten sind, zeigen eine glückliche Familie.

Nichts mehr spürte ich in Kiel von der harten Konkurrenzsituation in Göttingen. Großem Verständnis und Wohlwollen begegnete ich beim Altgermanisten Friedrich Ohly, einem Mann von ungewöhnlicher Lauterkeit, der erst 1955 aus sowjetischer Lagerhaft zurückgekehrt war. Seine Kieler Antrittsvorlesung, „Vom geistigen Sinn des Wortes im Mittelalter", erwies sich rasch als eine der bedeutendsten Schriften in der Altgermanistik der Nachkriegszeit.

Ich fühlte mich in Kiel von einer humanen Atmosphäre geradezu umfangen. Den Hierachie-Gedanken ließ mich Erich Trunz vergessen, der inzwischen als Herausgeber der Hamburger Goethe-Ausgabe landauf landab gerühmt wurde. An der Kieler Universität lehrten zu dieser Zeit einige junge Professoren mit Zukunft: der Romanist Harald Weinrich, später der erste deutsche Professor am Collège de France in Paris, oder Manfred Fuhrmann, als Klassischer Philologe später in Konstanz, der Literaturwissenschaftler Beda Allemann, der über Würzburg nach Bonn ging. Der gemeinsame Abend im Hause Trunz hat mit ihnen höchst anregende Verbindungen gestiftet oder verstärkt.

Karl Otto Conrady entlastete mich, wo es ging, und gebärdete sich nie als „Chef". Zu neuem Schwung befreit war meine Arbeitslust. Alles wichtige Material für meine komparatistische Habilitationsschrift über die Beziehungen zwischen der Commedia dell'arte, dem Théatre italien in Paris und dem deutschen Lustspiel des 17. und 18. Jahrhunderts hatte ich bereits in Göttingen gesammelt, hatte auch ein paar Kapitel der Arbeit schon fertig. Ein vorveröffentlichter Teil brachte mir eine beglückende Ermunterung Richard Alewyns ein. Was mich in Kiel erfaßte, war – ich kann es nicht anders bezeichnen – ein Schreibrausch. Das Vertrauen Conradys schien unbegrenzt; er meldete schon im Dezember 1963 meine Habilitation in der Philosophischen Fakultät an, zu einem Zeitpunkt, wo das wichtige letzte Kapitel gerade erst begonnen war. Eine so hektische und zugleich so fröhliche Weihnachtszeit wie damals habe ich nie wieder erlebt. Im Januar setzte ich den Schlußpunkt, und zum Ende des Wintersemesters gingen die maschinenschriftlichen Exemplare an die Fakultät.

Über meine Zukunft nach der Habilitation hatte sich bereits Friedrich Ohly Gedanken gemacht, der eine Zeitlang an der University of Chicago gelehrt hatte. Dort wurde jetzt durch Siegbert S. Prawers Berufung nach London eine Professur frei; Ohly schlug mich vor. Zu Ostern besuchte uns George Metcalf; die Verhandlungen waren erfreulich. Und als die Bestätigung aus Chicago eingetroffen war, buchten wir schon einmal Schiffskarten für die „Berlin". Mein Berliner Onkel borgte uns das Geld für einen neuen Volkswagen, den wir mit nach den USA nehmen und dort vor der Rückkehr verkaufen wollten, denn vorläufig war nur eine Vertretung der Professur vereinbart. Aber mußten wir überhaupt zurückkehren? Noch schien Amerika auch für deutsche Literaturdozenten ein Land der unbegrenzten Möglichkeiten zu sein.

Wir stimmten uns also auf unsere erste Ozean- und Amerikareise ein. Ein Aufbruch von Kiel stand bevor, aber mit anderem Ziel, als wir noch glaubten. Zu Anfang des Sommers kam aus Bonn Benno von Wiese zu einem Vortrag nach Kiel. Nach der Veranstaltung lobte er, eine Information Conradys zuspitzend, vor versammelter Professorenschaft meine Habilitationsarbeit. Überhaupt hatte ich nun das Gefühl, daß alle Menschen mir wohlwollten – eine Erfahrung, die ich so noch nicht kannte. Eines Abends läutete das Telefon, und es meldete sich Paul Böckmann aus Köln: Wolfgang Binder gehe zum Herbst nach Zürich, ob ich den freiwerdenden Lehrstuhl vertreten könne. Ich bedankte mich artig und verwies auf meine Verpflichtungen in Chicago. Wenige Tage später war Böckmann wieder am Apparat: Er sicherte mir im Auftrag des Kölner Dekans und der Kommission die Berufung nach Köln zu, falls ich in Chicago absagte. Der Verzicht auf eine Gastprofessur zugunsten eines Lehrstuhls konnte in Amerika nicht als Affront empfunden werden, und so brauchte ich keine Bedenkzeit.

Das Habilitationskolloquium war zwar keineswegs zur bloßen Formsache geworden, doch ging ich nun mit mehr Sicherheit hinein. Ich verabschiedete mich dann von der Kieler Universität mit einer Einführungsvorlesung, von der mir vor allem die Einstellung in Erinnerung geblieben ist, mit der ich das Podium betrat: Auch eine Vorlesung halten, heißt eine Rolle spielen. Im August traf aus Düsseldorf der Brief des Kultusministers ein, der mich zu Berufungsverhandlungen einlud. Er trug die Unterschrift eines Mannes, dessen universale Bildung mir später in der Nordrhein-Westfälischen Akademie der Wissenschaften großen Respekt einflößte: Paul Mikat. Der Düsseldorfer Brief besiegelte einen buchstäblich wundervollen Kieler Sommer.

Die Aula als Theater. Kölns Universität

Oktober 1964; die erste Kölner Fakultätssitzung, an der ich teilnehme. Immer wieder wundere ich mich, daß nicht alle mich mit erstaunten Blicken fragen: Was haben denn Sie hier verloren? Eben noch Assistent, jetzt Kollege gestandener „ordentlicher öffentlicher Professoren". Ich fühle mich wie in einem viel zu weiten Mantel und gleichzeitig wie in einem zu eng gewordenen Konfirmandenanzug. Beklommen nehme ich Platz. Der Dekan eröffnet die Sitzung, begrüßt die neuen Kollegen. Zunächst mich. Ich erhebe mich und setze zu ein paar Dankesworten an. Schon falsch; indignierte Gesichter. Die Rede, obwohl ohnehin kurz, bleibt mir im Halse stecken. Warum hat mir denn niemand einen Hinweis gegeben? Der Dekan begrüßt den alphabetisch nach mir kommenden Neuling. Der weiß, was sich gehört. Er steht nur auf und verbeugt sich nach allen Seiten. Erste Minuspunkte also für mich. Wie soll ich in diesem Kreis bestehen? Wie kann ich bedeutender erscheinen, als ich mich fühle? Ich schaue mich in der Runde um. Dort der ältere Herr – ein Althistoriker, wie ich bald erfahre – fällt durch ein gelegentliches Zucken des linken Auges auf. Eine Nervenreaktion wahrscheinlich. Aber die leichte Zuckung gibt ihm einen Anflug von geistig-nervöser Sensibilität, die ihn interessant macht. Etwas in der Art brauche ich auch. Vielleicht von Zeit zu Zeit ein nervöses Zucken der rechten Achsel?

Ich nehme mir vor, es zu Hause vor dem Spiegel zu probieren. Aber dann lasse ich doch den Gedanken fallen. Das Achselzucken könnte als Zweifelsbekundung und Überheblichkeit mißverstanden werden.

In eine andere Situation der Unsicherheit brachte mich die Antrittsvorlesung in der Aula. Vorgeschriebener Anzug: Talar. Das Tragen dieses Kleidungsstückes kann schon 1964 keine allgemeine Herzenssache der Kölner Universität mehr gewesen sein. Denn die meisten meiner Kollegen besaßen keinen eigenen Talar und waren auch nicht bereit, sich einen anfertigen zu lassen. Man benutzte die im Kleiderschrank des Dekanats hängenden, von verstorbenen Kollegen zurückgelassenen Exemplare. Auch für mich fand sich die richtige Größe, und so schritt ich im feierlichen Zug mit dem Talar in Fakultätsfarben und mit einer barettartigen Kopfbedeckung (die ich zur Antrittsvorlesung selbst abzunehmen hatte) in die Aula, einem protestantischen Pfarrer sehr ähnlich. Ich fühlte mich in dieser Verkleidung nicht unwohl, eher etwas lächerlich. Ich war kein Barrikadenkämpfer gegen Traditionen, habe der Bewahrung des Zeremoniells an angloamerikanischen Universitäten nie meine Achtung versagt; es hat mir später auch nichts ausgemacht, als Gast englischer Colleges im „gown" zu Tisch zu gehen. Aber in Köln war ich jetzt zu Hause, und ich hatte nun einmal ein gebrochenes Verhältnis zu jeder Art von Uniform. So bin ich wohl mit einem selbstironischen Zug um die Mundwinkel aufs Katheder gestiegen. Auch hier half mir wieder die Vorstellung, eine Rolle zu spielen. Sie war gerade in der Kölner Aula gar nicht abwegig. Denn in den ersten Jahren nach dem Krieg, als im zerstörten Köln auch die Theater in Trümmern lagen, hatte die Universitätsaula als Spielstätte gedient. Das war die Zeit, da der Rektor der Universität, der Klassische Philologe Josef Kroll, zugleich die Geschäfte des Kulturdezernenten der Stadt führte. Mir war, wie man sich denken kann, diese historische Pointe, die Verbindung von Theater und Universität, nicht unsympathisch.

In der Aula hielt ich bald auch meine Vorlesungen, denn von meinem Vorgänger hatte ich eine große Zuhörerschaft übernommen. Dabei lagen unsere Arbeitsgebiete eher aus- als beieinander: Wolfgang Binder, ein gebürtiger Schwabe, war Hölderlin- und Schiller-Spezialist. Aber offenbar wählten viele Studenten ihre Lehrer nicht unbedingt seiner Fachgebiete wegen. Von Binder übernahm ich ein schweres Erbe. Anders ausgedrückt: ich fühlte mich wie ein Nichtschwimmer, den man einfach ins Wasser geworfen hat. Binder war nämlich nach Zürich abgedampft und hatte mir zur Prüfung (gleich in den ersten Monaten) etwa dreißig Staatsexamenskandidaten hinterlassen, die mich nie vorher gesehen hatten und insofern mehr zu bedauern waren als ich, auch wenn ich mich nun überstürzt auf Prüfungsgebiete einstellen mußte, die bei Binder gewählt worden waren. Mir half das Dilemma zu wichtigen Erfahrungen. Ich lernte, einen Zwang in einen Vorteil zu verwandeln: Die Improvisation, zu der ich genötigt war, behielt ich als Prinzip bei, und ich hoffe, daß die Prüfungen gerade deshalb nicht nach vorgestanzten Mustern verliefen, sondern locker bleiben konnten – zumal mich Helmuth Plessner durch sein Negativbeispiel gelehrt hatte, daß der Prüfer beweglich sein muß. Ein Bindeglied zu Binder war immerhin sein Schüler Jürgen Jacobs, Dr. jur. und Dr. phil., ein weltläufiger junger Literaturwissenschaftler, den ich mir gern als Assistenten empfehlen ließ.

Ich war unter meinen Kollegen im Institut der Benjamin, alle außer mir hatten die sechzig überschritten: die Altgermanisten Joseph Quint und Fritz Tschirch, Paul Böckmann, dessen „Formgeschichte der deutschen Dichtung" Schule machte, und Gerhard Fricke. Vorzeitig emeritieren ließ sich Fricke. Seine Vergangenheit holte ihn ein; so wurde er zur unglücklichen Figur unseres Instituts. Bekannt geworden war Fricke vor allem durch seine existentialistische Kleist-Deutung im Kleist-Buch von 1929. Mit seiner Rede zur Göttinger Bücherverbrennung im Mai 1933 begann aber eine unselige Entwicklung. Fricke war aus dem protestantischen Pfarrdienst ausgebrochen, und wie so manche der Kirche Entlaufenen hatte er offenbar das Heil nun im Nationalsozialismus gesucht. Er wurde zu einem der Wortführer der „Deutschwissenschaft", der „völkischen" Literaturgeschichte. Mochte Nationalistisches in seinen Schriften mit der Herkunft aus dem deutsch-polnischen Grenzland zu erklären sein, so blieben seine Ausfälle gegen das Jüdische noch in den letzten Jahren des „Dritten Reichs", als das Brandmal des Judensterns für jedermann sichtbar war, unverständlich. Andererseits hatte er als Lehrstuhlinhaber an der „Deutschen Reichsuniversität Straßburg" Klaus Ziegler, dem ins Abseits geratenen früheren Sozialdemokraten, zur Habilitation verholfen.

Ich lernte ihn in Köln als einen durch seine Magenkrebsoperation Gezeichneten, als nervösen und verunsicherten, aber geistig anspruchsvollen Kollegen kennen, als liebenswürdigen Gastgeber. Die Gewissensbisse fraßen an ihm – was sich von so manchen anderen in die völkische Literaturideologie Verstrickten nicht sagen ließ. In der ersten Vorlesung des Sommersemesters 1965 versuchte er den Studenten seinen Irrweg im „Dritten Reich" zu erklären. Das Erstaunliche dabei war, wie mir berichtet wurde, das Desinteresse oder Unverständnis, jedenfalls eine gewisse Hilflosigkeit beim Gros der Studenten. Noch hatten die Alarmglocken der 68er-Bewegung nicht geläutet. Doch glaubte Fricke, daß seine letzte Stunde als Hochschullehrer geschlagen habe, als Richard Alewyn in seiner Dokumentation der deutschen Barockforschung auch einen Beitrag von ihm aufgenommen und Walter Boehlich aus diesem Anlaß in einem scharfen Angriff Frickes Vergangenheit wieder ins Gedächtnis gerufen hatte: Fricke schied aus dem Dienst. Als seinen Nachfolger wählten wir den Alewyn-Schüler Herbert Singer, für den die Berufung eine Rückkehr nach Köln bedeutete: Hier hatte er während Alewyns Kölner Zeit studiert.

Mit der Ablösung Frickes trat eine Situation ein, deren Problematik mir in schmerzlicher Erinnerung war. Singer kam mit seinem eigenen „Stab" aus Hamburg, Fricke „hinterließ" zwei Assistenten. Daß ich mir bei den Verhandlungen von 1964 eine dritte Assistentenstelle ausbedungen hatte, erwies sich jetzt als Glücksfall. Ich konnte nicht nur einen, sondern beide Assistenten Frickes übernehmen. Sie haben es mir mit ihrer späteren Freundschaft vergolten: Hans Dietrich Irmscher, international als der beste Kenner Herders anerkannt, und Werner Keller, Goethe-Spezialist und in den neunziger Jahren als Präsident der Internationalen Goethe-Gesellschaft unermüdlich in seinen Initiativen für notleidende Wissenschaftler des zerfallenen Ostblocks.

Während der ersten Kölner Jahre hatte meine Assistentenzeit bei Wolfgang Kayser noch einmal ein Nachspiel. Ursula Kayser griff eine Verlagsanregung, Kaysers „Geschichte der deutschen Ballade" neu herauszubringen, auf und bat mich, die Bearbeitung zu übernehmen. Wenn ich mich recht erinnere, hatte sie sich zunächst an den befreundeten Albrecht Schöne gewandt. Schöne aber war mit andern Plänen beschäftigt. Ich versprach, mich mit der Aufgabe vertraut zu machen und zunächst einmal eine Vorlesung über die deutsche Ballade (genauer: die sogenannte Kunstballade) zu halten. Das geschah im Wintersemester 1965/66.

Es war eine Vorlesung gegen den Strich. Mir war die Ballade als Gattung geradezu verdächtig. In der Zeit zwischen den Weltkriegen hatte man sie immer wieder als eine deutsche Gattung gefeiert, als den reinsten dichterischen Ausdruck des „deutschen Wesens". Und bei Wolfgang Kayser, im Vorwort aus dem Jahre 1936, las ich:

„Balladendichtung. Ein Stück Welt öffnet sich, in dem es dröhnt von dem Hufschlag anstürmender Pferde, Rüstungen blitzen, herrische Rufe werden laut, es gibt nur Sieg oder Tod im Zusammenprall, aber über dem Sterbenden noch steht das Ziel, dem er treu blieb, und der einzelne wird zu einem aus der Schar der ewigen männlichen Kämpfer. Oder ein anderer Ausschnitt: da lauert hinter dem Menschen eine größere Macht, kündet sich im Rauschen des Waldes und des Meeres oder im nahenden Sturm an, ballt sich zusammen, überfällt und vernichtet ihn. Und wieder ist es kein Ausschnitt aus einer einmaligen Zufälligkeit; wir spüren nicht mehr einen Dichter, der da spricht, sondern werden mitgerissen in diese Welt des Ungesicherten und Schicksalhaften. Wir erkennen die Weltausschnitte als zu uns gehörig und verbindlich an."

Aber als zu uns gehörig und verbindlich empfand ich diese Welt des Hufgedröhns, der Rüstungen und der herrischen Rufe oder des im Waldesrauschen raunenden Schicksals eben gar nicht. Kaysers Vorliebe für die heroische Ballade war mir völlig fremd, fremd waren mir zumal die Heldenballaden des 19. Jahrhunderts, die widerhallen vom Schwertgeklirre – so, als sei das Schießpulver überhaupt noch nicht erfunden. Da hielt ich es doch lieber mit Theodor Fontane, der 1878 im Rückblick auf seine eigene Balladenproduktion an den niederdeutschen Dichter Klaus Groth schrieb:

> So güng dat männig, männig Joahr,
> Awers as ick so rümmer und fortig woahr,
> Doa seggt' ick mi: Min Fründ, si mi nich bös,
> Awers all dat Tüg is to spektakulös,
> Wat süll all de Lärm? Woto? Upp min Seel,
> Dat allens bummst und klappert to veel.

Schon im Laufe der Neulektüre von Kaysers Balladengeschichte war mir klargeworden, daß eine bloße Überarbeitung unmöglich war, daß die Geschichte der deutschen Ballade neu geschrieben werden mußte. Meine Vorlesung wurde zum Versuch einer Neuorientierung. Um von den gängigen Typologien (heldische, numinose, totenmagische, naturmagische, historische, Ideenballade usw.) wegzukommen, trennte ich von einer „nordischen" eine Legendenballade und kam dadurch zu einer neuen Sicht eines Teils Goethescher und Schillerscher Balladen und vor allem zu einer neuen Würdigung der Romanzen Heines und der Balladen Brechts. Bald wußte ich, daß ich mich mit meiner Unterscheidung, so fruchtbar sie für Neuentdeckungen war, nur einem neuen Systematisierungszwang unterworfen hatte. Der eigentliche Wert meiner kritischen Neuorientierung lag wohl darin, daß Heine in die deutsche Balladengeschichte heim- und Brecht endgültig in sie eingeholt wurde. Die Vorlesung erschien 1968 im Göttinger Verlag Vandenhoeck & Rupprecht, in dem bald Winfried Hellmann für Literatur und Geschichte verantwortlich sein sollte, unter dem Titel „Die deutsche Ballade von Bürger bis Brecht". Sie wurde eines meiner meistgelesenen Bücher. Und sie war noch einmal ein später Ableger der Göttinger Zusammenarbeit und, da ich die Rolle des Opponenten einnehmen mußte, Auseinandersetzung mit Wolfgang Kayser.

Im Rheinland kann sich keine Institution in der Zeit zwischen Weiberfastnacht und Aschermittwoch ganz dem Karnevalstreiben entziehen. Auch unser Institut für Deutsche Sprache und Literatur entrichtete – bis zu den Tagen der Studentenbewegung – dem Karneval seinen Tribut mit einem Fest, bei dem nicht nur getanzt wurde, sondern auch Studenten und Professoren ihren versteckten oder unterdrückten mimischen Fähigkeiten freien Lauf ließen und gelegentlich die Rollen tauschten. So spielte ich in einem Sketch einen Neuimmatrikulierten, der ratlos im Dschungel der Lehrangebote und Hörsäle herumirrt.

In der Kölner Theaterwissenschaft tummelten sich zu dieser Zeit so manche schauspielerischen und kabarettistischen Talente, die zumeist auch unser Fach studierten und bei unseren Aufführungen den Ton angaben. In einem Sketch, der die Professorenrunde persiflierte, wurde meine Rolle von einem Studenten gespielt, der zwar einen Kopf größer war als ich, im übrigen aber in Sprache und Gestik Charakteristisches so genau traf, daß ich mich selbst zu hören und im Spiegel zu sehen meinte. Der Student hieß Jürgen Flimm.

Flimm gehörte auch zu dem Kreis von Studenten, den wir am Ende des Sommersemesters in unser Hoffnungsthaler Haus zu laden pflegten. Er hat aber bald erkannt, daß jeder die Universität zu rechter Zeit verlassen muß. Er war nicht dafür geschaffen, in Archiven zu recherchieren oder für ein Examen zu büffeln. Ihn drängte es zur Theaterarbeit, und so brach er das Studium ab, sobald er als Regieassistent angenommen war. Er hat, als er schon ein bedeutender Regisseur und Theaterleiter war, bei der Feier seines fünfzigsten Geburtstags in Salzburg, August Everding seinen Regielehrer genannt. Er hat sich aber auch – im Gegensatz zu vielen anderen Künstlern – nicht gescheut, einen Literaturwissenschaftler seinen Lehrer zu nennen. Offenbar gab es in meinem Bücher-Seminar einen Moment, wo ihm plötzlich das Literaturstudium interessant wurde: als ich von der philologischen Untersuchung zu der Frage überging, wie denn nun ein Regisseur diese Szene auf der Bühne zu realisieren habe. Die Freundschaft mit Jürgen Flimm ist eine der schönsten Folgewirkungen meiner Lehrtätigkeit.

In den achtziger Jahren dann habe ich in jedem Sommersemester Seminare in *creative writing* gehalten, Übungen für „schriftstellerische Versuche von Studenten" unter dem Titel „Literatur lebendig". Doch ich will nicht behaupten, daß spätere freie Schriftsteller wie der Erzähler Jochen Langer oder der Lyriker Norbert Hummelt bei mir das Schreiben gelernt hätten. Allenfalls durch Kritik konnte ich ihnen weiterhelfen. Und überhaupt nicht in einem „Schriftstellerseminar", wohl aber im Doktorandenkreis der ersten Kölner Jahre saß eine Studentin, die später als Lyrikerin Furore machte. Ulla Hahn fiel mir sogleich durch ihre besondere geistige Beweglichkeit auf. Sie hockte nicht nur am Ort des Studiums, sondern versuchte beispielsweise schon mit der Arbeit von Rundfunkanstalten vertraut zu werden, hatte eine unwiderstehliche Art, sich Türen zu öffnen. Bei mir traf sie auf eine Schwäche und Vorliebe für unkonventionelle Intelligenz, und so wurde sie Mitarbeiterin an meinem Lehrstuhl. Sie wollte eine Doktorarbeit über die Sprache des Films schreiben. Als sich dann die Studentenbewegung ankündigte, drängte es sie zu anderen Themen, im übrigen zog sie bald ein stärkerer Magnet als der „Doktorvater" nach Hamburg. Dort schloß sie ihr Studium mit einer Arbeit über „Literatur in der Aktion" ab. Als Redakteurin bei Radio Bremen lernte sie bei einer Literaturtagung in Wien Marcel Reich-Ranicki kennen, der sie nach ihrer eigenen literarischen Beschäftigung fragte. Sie schickte ihm Gedichte, und es begann, zunächst im Feuilleton der „Frankfurter Allgemeinen Zeitung", jener wundersame Aufstieg der Ulla Hahn, der zum Schulbeispiel für die Wirkung und zugleich Spaltung der Literaturkritik wurde. Weder das Verschwinden Ulla Hahns aus Köln noch die Literaturfehde um sie konnten ein Hindernis für unsere Freundschaft sein.

Daß ich aus dem Bericht über meinen ersten Auftritt in der Kölner Philosophischen Fakultät eine selbstironische Skizze habe machen können, deutet ein im Grunde lockeres Verhältnis zu meinen Kollegen an. Mit Hilfe des Romanisten Fritz Schalk und des Philosophen Karl-Heinz Volkmann-Schluck gelang es, in der Kölner Fakultät einige ungewöhnliche, nämlich „kumulative" Habilitationen durchzusetzen, bei denen sich die Wissenschaftler mit bereits erschienen Büchern qualifizieren. So konnten die Literaturkritikerin Marianne Kesting, Autorin von Büchern zur modernen Ästhetik, und der freie Wissenschaftler Eckhard Heftrich, Verfasser von Büchern über Novalis, Nietzsche und Stefan George, für die Universität gewonnen werden. Fast selbstverständlich war es, daß ich mich nach Herbert Singers Tod für die Habilitation seines Assistenten, des Doderer-Spezialisten Dietrich Weber, einsetzte, auch für die Habilitation des Alewyn-Schülers Volker Neuhaus, der später die Werke von Günter Grass herausgab und mit seiner Frau Anita Overvien in Köln die Galerie ON gründete, eine originelle Begegnungsstätte von Kunst und Literatur. Zum Mitherausgeber der „Neuen Rundschau" machte der S. Fischer Verlag einen meiner früheren Mitarbeiter, Uwe Wittstock.

Die Studentenrevolte von 1968 beendete zwar in Köln vorerst die Zeit der Talare, aber gemessen an Universitätsstätten wie Berlin und Frankfurt blieb Köln ein Nebenschauplatz. Ich hatte mir ein paar Semester lang bei jeder Vorlesung das Mikrofon zu erkämpfen, weil immer ein Agitator am Pult stand und sich nur mit sanfter Gewalt wegdrängen ließ. Doch blieben mir ernsthafte und kränkende Störungen erspart.

Der von Amerika herüberkommenden Welle der Frauenforschung konnten wir mit Gelassenheit entgegensehen. Militantem

Feminismus begegneten wir ohnehin nicht, obwohl Alice Schwarzer und die Redaktion der Zeitschrift „Emma" sich in Köln niederließen. Gerade in den Sprach- und Literaturwissenschaften war der wachsende Anteil sehr begabter Frauen unübersehbar, und so war es keine Frage der Frauenquote, wenn ich wie Joachim Bumke, der gerühmte Erforscher mittelalterlicher Literatur und Kultur, eine Zeitlang nur Assistentinnen als wissenschaftliche Mitarbeiter hatte. Die brillanteste und zielbewußteste unter ihnen, Hiltrud Gnüg, mit einer Arbeit über Don Juan promoviert und mit einer Schrift über „lyrische Subjektivität" habilitiert, wurde, wie vor ihr schon Jürgen Jacobs, im Anschluß an die Habilitation gleich an die Universität Bonn berufen.

Vergangenheit wurde noch einmal Gegenwart, als der Freund Karl Otto Conrady nach Köln kam. Hier entstanden die Bücher, die ihn am meisten bekannt gemacht haben: „Das große deutsche Gedichtbuch" und die zweibändige Goethe-Biographie. Unter seinen Mitarbeitern war Wilhelm Voßkamp. Uns verbindet das Gesetz der Serie. Er war mir in Kiel in der Assistentenstelle gefolgt und sollte, nach erfolgreichen Jahren in Bielefeld, zumal im „Zentrum für interdisziplinäre Forschung", 1987 auch mein Nachfolger in Köln werden.

Mit großer Befriedigung habe ich ein Jahrzehnt lang in der Prüfungsgruppe für den Schwerpunkt „Exilforschung" der Deutschen Forschungsgemeinschaft mitgearbeitet, zusammen mit Eberhard Lämmert, Wolfgang Schieder und Wolfgang Frühwald, dem späteren Präsidenten der DFG. Diesem Forschungsschwerpunkt, dessen engagierter Referent Manfred Briegel war, ist der enorme Aufschwung der lange vernachlässigten Exilforschung zu verdanken. Endlich wurde die Vertreibung von Politikern, Wissenschaftlern und Künstlern durch das Hitlerregime, wurden die Exilsituation und die Akkulturationsversuche in Ländern aller Erdteile historisch gesichtet und dokumentiert.

Als ich 1987, vor Studenten, Freunden und Gästen, meine Abschlußvorlesung (über Heinrich Heine) hielt, gedachte ich gleichwohl nicht, mich zu verabschieden. Und tatsächlich habe ich nach meiner Emeritierung noch einige Bücher schreiben können, die in ihren Grundzügen schon eine Zeitlang im Kopf bereitlagen. Aber in einem anderen Sinne rundete sich doch unmittelbar im Jahr 1987 die Kölner Universitätszeit. Unsere Tochter Valeria schloß ihr Medizinstudium in Köln ab. Sie hatte sich für die Doktorarbeit ein medizinhistorisches Thema gewählt, mit dem sie eine Brücke zu ihrem Vater schlug, der zu sehr an den Schreibtisch gebannt und zu wenig für seine Tochter da gewesen war, ein Thema über den Arztdichter oder Dichterarzt Arthur Schnitzler. Sie hatte sich in der Psychoanalyse kundig gemacht und ein paar Monate lang in der Wiener Akademie der Wissenschaften unveröffentlichte Tagebücher Schnitzlers studiert. Das Buch, das so entstanden war, über Träume im Werk Arthur Schnitzlers, hat manchen zustimmenden Leser gefunden, aber keinen so glücklichen wie ihren Vater.

Kölns Literaturquintett: Böll, Bender, Becker, Brinkmann, Wellershoff

Eine Veranstaltung der Reihe „Schriftsteller der Gegenwart in der Diskussion" im Hörsaal I. – Gast ist diesmal der in Köln lebende Autor Rolf Dieter Brinkmann. Er hat gerade mit seinem Gedichtband „Piloten" den frischen Wind der Anarchie in die Lyrik gebracht, er bekennt sich als Bundesgenosse nicht von Dichtern im eigenen Lande, sondern von amerikanischen Autoren wie William S. Bourroughs, Charles Bukowski oder Frank O'Hara und Ted Berrigan, auch wenn erst der Titel des Gedichtbandes „Westwärts 1 & 2" (1975) programmatisch ist. Er will, nach amerikanischem Vorbild, der Pop- und Underground-Kultur in Deutschland den Weg ebnen. Er hat für die Veranstaltung mehr als eine bloße Lesung von Gedichten angekündigt.

Seine Erscheinung bereitet auf die Antidichterlesung vor. Er tritt mit einem riesigen schwarzen Hut auf, der weder ein texanischer Cowboyhut noch ein spanischer Sombrero ist, aber trotz der Vergrößerung irgendwie an beide erinnert. Hinter einem Vorhang, aber nur halb verdeckt, hat er einen Musiker postiert, der die Texte weniger untermalen denn verfremden soll. Und in der ersten Bankreihe des Hörsaals sind Pärchen verteilt, die sich durch sehr lockere Kleidung von den Besuchern unterscheiden.

Dann beginnt die Performance. Brinkmann liest Texte, die Saiten des Musikers zirpen heftig gegen lyrische Stimmung an, in der ersten Bankreihe beginnen die Pärchen muntere Liebesspiele. Brinkmann denkt sich das Ganze als ein Crescendo. Die Sprache wird aufreizender, die Musik anarchischer, das Liebestreiben verwegener. Brinkmann wünscht sich Ekstase, er fordert das Publikum zum Love-in auf.

Aber das Publikum verharrt nicht nur in merkwürdiger Lähmung; Unruhe und Stimmen stören die Performance. Weder ästhetische noch moralische Entrüstung wird laut. Aber eine Gegenkraft ist am Werk, mit der Brinkmann nicht gerechnet hat. Es ist nämlich 68er-Zeit, und ein Vortrupp unter den Germanisten hat ganz andere Absichten, als sich hier in ein Love-in hineinziehen zu lassen. Er will diese Veranstaltung – wie es im geläufigen Jargon heißt – „umfunktionieren". Schon erhebt sich der Chefideologe zu einer Brandrede gegen die Professoren. Brinkmann, obwohl auch nicht eben ein Parteigänger der Professoren, ringt um Fassung, sucht seine Aktion zur Befreiung des Körpers aus bürgerlich-moralischen Banden zu retten. Der Wortführer der studentischen Stoßgruppe sieht in diesem Kunsttreiben nur ein verfeinertes Mittel bürgerlicher Ablenkung vom Klassenkampf und verlangt, daß man sofort aufbricht, um im Institut die Macht zu ergreifen und in die Hände des Volkes, also der Studenten zu legen. Die Aufforderung zum Love-in und die zur Institutsbesetzung, die Botschaft der Happening-Kultur und die Botschaft der Studentenbewegung stehen jetzt hart gegeneinander, und der Wettstreit bekommt einen ausgesprochen theatralischen Charakter; der größte Teil des Publikums genießt eine turbulente Stegreifaufführung. Noch einmal schmettert Brinkmann einen Text in den Saal, der Musiker ist schon aus dem Konzept geraten, noch einmal laden die Pärchen mit lasziven Gebärden zur Enthemmung ein. Dann bricht die Performance zusammen. Brinkmann ist wütend, nennt die Zuschauer hoffnungslose Fälle und Arschlöcher. So endet das Happening mit einer Publikumsbeschimpfung.

„Publikumsbeschimpfung", ein Theaterstück von Peter Handke, hatte schon ein paar Jahre zuvor die Bühne erobert. Auch Handke war Gast in unserer Veranstaltungsreihe und hatte solchen Zulauf, daß die Massen von Hörsaal I in die Aula umgeleitet werden mußten. Zu dieser Zeit wurde endgültig klar, daß Handkes Protesthaltung, vor allem seine sensationelle Schriftstellerbeschimpfung auf der Tagung der „Gruppe 47" in Princeton (1966), von Teilen der Studentenbewegung mißverstanden worden war. Sein Hohn gegen „Beschreibungsimpotenz" hatte weder mit der Parole vom „Tod der bürgerlichen Literatur" noch mit dem politischen Protest der Außerparlamentarischen Opposition etwas gemein. Die Differenzen wurden während der Veranstaltung offenkundig. Mitten im Publikum saß Rolf Dieter Brinkmann. Er begleitete uns dann zum Kölner Maler Bernd Bomeier, der uns in seine Wohnung eingeladen hatte. Handke und Brinkmann kamen ins Gespräch; dabei berichtete Handke über einen amerikanischen Bürgerschreck, der vor einer Honoratiorenversammlung öffentlich verkündet hatte, er möchte am liebsten diese ganze Gesellschaft mit der Maschinenpistole niederknallen. Die Erzählung muß großen Eindruck auf Brinkmann gemacht haben, denn wenig später las ich in der Zeitung einen Bericht, wonach Brinkmann bei einer Veranstaltung in der Berliner Akademie der Künste mit ebendenselben Worten und Gesten gedroht und Rudolf Hartung unter Protest den Saal verlassen hatte. Trotz aller Verdienste Brinkmanns um die Übersetzung amerikanischer Lyrik und ihre Einbürgerung durch Anthologien wie „Acid" und „Silver Screen" (1969) hatte diese Art des *épater le bourgeois* die Anrüchigkeit des Plagiats. Aber ebenjenen hehren Kunstbegriff, nach dem der Plagiatsvorwurf den Künstler disqualifizieren mußte, warfen ja Brinkmanns Happenings fröhlich über den Haufen.

Heute sind Poetik-Dozenturen und Schriftstellerlesungen an Universitäten nichts Ungewöhnliches mehr. Aber um 1968 waren sie eine Rarität, und es standen für sie in Köln keine Mittel zur Verfügung. Ich konnte die Veranstaltungsreihe überhaupt nur mit Hilfe des „Vereins der Freunde und Förderer" der Kölner Universität finanzieren. Wir zahlten deshalb allenfalls ein mittleres Honorar, aber in einem Falle war die Lesung selbst das nicht wert.

Peter Faecke, Kulturredakteur beim Westdeutschen Rundfunk Köln und gerade durch ein paar Romane bekannt geworden, rückte mit dem Berliner Hörspiel-Theoretiker Friedrich Knilli, der zufällig im Funkhaus zu tun hatte, und einem Tonband an. Er hatte wohl von Brinkmanns Publikumsaffront gehört und wollte dessen Provokation noch übertreffen. Sein Beitrag zur Reihe „Schriftsteller der Gegenwart in der Diskussion" bestand in einer Lesung des Grundgesetzes der Bundesrepublik vom Tonband; er wollte auf eine Kluft zwischen Gesetzestext und seiner Realisierung aufmerksam machen und mit seiner Lesung die Lunte für eine politische Diskussion auslegen. Auch diese Provokation war mittlerweile alles andere als originell. Und die gelangweilte Art, mit der er seiner eigenen Stimme zuhörte, trug zur Ermunterung des Publikums nicht eben bei. Der emeritierte Paul Böckmann, Hölderlin-Forscher und Herausgeber der einige Jahre zuvor erschienenen Anthologie „Hymnische Dichtung im Umkreis Hölderlins", verließ unter Kopfschütteln den Hörsaal. Er verstand die Welt, jedenfalls die literarische, nicht mehr und hielt in diesem Augenblick den Verantwortlichen, also mich, sicherlich für einen Kulturbanausen. Dieser Verdacht wäre leichter zu ertragen gewesen, hätte die Grundgesetz-Lesung wenigstens einen Eklat ausgelöst. Aber am Ende war es im Hörsaal wie gelegentlich im Bundestag: Als die Debatte begann, waren die Bänke fast leer.

Auf keinerlei Provokation legte es ein Autor an, den man gewiß nicht zu den gestrigen zählen konnte: Hans Bender. Der im Kraichgau geborene Wahlkölner hatte gerade, nach vierzehnjährigem Duumvirat mit Walter Höllerer, die alleinige Leitung der literarischen Zeitschrift „Akzente" übernommen; seine Wohnung (und Redaktion) in der Taubengasse war längst zum Anlaufpunkt der Manuskripte, zum Projektionsort der Hoffnungen des literarischen Nachwuchses geworden, und manches Talent verdankte seine Entdeckung tatsächlich ihm. Erst verhältnismäßig spät hatte er Erlebnisse seiner mehrjährigen Gefangenschaft in Rußland zum Gegenstand eines Romans gemacht („Wunschkost", 1959), aber früh schon war er mit Kurzgeschichten Hemingwayscher Prägnanz zu Literaturpreis-Ehren und in die Schulbücher gelangt. Mit Kurzgeschichten bestritt er auch seine Lesungen. Aber immer mußte er gewärtig sein, daß ein Teil der Hörer nicht allein des Schriftstellers, sondern auch des „Akzente"-Herausgebers wegen gekommen war.

Da machte die Veranstaltung in unserer Reihe keine Ausnahme. In der Universität war ein Interesse an der Geschichte der Nachkriegsliteratur, die Bender durch seine Zeitschrift mitgelenkt hatte, selbstverständlich. Und schließlich saßen hier, mehr als anderswo, verkappte junge Dichter, die von einer Erstveröffentlichung in den „Akzenten" träumten und den Herausgeber sehen, möglichst auch sprechen wollten. So wurde bei Bender die Standardfrage „Warum schreiben Sie?", die mittlerweile die Schriftsteller schon zur Verzweiflung brachte, ersetzt durch eine andere: „Nach welchen Maßstäben wählen Sie die Texte für die 'Akzente' aus?" Die Frage pflegte Bender damit zu beantworten, daß er seine ästhetischen Kriterien aus den Erfahrungen im Leben mit Texten gewonnen habe.

Diese Erfahrungen reicherten sich an durch die Herausgabe von Jahrbüchern und Anthologien und die Tätigkeit in vielen literarischen Gremien. Eine dieser Tätigkeiten führte uns Anfang der neunziger Jahre enger zusammen. Die nach der Ermordung Jürgen Pontos von der Witwe Ignes Ponto und der Dresdner Bank ins Leben gerufene „Jürgen Ponto-Stiftung zur Förderung junger Künstler" vergibt alljährlich auch einen Literaturpreis. Sie gewann Hans Bender als Berater, und seit dem Ausscheiden von Golo Mann aus dem Kuratorium suchen wir beide alljährlich, mit Hilfe der Verlagslektoren, einen jungen Preisträger.

In seinem Roman aus dem Jahr 1954 läßt Bender eine seiner Figuren einen Satz sagen, den man sofort auf den Autor selbst gemünzt hat: „Wenn ich eine Weltanschauung zu verkünden hätte, dann wäre es eine Weltanschauung der Zärtlichkeit." Solche „Weltanschauung" schließt Distanz und Vornehmheit nicht aus. Kein Bohemien, der sein Künstlertum anarchisch kostümiert, tritt uns in Hans Bender entgegen, andererseits kein Salonrevolutionär oder Salonprolet, aber auch kein Dandy, der kostbare Individualität zur Schau stellt. Es ist eine taktvolle Vornehmheit, eine liberale und sehr gesellige, die alle Gespräche und jede Zusammenarbeit mit ihm so angenehm macht.

Benders Wort von der „Weltanschauung der Zärtlichkeit" könnte Kernsatz einer Kölner Poetik sein, denn auch Heinrich Böll setzte in seinen frühen Erzählungen gegen die Verrohung der Gefühle sein Plädoyer für Zärtlichkeit. Als ich mich im Herbst 1964 auf den Weg nach Köln begab, leuchtete mir Heinrich Böll keineswegs schon als Stern am Literaturhimmel. Ich hatte Kurzgeschichten und Erzählungen von ihm gelesen, aber ich war doch in den Jahren zuvor nur Zaungast der zeitgenössischen Literatur-„Szene" gewesen. So galt es nun, versäumte Lektüre nachzuholen. Bölls Romane standen auf meiner Leseliste obenan. Es war dies aber mehr als ein Pflichtpensum dem ersten Schriftsteller Kölns gegenüber. Wenn ich mir abends noch die Füße vertrat und die Lungen lüftete, führte mich der Spaziergang oft an seiner damaligen Müngersdorfer Wohnung vorüber. So war meine Böll-Lektüre von einem ganz eigenen Gefühl der Nähe begleitet.

Ich war, da ich zunächst allein in Köln wohnte, Mieter bei zwei alten Anwaltstöchtern in Müngersdorf, die unverheiratet geblieben waren und sich einen Teil ihres Lebensunterhalts als Zimmerwirtinnen verdienten. Die ältere war die strengere und führte das Regiment. Sie saß wie ein Drachen in ihrer Höhle. Immer hatte sie ihr Zimmer verschlossen. Wenn man etwas mit ihr besprechen wollte, mußte man sich nach dem Anklopfen mit lauter Stimme als ihr Mieter legitimieren und die Besuchsabsicht erläutern; erst dann schloß sie auf. Ihre jüngere Schwester hatte im Gesicht eine Verträumtheit, in der gelegentlich etwas Irres aufflackerte; es fiel nicht schwer, sich vorzustellen, daß sie in ferner Zeit einmal von einem Verehrer umworben war, den ihr dann die Schwester verleidet und ausgeredet hatte. Sie flattere im Haus herum wie ein Vogel im Käfig, wenn sie sich nicht draußen im Garten beschäftigte, der ihr Revier war. Der Hausdrachen schien in den Mietern entweder Trottel oder Hunnen zu vermuten und ermahnte sie mit Pappschildern. Am Eingang wurde man zur Benutzung der Fußmatte aufgefordert, an der Treppe hing ein Zettel, der davor warnte, mit Koffern die Wand zu beschädigen. Geradezu von Verbotsschildern umzingelt war man im Badezimmer. Am Waschbecken durften Rasierklingen nicht zurückgelassen werden; das Becken sollte nach der Benutzung aus-, der Boden aufgewischt werden. Über der Klopapierrolle hing eine Mahnung zu sparsamem Gebrauch. Überhaupt verboten war die Benutzung der Badewanne. Für Unentwegte gab es draußen, in der Nähe des Garteneingangs zum Haus, zwischen Büschen eine Dusche. Ich ertrug diese Tyrannei nur, weil sie mich zugleich belustigte: ich fühlte mich wie in der bizarren Welt humoristischer Erzählungen. Und ich war vollends erheitert, als mir mein Freund Eberhard Gaupp – ohne meine Situation zu kennen – zu Weihnachten einige Neuerscheinungen des Deutschen Taschenbuchverlags schickte, darunter eine mit dem Titel „Zwei alte Tanten tanzen Tango".

Es war die skurrile Atmosphäre des Hauses, die mich sogleich an einen früher gelesenen Text Bölls erinnert hatte, an die Erzählung „Nicht nur zur Weihnachtszeit", in der man für die geistig verwirrte Tante an jedem Tag des Jahres eine Heilig-Abend-Feier inszenieren muß. Mit neuen Augen las ich jetzt, da einige meiner Göttinger Studiengefährten auf Redakteurssesseln des WDR saßen, die Rundfunksatire „Doktor Murkes gesammeltes Schweigen". Rheinische Familiengeschichte brachte mir der Roman „Billard um halbzehn" näher. Der rheinische Katholizismus der frühen Romane blieb mir, bei aller Sympathie, leicht fremd. Für die Wohnküchenwärme dieses Christentums war der im protestantischen Norden Geborene und in Berlin Geprägte wohl zu kühl und nüchtern.

Ins Gespräch gekommen bin ich mit Böll erst 1968, bei der Verleihung des Kölner Literaturpreises (des früheren, der Preis ist später zum zweitenmal gestiftet und nach Bölls Tod nach ihm benannt worden) an Jürgen Becker. Wir vereinbarten einen Vortrag an der Universität, den er aber wegen Krankheit absagen mußte. Auf eine spätere Anfrage, im August 1984, schrieb er mir, er habe schon „vor 25 Jahren mit den Lesungen Schluß gemacht, weil ich das damit verbundene Lampenfieber nicht mehr ertragen konnte, auch die Zeit knapp wurde etc." „Was ich vorschlage, gelegentlich, vielleicht im nächsten Jahr, wenn ich mit einer größeren Arbeit möglicherweise fertig bin – – ein Gespräch, eine Diskussion im nicht allzu großen Kreis – – und ohne Honorar." Dazu sollte es dann nicht mehr kommen. Denn nicht einmal ein Jahr später, im Juli 1985, starb Böll.

Schon verhältnismäßig früh hatte ich Übungen zur Dichtung Bölls im Semesterprogramm. Und paradoxerweise haben die jetzt verfeindeten Herausgeber der Werke Bölls, sein Neffe Viktor Böll in Köln und Professor Werner Bellmann in Wuppertal, beide in meinen Seminaren gesessen und ihr Staatsexamen bei mir gemacht. Bölls Besuche in Hoffnungsthal fielen in den Sommer, wo man von unserem Haus, das Sigrid nach eigenen Plänen hat bauen lassen, einen freien Blick ins Tal, auf den gegenüberliegenden Hang und den bewaldeten Kamm genießen kann. Leider regten sich bei der ersten Einladung, die Böll mit Kölner Literaturwissenschaftlern ins Gespräch bringen sollte, einige Kollegen mit peinlicher Hartnäckigkeit über Institus-Lapalien auf und versäumten die Gelegenheit, mit dem Nobelpreisträger für Literatur ins Gespräch zu kommen.

Die Bilder des anderen Besuchs sind von hellerer Art. Lev Kopelew und Raissa Orlowa waren 1980 in die Bundesrepublik gekommen, und Kopelew erhielt im folgenden Jahr, dem Jahr der offiziellen Ausbürgerung aus der Sowjetunion, die Ehrendoktorwürde der

Kölner Philosophischen Fakultät. Wir hatten zur Doktorfeier nach Hoffnungsthal geladen, und in unserem Haus drängten sich die Gäste, Offizielle, Kollegen, Freunde aus der Stadt wie Heinrich Vormweg; aus Göttingen war Heinz Ludwig Arnold herbeigeeilt. Kopelew hatte sich von den Anstrengungen der triumphalen Veranstaltung im Hörsaal noch erholen müssen; Böll war schon seit längerem in ständiger ärztlicher Behandlung und hatte erst vor kurzem die Klinik verlassen, er durfte weder rauchen noch Wein trinken. Seine Frau Annemarie hatte ihn fest im Auge. Böll wollte aber den Ehrentag seines Freundes weder ganz nüchtern noch ohne die Zigarette, nach der er schmachtete, verbringen. Er nahm einen Freund und mich beim Arm und stahl sich listig, wie in tiefem Gespräch mit uns, aus dem Blickfeld seiner Frau. Ich machte mich zweifach zu seinem Komplizen, indem ich ihm Feuer für die Zigarette gab und ein kleines Glas Rotwein einschenkte. So hatte unser Kamin, um den herum die offenen Räume liegen und hinter dem man ganz zwanglos verschwinden kann, doch auch einmal eine konspirative Funktion.

Ganz reibungslos verlief eine editorische Zusammenarbeit. Für den Deutschen Bücherbund gaben Walter Jens und Marcel Reich-Ranicki eine „Bibliothek des 20. Jahrhunderts" heraus und überließen mir den Band mit Erzählungen Bölls. Ich wollte weder die Auswahl noch das Nachwort ohne sein Einverständnis oder doch Wissen zum Druck geben. Er begann seine Antwort mit dem Satz „vertrauend auf unsere Vertrautheit miteinander" und hatte nur gegen die Einordnung des Textes „Der Wegwerfer" etwas einzuwenden: sie verberge den prophetischen Charakter der Erzählung.

Nie vergessen kann ich die letzte Begegnung gegen Ende des Jahres 1984. Wir pflegten uns jeweils nach der feierlichen Verleihung des Literaturpreises der Stadt Köln beim Essen zu sehen, das der Oberbürgermeister im Ratskeller gab. Diesmal fand ich Böll nicht nur der Beinoperation wegen, die er hinter sich hatte, resignativ gestimmt. Vielleicht ahnte er schon etwas von der Ablehnung, auf die im nächsten Jahr sein – dann posthum veröffentlichter – Roman „Frauen vor Flußlandschaft" bei einem Großteil der Literaturkritiker stoßen sollte. Auf jeden Fall war die Erschöpfung spürbar. Nach dem Abendessen wollten wir uns verabschieden, begleiteten dann aber ihn und Annemarie Böll zu dem Platz, an dem sie das bestellte Taxi erwarteten. Ich fragte nach dem Fortgang der Arbeit. Und dann sagte er einen Satz, der mich ganz verlegen, ganz ratlos machte, ja erschütterte: „Ach, wissen Sie Herr Hinck, ich fühle mich manchmal so ausgeschrieben."

Nicht um Böll zu verkleinern, zitiere ich ihn, sondern weil dieser Satz, trotz der Melancholie, Bölls souveräne Ehrlichkeit zeigt. Literarhistorikern und Literaturkritikern gegenüber pflegen Schriftsteller solche Geständnisse nicht abzulegen. Die unvergleichliche Offenheit und Aufrichtigkeit, die ich immer an Böll bewundert habe – hier überwältigte sie mich. Ähnliches bekannte Siegfried Lenz, mit dem ich nach der Trauerfeier für Böll im Kölner Gürzenich, Ende September 1985 zusammenstand. Etwa zur gleichen Zeit wie Böll an „Frauen vor Flußlandschaft" hatte Lenz an seinem Roman „Exerzierplatz" geschrieben. Mehrfach hatten sich beide in Telefongesprächen wechselseitig nach dem Stand der Arbeit erkundigt. Lenz bestätigte mir mit Sätzen, die er einmal selbst zitieren mag, Bölls resignative Stimmungen. So bewahrt sich in meiner Erinnerung an den späten Böll nicht nur das Bild eines durch die Beinoperation gezeichneten, sondern auch elegisch gewordenen Menschen, dem jegliche gespielte Sicherheit, jegliche Form von eitler Selbststilisierung fernlag. Seine starke Ausstrahlung kam gerade dadurch zustande, daß er nicht strahlen wollte. Nichts war ihm fremder als die Olympierpose.

Unter den Romanen oder romanhaften Erzählungen sind mir „Ansichten eines Clowns" (1963), „Gruppenbild mit Dame" (1971) und „Die verlorene Ehre der Katharina Blum" (1974) am wichtigsten geworden. Es ist in „Ansichten eines Clowns" der Einspruch gegen das rasche Vergessen politischen Versagens, der mir die Hauptfigur, trotz einer gewissen Larmoyanz des Hans Schnier, nahebrachte. Dieser Protest ist allerdings nicht zu trennen von Hans Schniers Aufbegehren gegen die Saturiertheit der Elternwelt – das Braunkohlenimperium der Schniers überstand den Regierungswechsel unbeschadet, war Nutznießer sowohl von Hitlers sogenannten „Aufbau" wie vom Wiederaufbau nach dem Kriege, profitierte von der Diktatur wie von der Demokratie. Der Roman erschien zu einer Zeit, da die wohlbedachte Verdrängung schuldhafter Vergangenheit mehr und mehr zum Ärgernis der Söhne-Generation wurde. „Ansichten eines Clowns" war ein Roman der ausgehenden Adenauer-Ära, ein Roman des Übergangs, man konnte in ihm schon das Wetterleuchten einer Zeit wahrnehmen, in der Opposition und Rebellentum zu offeneren Formen drängen sollten. Zu wenig ironisch waren mir die Attacken Hans Schniers gegen glattes Katholikentum. Aber ich zweifelte nicht, daß Böll mit den Vertretern eines „fortschrittlichen Katholizismus", eines philosophisch-theologisch-politischen Katholikentums der geölten Zunge unmittelbare Erfahrungen gemacht hatte, daß die Idiosynkrasie des „Clowns" seine eigene war.

Im Roman „Gruppenbild mit Dame" wendete sich Böll noch einmal wieder der epischen Welt seiner frühen Werke zu, der Zeit des Zweiten Weltkriegs. Was der Opportunismus der Schniers ausschloß, irgendeine Form des Widerstands, das wagt in diesem Roman die junge Kölner Gärtnereiarbeiterin Leni. Sie entsagt, trotz der Strafe, die ihr nach den Gesetzen des Hitlerregimes droht, nicht der Liebe zum jungen russischen Kriegsgefangenen Lev. Die Verbindung, aus der ein Sohn hervorgeht, ist belastet durch den Zwang zur Heimlichkeit; mit fast naiver Selbstverständlichkeit, zugleich aber in bewußter Rebellion steht Leni zu ihrer eigenen Art und Auffassung von Liebe und Mitmenschlichkeit. Daß mich an dieser Figur die Nähe zur „Helferin" Brechts und zu eigener Erfahrung weiblicher Hilfsbereitschaft besonders berührte, versteht sich. Auch Katharina Blum gehört in diese Reihe. Sie verliebt sich in einen Bundeswehrdeserteur und verhilft ihm zur Flucht.

Aber es sind nun nicht die Vernehmungen der Polizei, die Katharina auf die Folter bringen. Nicht auf die Gewalt der Staatsorgane gemünzt ist der Titel „Die verlorene Ehre der Katharina Blum oder Wie Gewalt entstehen und wohin sie führen kann", sondern auf die schamlose Sensationsmache und Verleumdung einer Groschenpresse, die einfach „Zeitung" genannt wird. Zwar spielte Böll hier auf einen Verdacht an, in den er selbst bei den Ermittlungen gegen die Baader-Meinhof-Gruppe geraten war, und antwortet satirisch auf die Zeitungskampagne, die man gegen ihn angezettelt hatte, doch ist Katharina Blum gerade keine Schlüsselfigur für Ulrike Meinhof – weder versteht sie selbst sich als politische Untergrundkämpferin noch kann sie zur „Terroristin" gestempelt werden. Ihr Aufbegehren gegen den Rufmord, ihr Todesschuß gegen den zudringlichen Reporter ist eine andere Art von Notwehr. So gewinnt ihr öffentlicher Fall exemplarischen Charakter: als symbolischer Richtspruch gegen eine menschenverachtende, persönlichkeitsvernichtende Presse. Wir hatten bis dahin in unserer Literatur noch keine ähnlich treffende und packende Enthüllung von journalistischem Terror und Mißbrauch der Meinungsfreiheit. Und keine der Verfilmungen Böllscher Werke erreichte die Wirkung von Volker Schlöndorffs Film „Die verlorene Ehre der Katharina Blum" (1975).

Wer die Phasen der Bundesrepublik mit geistiger und politischer Wachheit verfolgt hat, kann sich die Literaturgeschichte der Nachkriegsjahrzehnte ohne die Romane Bölls gar nicht denken. Aber es sind dem Romanautor manchmal auch allzu bemühte Konstruktionen oder sprachliche Lässigkeiten unterlaufen. Schlackenloser erscheinen im Rückblick die Kurzgeschichten und Erzählungen; einige sind von geradezu vollkommener Konzentration. Keiner hat wie Böll in seinen Kriegserzählungen so lakonisch das um sich greifende Gefühl der Verlorenheit, die tödlichen Gewitter der Schlachten und die Stille nach dem Angriff, die „wie ein Würgeengel über die Liegenden" fällt, beschrieben, keiner so blutvoll den Lebenstrieb dessen, der dem Schrecken der Front entrinnen konnte und sich nun der fröhlichen Anarchie überläßt – ganz zu schweigen von Klassikern der Kurzgeschichte wie „Wanderer, kommst du nach Spa ..." oder „Abenteuer eines Brotbeutels". Und was Böll mit Heine und Brecht verbindet, ist der Blick für alle, die im Schatten der Geschichte bleiben, im Krieg wie im Frieden. So sind es in den Heimkehrer- und Nachkriegsgeschichten die ins Leere Fallenden, die Obdachlosen, Hungernden und Arbeitslosen, die um Zärtlichkeit und Liebe Betrogenen, aber auch die armen Schlucker, die auf dem Schwarzmarkt ihr Glück versuchen und zu kleinen Schiebern werden, die Unbeholfenen und Versager, die „Schwarzen Schafe", die er uns für immer unvergeßlich gemacht hat, auch, weil wir in der Gegenwart noch ihre Abbilder wiedererkennen.

Die Produktivität des Kurzgeschichtenerzählers tritt nach den ersten beiden Jahrzehnten hinter der des Romanautors zurück, versiegt aber keineswegs. Böll entwickelt die Kunst des sparsamen Ausdrucks und der Andeutung weiter, er fängt die Atmosphäre ein, in der nach dem Scheitern der Studentenbewegung geheime Verdächtigung ebenso gedeiht wie freiwillige Selbstzensur („Du fährst zu oft nach Heidelberg", 1977). Und sehr zum Ärger seiner Gegner hat er sich nie mit dem groben Rechts-Links-Schema fassen lassen, war im Westen als Demonstrant der Friedensbewegung unbequem und im

Osten durch seine Forderung nach Freiheit für Andrej Sacharow.

Bölls Prosa zeigte, darin den Romanen Wolfgang Koeppens im ersten Nachkriegsjahrzehnt vergleichbar, wie ein Thermometer die Temperaturen der politischen und kulturellen Verhältnisse an, pointierter als in den globaleren Diagnosen der Zeitromane in den Situationsskizzen und Porträts der Erzählungen. Aus keinem literarischen Werk der Nachkriegszeit tritt der Grundriß unseres sozialen Lebens mit solcher Kenntlichkeit hervor wie aus der Erzählprosa Heinrich Bölls. Als „Gesinnungsliteratur" hat Ulrich Greiner die Prosa Bölls und anderer Autoren der „Gruppe 47" gescholten. Wenn Bölls Prosa denn „Gesinnungsliteratur" ist, dann war sie nötig, um eine andere, fatale Gesinnung der zwölf Jahre Hitlerscher Diktatur auszutreiben, und das Stockholmer Komitee von 1972 war gut beraten, Bölls „Gesinnungsliteratur" durch den Nobelpreis auszuzeichnen.

Böll hat in den sechziger Jahren die ersten literarischen Schritte eines anderen Kölner Schriftstellers, Jürgen Becker, mit Beifall und Zuspruch begleitet, obwohl dieser Autor sich ganz anderer sprachlicher und stilistischer Mittel bediente als er selbst. Für mich war Jürgen Beckers Textband „Felder" eine Entdeckung, die mir sowohl die Sprachwelt experimenteller Prosa wie ganz neue Ansichten Kölns erschloß. Bei ihm habe ich gelernt, daß die Abkehr von überlieferten und abgenutzten Sprachmustern neue Weisen des Wahrnehmens vermitteln kann. Beckers Bereitschaft, zu Lesung und Seminar in die Universität zu kommen, mein Essay über seine frühen Texte in den „Akzenten" und eine Diskussion über ihn als den letzten Preisträger der „Gruppe 47" in der Fischer-Villa in Westberlin, für das Fernsehen des NDR moderiert von Hans Werner Richter, haben bald eine Freundschaft mit Jürgen Becker und seiner Frau, der Malerin Rango Bohne, begründet, die zum großen dauerhaften Gewinn der Kölner Zeit gehört.

Wie mir Beckers Texte die Augen für die Stadt Köln neu geöffnet haben, so auch für die rechtsrheinische, die bergische Landschaft, die er in Prosabüchern wie „Odenthals Küste" und in seinen Gedichten mit der Wünschelrute der poetischen Phantasie durchstreift, bis in die Tiefe der Prähistorie hinein. Die Collagen von Rango Bohne, von denen so manche in unserem Hause zu unserer alltäglichen Umgebung gehören, besitzen eine ähnliche Vielperspektivität. Die Nähe der literarischen Texte Jürgen Beckers hat wohl auch mit der

Ähnlichkeit der Lebens- und Wohnsituation zu tun. Wir beide waren für lange Zeit durch den Beruf an die Stadt Köln gebunden, Becker als Leiter der Hörspielabteilung im Deutschlandfunk. Unentbehrlich ist uns, Becker als Alt-, mir als Neubürger, die Faszination der alten Römerstadt in ihrer neuen Gestalt: mit dem Kranz der wiederhergestellten romanischen Kirchen, mit dem mittelalterlich-modernen Ensemble von Dom, Museum und Philharmonie. So stehen wir mit einem Fuß fest in der geschichtsträchtigen Stadt, mit dem anderen aber – durch unsere Wohnungen – im Bergischen Land, die Beckers den Großteil des Jahres in Odenthal-Heide. In einem Ort der norddeutschen Tiefebene geboren, fühle ich mich jetzt zwischen den sanften Hügeln des Bergischen Landes heimisch. Jürgen Beckers Gedicht „Hoffnungsthal", mir zum 60. Geburtstag gewidmet (Zeitschrift „Neues Rheinland"), ist für solches Eingebürgertsein die schönste literarische Folie. Doch Einbürgerung heißt zugleich Verwurzelung in der Kulturmetropole Köln. Wer seine wesentlichen Schuljahre in Berlin verbracht hat, ist ohnehin nicht dazu geschaffen, zu tun, was die Einebnung des zivilisatorischen Gefälles zwischen Stadt und Land ohnehin nicht erlaubt: sich im Winkel ländlicher Abgelegenheit zu verkriechen.

Lektor Bölls und Brinkmanns war eine Zeitlang Dieter Wellershoff. In Bonn mit einer Arbeit über Gottfried Benn promoviert, dessen „Gesammelte Werke" er herausgab, hat er den Kontakt mit der Universität nicht abreißen lassen. Er kam als erster, mit seinem Verleger Reinhold Neven Du Mont, in unser Institut, um mit Studenten und Dozenten über einen eigenen Text und über Gegenwartsliteratur zu sprechen. Literarhistoriker und Kritiker haben ihm rasch ein Etikett – Begründer der „Kölner Schule", des „Neuen Realismus" – angehängt. Das war mehr auf seine Lektorentätigkeit – erst sei 1981 ist er freier Schriftsteller –, seine Anregungen für junge Autoren, und auf ein tatsächlich enorm produktives theoretisches Denken gemünzt. Aber von Anfang an experimentierte er auch als Erzähler, schulte sich an der Erzähltechnik des „nouveau roman", erprobte literarische Entsprechungen zur Bildführung der Kamera. Die Anregungen, die er vom Film empfing, gab er ihm, genauer; dem Fernsehfilm zurück. Das Fernsehen scheint, zu seinem eigenen Schaden, von so spannenden und zugleich so substantiellen Filmen wie denen von Wellershoff Abschied genommen zu haben.

Ein Köln-Buch hat Wellershoff auch mit eigenen Illustrationen versehen; aber es kann ihn nicht kränken, wenn man sagt, daß Maria Wellershoff als Kunsthistorikerin besser ist denn er als Zeichner. Ich bin als Leser Wellershoffs und in vielen Gesprächen der Lernende gewesen. Und jede neue Erzählprosa hat mich neugierig gemacht und gefesselt: der immer neuen psychologischen Konstellation wegen.

Einer seiner Bände ist für mich zum „Buch des Jahres", nämlich zur Exempelprobe in eigener Sache geworden, die autobiographische Prosa „Der Ernstfall. Innenansichten des Krieges" (1995. Es war die Zeit, wo in meinem eigenen erinnernden Bewußtsein Vergangenheit immer plastischer wurde. Wellershoffs Buch, gut aber auch polemisch besprochen, zeigt den Zusammenprall der im „Dritten Reich" anerzogenen Helden- und Tugendideale mit dem Krieg, eben dem Ernstfall. So weit ging die Indoktrination, daß sich der Achtzehnjährige zu einer ‘Eliteeinheit’, der „Division Hermann Göring", meldete. Ein „Dokument deutscher Ahnungslosigkeit" nannte ein Kritiker das Buch Wellershoffs. Das ist es in der Tat. Aber der – offenbar jüngere – Kritiker rechnete mit einer Ahnungslosigkeit ab, deren psychologische Mechanik das Buch gerade aufzudecken versucht, und lastete sie noch dem heutigen Autor an. Das historische Besserwissen unterstellte insgeheim dem Autor, daß er wohl auch bei anderer, kritischerer Erziehung durch eine Welt wie die der Nazizeit ohne tieferes Nachdenken „gestolpert" wäre. Diese Unterstellung aber war infam, die Selbstgerechtigkeit des Kritikers peinlich. Und mir wurde klar, wie schwer es derartige Erinnerungsberichte beim jüngeren Leser haben, wenn sich der Autor nicht auf jeder Seite schuldbekennend an die Brust schlägt.

Selbst schon mit dem Gedanken an eine Autobiographie beschäftigt, wurde ich von solcher Kritik an Wellershoffs Buch sehr verunsichert. Andere Skrupel kamen hinzu. Ungewöhnlich bewegt hatte mich Ruth Klügers Buch „Weiter leben. Eine Jugend" (1992). Woher sollte unsereiner, angesichts der Überlebenden von Theresienstadt und Auschwitz, überhaupt den Mut nehmen, von seiner Jugend zu erzählen? Was sich auch an Zweifeln gemeldet haben mochte, keiner hatte ausgereicht, dem Regime die Mitläufer-, Mithelferschaft aufzukündigen. Durfte man sich mit einer gewissen Altersnostalgie der Erinnerung an die Jugend hingeben, wenn sie – mit Brechts Gedicht „An die Nachgeborenen", mit seinem Wort vom „Gespräch über Bäume" zu reden – „ein Schweigen über so viele Untaten" einschließt? Aber andererseits: ist das Verschweigen eines Teils der eigenen Lebensgeschichte 'historisch' vertretbar, bedeutet es nicht eine Flucht vor der Zeitzeugenschaft? Und wäre es nicht eine Verfälschung der Widersprüche des Lebens, ja eine büßerische Heuchelei, so zu tun, als habe der Rückblick auf zwölf Jahre der Jugend nur über Anlässe zur Scham zu berichten? Bei aller Fragwürdigkeit im einzelnen, auch ich wollte „weiter leben". Und so las ich Martin Walsers Kommentar zum Buch Ruth Klügers als Ermunterung und Appell: „Jeder Leser wird ... mit seiner eigenen Geschichte antworten müssen."

Zwischen wechselnden Freundschaften: Hans Mayer, Marcel Reich-Ranicki, Walter Jens

Herbst 1972, Internationaler Heine-Kongreß in Düsseldorf. Renate Möhrmann hat zu einem Nachmittagsempfang in ihrem Haus in Meerbusch geladen. Man steht in Gesprächsgruppen beieinander. Der Wechsel der Partner führt mich auch mit einem Mann zusammen, von dem ich manches gelesen habe und dessen Foto ich kenne, dem ich aber bisher nie begegnet bin. Was ich so treibe, fragt er. Als ich ihn kurz ins Bild gesetzt habe, berichtet er von Gastvorlesungen in Schweden, vom Ehrendoktor, den ihm eine schwedische Universität verliehen hat. „Und in Deutschland" frage ich. Fehlanzeige, sagt er und schließt einige nicht unfreundliche, aber distanzierte Bemerkungen über die deutsche Universität an. Ich wundere mich, weil ich weiß, daß er mit Walter Jens, also einem Tübinger Universitätsprofessor, eng befreundet ist. Nein, nicht einmal einen Lehrauftrag für Literaturkritik sei ihm in Deutschland angeboten worden, sagt er. „Das muß sich ändern", halte ich dagegen. Ob er bereit sei, mehrals im Semester die Fahrt von Hamburg nach Köln auf sich zu nehmen. Er bejaht meine Frage, aber mit einem Blick, der Skepsis ausdrückt: Die Botschaft hör ich wohl, allein ...

Doch mein Vorschlag findet im Kölner Institut Zustimmung, und schon für das Sommersemester 1973 sind Literaturkritische

Übungen von Marcel Reich-Ranicki angekündigt. Vor der ersten Doppelstunde sitzen wir zum Mittagessen zusammen. Kaum haben wir über Literatur zu reden begonnen, nimmt er mich ins Examen. „Welches, Herr Hinck, ist der größte deutsche Roman des 20. Jahrhunderts?" Ich bin auf diese Prüfungsfrage nicht gefaßt, bin überhaupt immer etwas hilflos gegenüber Fragen nach dem „größten" Dichter, Drama oder Roman. Mir gehen Kafka, Thomas Mann, Musil durch den Kopf, und ich sage, um Zeit zu gewinnen: „Nun ja, das kommt darauf an, wie Sie ..." Aber er läßt kein Wenn und Aber zu, verlangt klare Antwort. Ich zögere. „Thomas Manns Zauberberg", sagt er mit einer Bestimmtheit, die keinen Widerspruch duldet. Ich will auch nicht widersprechen, aber es hilft nun nichts mehr: Der Professor hat die Prüfung nicht bestanden.

Reich-Ranicki bringt das Kölner Hörsaaldebüt mit Bravour hinter sich. Er ist durch keine Frage in die Enge zu treiben. Im Laufe der nächsten Wochen formiert sich Widerstand; Studenten bilden Arbeitsgruppen, die sich auf die Übungen vorbereiten. Theoretischer Kopf ist Norbert Mecklenburg, Conradys Assistent. Gerade hat er sein Buch „Kritisches Interpretieren. Untersuchungen zur Theorie der Literaturkritik" veröffentlicht. Hart wird gestritten, aber beide reden mit verschiedenen Zungen. Mecklenburg will zunächst Grundsätzliches klären, Reich-Ranicki gleich zur Sache kommen; der eine argumentiert auf begrifflicher, der andere auf anschaulicher Ebene; Mecklenburg hat seine Schülerschar, Reich-Ranicki die Lacher auf seiner Seite. Er gewinnt die Duelle, weil er sich die Kriterien der anderen nicht aufzwingen läßt und aus seinem Zauberhut literarische Beispielfälle, Anekdoten und Pointen holt, mit denen er seine Urteile begründet und garniert. Er zieht das Publikum mit Geistesgegenwart und Rhetorik zu sich herüber, aber alle spüren auch: Die einen verstehen mehr von der Theorie, er mehr von der Literatur. Am Ende des Semesters ist die Opposition zerknirscht und resigniert. Und etwas ganz Ungewöhnliches hat sich zugetragen. Studenten pflegen zu Anfang des Semesters ihr Programm zu überfrachten und sind darum bald zu Streichungen gezwungen, so daß die Vorlesungen im Laufe des Semesters leerer werden – in Reich-Ranickis Literaturkritischer Übung dagegen wurde der Hörsaal immer voller.

Nach der letzten Stunde gaben wir in Hoffnungsthal ein Sommerfest mit meinen Doktoranden und den interessiertesten Studenten der Übung, die hier dem bekannten Literaturkritiker noch einmal auf den Leib rücken konnten. Als wir am anderen Morgen gemeinsam beim Frühstück saßen, eröffnete mir Reich-Ranicki, daß er in Kürze als Chef der Literaturredaktion zur „Frankfurter Allgemeinen Zeitung" gehen werde. Ich habe, so sagte er, Ihr Buch angefangen zu lesen – im Frühjahr war der Band „Das moderne Drama in Deutschland" erschienen –, ich glaube, Sie können schreiben. Hätten Sie Lust, gelegentlich bei mir mitzuarbeiten? Durch den Kopf schoß mir der Gedanke an den Tag in Göttingen, da ich meine Absicht, Literaturkritiker (oder etwas Vergleichbares) zu werden, aufgab und mich für die Universität anwerben ließ. Jetzt bestand die Möglichkeit, mit einer kleinen Kurskorrektur einer unterdrückten Neigung wieder Luft zu verschaffen, zwar „Forschung und Lehre" nicht preiszugeben, aber doch spontan ins literarische Leben sich einzumischen. Reich-Ranickis Frage hatte ins Zentrum meiner Wünsche getroffen, und ich ergriff ohne Zögern die Gelegenheit beim Schopf, aber mit jener Skepsis im Blick, die ich von Reich-Ranicki selbst schon kannte: Die Botschaft hör ich wohl, allein ...

Es war auch diesmal kein leeres Versprechen; im Frühjahr 1974 erschien meine erste Rezension in der F.A.Z., zu einer Sammlung von Theaterstücken Heinar Kipphardts. So also kam ich zur Literaturkritik. Eine Hand wäscht die andere? So geschäftsmäßig ging dies alles nicht vonstatten. Meine Begegnung mit Reich-Ranicki beim Heine-Kongreß war zufällig, mein Bemühen, einen Lehrauftrag für ihn durchzusetzen, ohne Kalkül – Reich-Ranicki, noch Mitarbeiter der „Zeit", vergab keine Rezensionsaufträge. Und er selbst hätte, ohne mir leserfreundliches Schreiben zuzutrauen, gewiß kein Angebot gemacht – er ist kein Mann bloßer Gefälligkeiten. Dies alles war vielmehr ein Zusammentreffen glücklicher Umstände, jene Gunst der Konstellationen, ohne die auch der entschlossenste Wille nichts erreicht.

Wenn ich die Jahre danach als eine erfüllte Zeit empfinde, so deshalb, weil es mir großes Vergnügen bereitete, in zwei Sätteln zu reiten, Literaturwissenschaft und Literaturkritik miteinander zu vereinen. Die Zusammenarbeit mit Reich-Ranicki wurde von herzlicher Art, und inzwischen füllen die mir freundschaftlich dedizierten Bücher einen ganzen Regalblock. Natürlich verfolgte er durch die Auswahl der Kritiker für bestimmte Bücher seine eigene Strategie. Doch habe ich mich nie irgendwelchem Druck ausgesetzt gefühlt. Er gab nicht immer nur Zustimmung zu erkennen, aber er versuchte nie an meiner Wertung zu rütteln. Und er hatte eine beglückende Art zu ermuntern, etwa mit einem Telefonanruf, in dem er einen Artikel lobte und sein Erscheinen in der nächsten Tiefdruckbeilage ankündigte. Solchem Vertrauensverhältnis verdanke ich es, daß ich als Literaturkritiker sicherer wurde – als „Anwalt nicht nur der Literatur, sondern vor allem der Leser" (Frank Schirrmacher).

Zum meinem 60. Geburtstag ließ sich Reich-Ranicki die Laudatio in der F.A.Z. nicht nehmen. Bei allem Anlaß zur Freude gab es bei der Feier dieses Geburtstages auch ein unglückliches Rencontre, einen Zusammenstoß, den ich vielleicht hätte vorhersehen sollen. Aber der Reihe nach!

Von dem Augenblick an, da ich mich als Student mit dem Theater Brechts zu beschäftigen begann, hätte ich – wäre es nicht vorher schon geschehen – unbedingt auf Hans Mayer stoßen müssen, der damals noch als Professor für die Geschichte der Nationalliteraturen in Leipzig lehrte. Man muß wissen, was Hans Mayer lesen damals für Studenten hieß, die manche Kunststücke innerwerklicher Interpretation wie Glasperlenspiele erschienen, die sich aber auch von der marxistisch-leninistischen Literaturbetrachtung mit ihren Totschlagewörtern Formalismus, Volksfremdheit oder Kosmopolitismus abgestoßen fühlten. In Hans Mayers Schriften wurden uns die Texte der Schriftsteller nicht als monologisierende Sprachkunstwerke vorgestellt, die nur aus sich verstanden werden wollen, auch nicht als bloße Belegstücke für die Geistes- und Ideengeschichte, aber ebensowenig nur als literarische Heeresberichte über gesellschaftliche Kämpfe. Nichts war hier zu merken vom Stelzengang der Gelehrtensprache, aber auch nichts vom ständigen Alarmschlagen gegen die Machenschaften des Klassenfeindes. Sicherlich war es für die Lesbarkeit seiner wissenschaftlichen Prosa von Vorteil, daß er sich seinen Leipziger Lehrstuhl nicht in germanistischen Seminaren ersessen hatte. Dem in Köln promovierten Staats- und Rechtswissenschaftler hatte geistige Neugier zur Literatur getrieben; er begann nicht als Fachgelehrter, sondern als Schriftsteller zu schreiben.

Die Essays und Bücher Hans Mayers kamen dem am nächsten, was ich als Student von einer Verbindung von Literaturgeschichte und Literaturkritik erwartete. Ein enormes, wachsendes literatur- und philosophiegeschichtliches Wissen diente dazu, Literaturgeschichte als ein hochdifferenziertes System von Wechselbeziehungen durchsichtig zu machen. Mayer übersah nie die Einbettung literarischer Werke in biographische, historische und soziale Zusammenhänge. So wurde ich, wie ich es 1985 öffentlich ausgesprochen habe, zu seinem Schüler durch Fernwirkung, dankbar für „das Buch, das uns unsere Lehrer ins Haus bringt". Und immer habe ich seine späteren Bücher, zumal das Hauptwerk „Außenseiter", als Aufrufe zu einer neuen Art von Mündigkeit, zu einer über sich selbst aufgeklärten Aufklärung verstanden.

Gesehen habe ich ihn zum ersten Mal nach seiner Übersiedlung in die Bundesrepublik, in meiner frühen Kölner Zeit. Diese erste Begegnung fand unter etwas kuriosen Umständen statt. Mayer hatte, wohl aus Anhänglichkeit an Weggefährten (der Arbeiterbewegung) seiner Kölner Studenten- und Referendarzeit, einen Vortrag in der Stadt angekündigt, an dessen Thema ich mich nicht erinnere, in dem aber vor allem von Dürrenmatt die Rede war. Die Plakate hingen versteckt, ein Doktorand machte mich aufmerksam, und so fand ich mich mit einigen Studenten im Saal ein. Zur Mehrzahl waren die Besucher, wie sich herausstellte, Mitglieder des bis 1933 aktiven Arbeiterbildungsvereins. Daraus ergab sich eine eigenartige Atmosphäre der Disproportion. Mayer sprach frei, nicht herausfordernd professoral oder intellektuell, aber doch aus der Perspektive der Gegenwartsliteratur und mit den Begriffen gegenwärtiger Literaturkritik. Die alten Genossen aber reagierten noch wie ehemals, nahmen Mayers Vortrag mit unverkennbarer Naivität als Beispiel einer politisch-literarischen Schulung und begleiteten die Darstellung mehrfach mit einem „Hört! Hört!" Der Redner, zunehmend irritiert, sah sich doch fehl am Platz und kürzte, leicht eisig gestimmt, den Vortrag ab. Ich ging zu ihm. Obwohl wir uns nie gesehen hatten, kannten wir uns; er hatte über mein Brecht-Buch die erste wesentliche Kritik geschrieben. Als wir mit den Studenten im Gespräch zusammensaßen, taute er vollends wieder auf.

Unter kränkelndem Selbstwertgefühl leidet Hans Mayer ebensowenig wie Marcel Reich-Ranicki. Beide gehörten, mit Walter Jens und Walter Höllerer, Joachim Kaiser und Reinhard Baumbart, zum Kritiker-Ensemble, das die Diskussionen in der „Gruppe 47" beherrschte. Als meine Mitarbeit im Literaturteil der F.A.Z. begann, erschienen dort auch noch Artikel von Hans Mayer und Walter Jens. Hans Mayer allerdings zog sich bald zurück, und man munkelte von einem Zerwürfnis. Ausgelöst worden sei es durch Fritz J. Raddatz' Veröffentlichung einer brieflichen Äußerung Mayers, wonach Verrisse Reich-Ranickis am frühen Tod einiger Schriftsteller mitschuldig seien – eine Anschuldigung, die vor allem Frau Reich-Ranicki tief getroffen habe. Es schien unvorstellbar, daß zwei Männer von so großer Brillanz des Verstandes auf die Dauer miteinander zerstritten sein konnten. Nicht nur ich rechnete mit der ausgleichenden Kraft der Vernunft. Einmischung in diesen Streit verbot sich. Aber ließ er sich nicht in bestimmten Grenzen einfach ignorieren? Ich lud beide zu meinem 60. Geburtstag ein.

Die Feier fand in unserem Hoffnungsthaler Haus statt. Unter den ersten Gästen waren die Freunde Winfried Hellmann und Gottfried Honnefelder, die mir eine Festschrift des Verlags Vandenhoeck & Ruprecht und ein mir gewidmetes „surhkamp taschenbuch" überreichten. Etwa achtzig Personen füllten die Räume; hier konnte man sich, wenn man wollte, aus dem Weg gehen. Als letzer erschien, nach der Theatervorstellung, Jürgen Flimm. Überall bildeten sich Gruppen, lösten sich auf, entstanden neu; es war ein fröhliches Gewoge, und auf den Bildern der Polaroidkamera konnte man sich sofort dokumentiert sehen. Ich bemerkte gerade noch rechtzeitig, wie Hans Mayer und Marcel Reich-Ranicki sich aufeinander zu bewegten, vielleicht zufällig, jedoch so, daß sie einander nicht mehr ausweichen konnten. An dem Kamin, hinter dem ein Jahr zuvor Heinrich Böll den Blicken seiner Frau entschwunden war, kam es diesmal zum Rencontre. Heinrich Vormweg und ich standen in der Nähe und hofften auf einen guten Ausgang. Hans Mayer eröffnete die kurzen Verhandlungen. Man solle sich doch wieder die Hand geben. Reich-Ranicki verlangte die Zurücknahme der ominösen Anschuldigung. Mayer war nicht zu Erklärungen bereit, fühlte sich unter Druck gesetzt. Und damit endete schon der Versöhnungsversuch. Hans Mayer wandte sich ab, strebte der Treppe, dem Ausgang zu; meine Beschwörungsversuche blieben vergeblich. Er ließ sich nach Köln ins Hotel fahren.

Ich war unglücklich, zerknirscht, obwohl nur wenige den Eklat bemerkt hatten und das Fest munter seinen Fortgang nahm. Mit großer Erleichterung las ich wenige Tage später Hans Mayers Brief aus Tübingen. Er erwähnte den Vorfall mit keinem Wort und hatte genug Ironie, die schöne Gelegenheit des Wiedersehens mit alten Bekannten zu preisen. Damit war die Herzlichkeit wieder hergestellt, auch wenn sie die Frage nach dem Verhältnis zu Reich-Ranicki hinfort ausschloß. Unter den Begegnungen wird gewiß die vom März 1997, die Ehrung des neunzigjährigen Hans Mayer in Kölns Historischem Rathaus, am tiefsten haften bleiben, vor allem durch die große Abschlußrede des ehemals exilierten Kölners an die Lebenden, die Nachgeborenen.

Keinerlei Trübung hinterließ das unglückliche Zusammentreffen auch in der Beziehung zu Reich-Ranicki. Zumindest einmal im Jahr traf und trifft man sich: am Montagabend nach der Frankfurter Buchmesse, beim Empfang der F.A.Z. im Haus Sismayerstraße 12. Ich kenne keine gelösteren Empfänge als diese. Die anstrengenden Tage der Buchmesse sind vorüber, die Bestellbücher – mehr oder weniger – voll; die Verleger und Lektoren lassen sich entspannt in die Gespräche mit Schriftstellern, Kulturpolitikern und Mitarbeitern der Redaktionen ein. Immer belebend die Nachmittage bei den Reich-Ranickis in der Gustav-Freytag-Straße, wo ich Wolf Biermann und Ruth Klüger zum ersten Mal gegenüberstand. Am meisten bewegt hat mich eine Veranstaltung mit Reich-Ranicki im November 1991: Sein Bericht über „Musik im Warschauer Ghetto", vor gut tausend Zuschauern im Kölner Schauspielhaus. So gesammelt und so intensiv wie über seine Ghetto-Zeit hatte ich ihn noch nie über eine Sache reden hören.

Aber von mir unbemerkt hatten sich neue Wolken zusammengezogen. Die alte Freundschaft zwischen Reich-Ranicki und Walter Jens war zerbrochen, eine neue Konstellation war entstanden. Die Wahl zum Präsidenten der Berliner Akademie der Künste und seine Entschlossenheit, die Akademien West und Ost zusammenzuführen, hatte Walter Jens wieder Hans Mayer nähergebracht. Beide Freunde waren sich nach dem Tod, genauer nach der Beerdigung Ernst Blochs, auf der Jens und nicht Mayer gesprochen hatte, fremd geworden. Nun löste eine neue Tübinger Koalition das bisherige Bündnis zwischen Jens und Reich-Ranicki ab. Hans Mayer überließ die Oppositionsrolle Reich-Ranicki, dessen politische Differenzen mit Jens sich während des Streits um die Vereinigung der Berliner Akademien verstärkten. Entscheidend aber wurde das persönlich-familiäre Dilemma. Zum eigentlichen Bruch der Freundschaft führten Vorwürfe von Walter und Inge Jens' Sohn Tilman, der Reich-Ranicki der bedenklichen Verstrickung in die polnische Geheimdiensttätigkeit während der ersten Nachkriegsjahre bezichtigte. Der Enthüllungseifer des Sohns der Freunde, besonders eine Sendung im Fernsehen, enttäuschte den Attackierten tief. Einzelheiten der Pressekampagne im Jahr 1994 und der Berufung Reich-Ranickis auf die Situation eines aus dem Ghetto entlassenen polnischen Staatsbürgers müssen hier nicht noch einmal ausgebreitet werden. Inge und Walter Jens, in der Wahl zwischen Sohn und Freund, stellten sich auf die Seite des Sohns. En Bund, der wie nach dem Muster der Freundschaft von Lessing und Moses Mendelssohn entworfen schien, endete.

Mich zog dieser neue Freundeszwist schon in seinem Anfangsstadium in Mitleidenschaft. Ich war Walter Jens seit meinem Wechsel von Göttingen nach Kiel, seit der Zeit, wo mir Ermutigungen viel bedeuteten, in freundschaftlicher Dankbarkeit verbunden und hatte bei der Verleihung des Heine-Preises an Jens in Düsseldorf (1981) die Laudatio gehalten. So war es nicht ohne Folgerichtigkeit, daß ich auf ein Angebot des Kindler Verlags einging und mich verpflichtete, zum 70. Geburtstag von Jens einen Essay, ein Buch über seine Schriften zu liefern. Die Anfangsarbeiten wurden aus Frankfurt noch mit Nachfragen verfolgt, dann erlosch das Interesse, und ich bemerkte mit Bestürzung, daß die Entzweiung der beiden Freunde mich zwischen zwei Feuer gebracht hatte. Noch glaubte ich, es handle sich nur um eine vorübergehende Krise der Freundschaft, und vermied deshalb jegliche Andeutung auf das ehemals fast brüderliche, jetzt gestörte Verhältnis. Ich unterschlug damit Tatsachen, die beider Leben und Schreiben über Jahrzehnte hinweg wesentlich mitbestimmt haben. Das war ein Fehler, den ich mir nicht verzeihen kann, auch wenn ich vermeiden wollte, bald als jemand dazustehen, der alles dramatisiert hatte.

Es macht traurig, Menschen wie Mayer, Reich-Ranicki und Jens, denen man in freundschaftlicher Achtung zugetan ist und ohne deren Anregungen und Hilfe die eigene Entwicklung anders verlaufen wäre, in solchem Wechsel zwischen Freundschaft, Zwist und Feindschaft zu sehen. Doch bin ich froh, nicht zwischen die Stühle geraten zu sein. Sollte Marcel Reich-Ranicki mein Jens-Buch zunächst wie eine Kränkung aufgefaßt haben, so war er nicht nachtragend.

Vielleicht hat unser Verhältnis das verloren, was man seine Unschuld nennen kann. Aber in der zurückgekehrten Herzlichkeit er-
kenne ich etwas sehr Nobles: zwischenmenschliche Treue.

Die Klagenfurter Literaturarena.
Ein neuer Erzähler.

In den Auseinandersetzungen um Reich-Ranicki spielt immer auch,
im Für und Wider, das „Literarische Quartett", das Fernsehereignis,
eine Rolle. In einer öffentlichen und sehr kritischen Äuße- rung von
Walter Jens spiegelte sich zugleich der Freundschaftsbruch. Aber es
gab einmal eine Zeit, da saßen wir, vom Fernsehen beäugt, gemeinsam am Kritikertisch: beim Ingeborg-Bachmann-Preis in Klagenfurt.
　　Der Wettbewerb 1982. Anflug auf Klagenfurt. Wir nähern uns
vom Westen her. Mein Blick geht gebannt in südliche Richtung. Ich
suche den Ausgang des Karawankentunnels, glaube die Eisenbahnli-
nie zu erkennen, über die im Oktober 1950 der Zug rollte, mit dem
ich in mein zweites Leben fuhr. Noch einmal von innen herauf eine
tiefe Bewegtheit, ein Nachgefühl des Freiheitsglücks von damals.
Der Wörther See, die Kirche von Maria Wörth, dem Ort, in dem ich
mit meiner Familie ein paarmal die Sommerferien verbrachte. Dann
der Einflug. Keine Warteschleifen mehr wie zuvor beim Anflug auf
Frankfurt, wo sich eine Gruppe von Autoren und Juroren des Wettbewerbs, von Verlagslektoren und Journalisten zusammenfand. Auf
dem Flugplatz verstreut ein paar Privat- oder Sportmaschinen. Eine
milde Wärme schlägt den Aussteigenden entgegen. Eher Ferien- als
Arbeitsstimmung.
　　Noch am Abend die Verlosung der „Startplätze", die Entscheidung über die Reihenfolge, in der die Autoren lesen. Im Nachteil ist,
wer sofort vors Mikrofon muß. Ist die Reaktion gut, so kann sie doch
von späteren guten Eindrücken überlagert werden. Wer zuletzt
drankommt, hat schon die Kritiker argumentieren gehört, besitzt
schon Erfahrung.
　　Am Morgen dann Beginn des Wettbewerbs im Stadthaus, im
hinteren Saal, den man durch einen offenen Innenhof betritt. (Erst

ab 1983 fand der Wettbewerb im neuen Sendergebäude des ORF statt.) In der Mitte der Halbkreis der Tische, an denen die Juroren (Kritiker) sitzen, unter ihnen meine Freunde Heinrich Vormweg und Gert Ueding (Walter Jens wird erst im nächsten Jahr wieder dabei sein). Der Platz neben dem Moderator, Marcel Reich-Ranicki, bleibt für den jeweils lesenden Autor frei. Zu drei Seiten der Tische sind, nach hinten ansteigend, die Zuschauerplätze angeordnet. So sitzen die Juroren und der Autor wie auf der Bühne eines Amphitheaters oder wie in einem – nur an einer Seite abgeflachten – kleinen Stadion. Tatsächlich sorgen Raum und Situation sowohl für Theater- wie Arena-Atmosphäre.

Während der vier Veranstaltungstage ist der Stadthaus-Saal immer gefüllt. Nie reichen die Sitzplätze aus, oft sind die Gänge blockiert. Das Publikum: Einheimische und Zugereiste, Schulklassen und Lesesenioren, Buchhändler und Verlagslektoren, Vertreter aus österreichischen, schweizerischen und deutschen Funk- und Zeitungsredaktionen. Was literarische Öffentlichkeit ist – hier wird es ganz unvermittelt erlebbar.

Den erweiterten Öffentlichkeitsrahmen stellt das Fernsehen her. Vier Tage lang liegt die „Bühne" im Licht der Scheinwerfer, vier Tage lang beobachten die Kameras das Spiel der Augen, der Mienen und Hände, belauschen die Mikrofone die rhetorischen Solonummern wie das Ringen nach dem richtigen Wort oder den Versprecher. Nicht eigentlich die Autoren, sondern die Kritiker befinden sich auf dem Prüfstand, denke ich. Öffentlich 28 Autorentexte beurteilen, das ist ein Kritiker-Marathonlauf in 28 Runden.

Beim Klagenfurter Wettbewerb für erzählende Prosa lernen die Juroren (jedenfalls zu dieser Zeit noch) den Text nicht früher kennen als das Publikum. Sie bekommen lediglich vor dem Autorenvortrag eine Ablichtung, so daß sie mitlesen und sich Notizen machen können. Am Ende Der Veranstaltung geben bei der Abstimmung über den Ingeborg-Bachmann-Preis und weitere Preise zunächst alle Juroren ihre namentlich gekennzeichnete Stimmkarte ab und begründen dann einzeln ihre Entscheidung. So ist eine wechselseitige Beeinflussung der Juroren während des Wahlgangs ausgeschlossen, aber die Öffentlichkeit der Abstimmung gewährleistet. Nur über die Stipendien wird von der Jury in nichtöffentlicher Sitzung entschieden.

Die „Tage der deutschsprachigen Literatur" – Autoren aus der DDR fehlen diesmal; der Preisträger von 1978 war aber Ulrich Plenzdorf – sind ein Wettkampf auf zwei Ebenen: der Schriftsteller und, wer will es leugnen, der Kritiker untereinander. Ob man es mir ansieht, daß ich Lampenfieber habe? Eine Rezension über ein Buch, das man in Ruhe gelesen hat, und die Sofortanalyse eines Textes, den man gerade gehört hat, sind zwei verschiedene Dinge. Wieder einmal hilfreich ist die Vorstellung, auf einer Bühne zu sein, eben in der Rolle des Kritikers, des Jurors. Nun gilt es nur noch, sich ans Stegreifspiel, an die Dramaturgie des Extempores zu gewöhnen. Die halbstündige Lesung der Autorin, die den Anfang macht, gewährt einen letzten Aufschub. Dann setzt die Kritikerdiskussion ein. Erst die anderen reden lassen, die schon bekannten Matadoren der Klagenfurter Bühne! Aber da, war das nicht ein Stichwort? Nun heraus aus den Kulissen! Freiweg extemporiert! Schon fährt die Kamera heran, aber sofort ist sie auch wieder vergessen. Glückliches Gefühl! Als sei man ins Wasser geworfen worden und merkt nun, daß man schwimmt. Oder besser noch: ein Gefühl wie im Traum, wenn man plötzlich entdeckt, daß man fliegen kann.

Bereits nach dem zweiten oder dritten „Auftritt" ist alle Befangenheit abgefallen. Sicherer werdend, lernt man. Wegkommen von jedem literaturkritschen Schubladendenken, nicht sich festklammern an Gattungsbegriffen! Jeder Text bringt seine eigenen Bedingungen und Regeln mit. Hier sind nicht Gesetzestreue zu loben oder Gesetzesübertretung zu tadeln. Hier ist Ausschau zu halten nach dem literarisch Neuen, die Sprachkraft des Autors zu wägen und damit die literarische Qualität des Textes zu beurteilen.

Andererseits, wie läßt sich feststellen, ob etwas „Literatur" ist, ob es noch nicht oder schon nicht mehr „Literatur" ist? Verhältnismäßig unproblematisch für den Kritiker sind die eindeutig schwachen und die eindeutig guten Texte. Nach mancher Lesung jedoch wird die Urteilsfindung zur Gratwanderung. Aber gerade dies sind die Fälle, wo der publikumswirksame Dissens der Juroren zustandekommt.

Der Wettstreit der Kritiker in Klagenfurt ist auch ein intellektueller Schaukampf. Man mag einwenden, so suchten sich die Kritiker auf Kosten der Autoren zu profilieren. Doch steht dagegen, daß die Klagenfurter Kritikerdiskussion öffentlich bewußt macht, zu welcher kritischen Auseinandersetzung Literatur auffordert, herausfordert, zu welcher geistigen Konzentration sie zwingt. Kaum irgendwo wird Literatur so ernst genommen wie hier. Als nach einem ausführlichen Gespräch über einen sehr schwachen Text einer der Zuschauer zu mir herantritt und mich fragt, warum ich mir so etwas antue, kann ich nur antworten, daß hier nicht nur Preisträger ermittelt, sondern alle literarischen Bemühungen, auch die noch nicht gelungenen, geachtet werden.

Das Besondere an diesem Wettbewerb ist, daß der Prozeß der Urteilsfindung und die Wahl der Preisträger so durchsichtig werden. Hier gilt kein Argument, das Öffentlichkeit nicht verträge. Öffentlich werden freilich auch die Niederlagen der Schriftsteller. Das ist der Preis für die völlige Transparenz des Wettbewerbs. Hier wird nicht nur, wie bei der üblichen Vergabe von Preisen und Stipendien, der Triumph der Gewählten offenkundig, sondern auch das Scheitern von mehr als zwanzig Mitbewerbern.

Mich hat das Nebeneinander von Hoffnung und Resignation manchmal bedrückt – immer deutlicher drifteten während der vier Tage die Stimmungslagen der Autoren auseinander. Die unsichtbare Mauer zwischen den Juroren und den Autoren wächst. Sie wächst heimlich, denn weiterhin spricht man ja miteinander, beim Essen, beim gemeinsamen Gang durch die Stadt oder abends im Restaurant am Wörther See.

Manchmal blitzt etwas wie Klassendenken auf. Dann, wenn von der Macht der Juroren die Rede ist. Gerade enttäuschte Autoren neigen dazu, Kritik als Machtausübung, die Juroren als die „Herrschenden" zu betrachten. Ich finde es begreiflich, daß Ressentiments entstehen, Ohnmachtsgefühle – die Autoren dürfen nach der Kritikerdiskussion wohl ein Schlußwort sprechen, nicht aber den Disput mit den Juroren aufnehmen. Doch diese Einschränkung ist wohlbedacht, denn ein allgemeiner Streit würde die „Klagenfurter Tage" zu einer ausufernden Veranstaltung machen, und am Ende könnte es sein, daß nicht ein Autor, der den besten Text gelesen hat, sondern der in eigener Sache der geschickteste, beredteste Anwalt war, den Sieg davonträgt, und das würde den Sinn dieses Wettbewerbs verfälschen.

Kann der Autor durch die Art des Vortrags Punkte sammeln, oder kann gar die Vortragskunst den Ausschlag geben? Ganz auszuschließen ist es nicht. Hier muß eine weitere, kontrollierende Textlektüre der Juroren Sicherheit geben. Zwei unterschiedliche Beispielfälle zeigen das Problem: die Lesungen von Ulla Berkéwicz und Einar Schleef.

Ulla Berkéwicz' bisheriges Forum war die Bühne. Ich kannte sie als Schauspielerin des Kölner Theaters. Sie spielte in Schillers „Wallenstein" die Thekla. Ihre Leistung war beachtlich; der Regisseur Hansgünther Heyme pfropfte der Figur zwar hysterische Züge auf, entschädigte die Rolle aber mit dem Text, in dem bei Schiller der Hauptmann über die Schlacht und Max Piccolominis Tod berichtet. So sprach Thekla zugleich die Nachricht, die sie empfing – eine Verdichtung des Tragischen stellte sich her, die dem Zuschauer den Atem stocken ließ. Wer solch schwierige Aufgabe gemeistert hat, ist beim Lesen eines eigenen Textes im Vorteil Ulla Berkéwicz liest aus ihrer ersten Erzählung „Josef stirbt". Sie erhält am Ende ein Stipendium zugesprochen. Sind wir der Schönheit der Schauspielerin und ihrer Sprechkunst erlegen? Kein Zweifel, ihr Text bekam durch die überzeugende Lesung eine zusätzliche Qualität. Aber die spätere Lektüre der ganzen Erzählung bestätigt unser Urteil

Auch Einar Schleefs Domäne ist das Theater. Er hat am Berliner Ensemble inszeniert und ist in den Westen gegangen. Er liest den Text „Wittenbergplatz": Ein Mann ist einer Frau hörig, die ihn demütigt, indem sie ihn zum Zeugen immer neuer Liebschaften und Bettgeschichten macht. Schleef hat einen Sprachfehler; der Sprechfluß gerät immer wieder ins Stocken, ein Stottern deutet sich an. Geradezu ein Gegenbeispiel zu Ulla Berkéwicz! Es ist quälend, ihm zuzuhören, weil man unwillkürlich mit ihm leidet. Aber Text und Vortrag stehen, wie man bald merkt, in einem wirkungssteigernden Wechselverhältnis. Die Art des Lesens versinnlicht die psychische Zwangslage des Mannes. Schleef ist am Ende unter den Preisträgern. Möglich, daß seine kluge Regie den richtigen Text für seine Lesehemmung gewählt und dem Glück etwas nachgeholfen hat. Aber auch hier rechtfertigt die nachträgliche Lektürekontrolle, der Vergleich mit anderen Texten, unsere Entscheidung.

Am Tag nach der Preisverleihung. Die Zeit reicht noch für eine Schiffsfahrt auf dem Wörther See. Das gemächliche Schlingern von Anlegestation zu Anlegestation, von Ufer zu Ufer als die ideale Bewegungsart zur Entspannung. Dann der Abflug aus Klagenfurt. Die

Gruppe, die vor fünf Tagen in Frankfurt entstand, trifft wieder zusammen. Die Begrüßungen weniger laut, weniger theatralisch auch. Aber alle kennen sich nun. Die Gespräche fast alle auf Moll gestimmt. Für die meisten Autoren gab es ein – wenigstens vorläufiges – „Aus". Gleichwohl spürt man keinen Neid auf die Preisträger. Doch im Flugzeug, das leerer ist als beim Hinflug, sondern sich einige ab. Schon beginnt sie wieder, die Einsamkeit des Schriftstellers. Ich erinnere mich an das Gespräch mit einem der Enttäuschten. Er hatte nach der wenig erfolgreichen Lesung und Diskussion nicht wieder im Publikum Platz genommen, sondern war auf sein Hotelzimmer gegangen. Er hatte sofort wieder begonnen zu schreiben. Eine gute Methode: der Enttäuschung Herr werden durch Produktivität.

Vier Jahre später. Zum letzten Mal in der Jury des Klagenfurter Wettbewerbs. Reich-Ranicki, Walter Jens, Joachim Kaiser und Heinrich Vormweg werden für immer ausscheiden; ich will die gute Gelegenheit nutzen und mich anschließen. Es ist aber nicht nur das allgemeine Revirement (im nächsten Jahr wird Peter Demetz die Jury leiten), das mir den Abschied vom Ort der Begegnungen, von einem der großen Anziehungspunkte des literarischen Lebens erleichtert. Ich mußte, bei aller Freude am literarischen Streitgespräch, ein zunehmendes Unbehagen unterdrücken. Ich war mit der Zeit immer weniger unempfindlich gegenüber den Enttäuschungen der „durchgefallenen" Bewerber geworden. Eine Ähnlichkeit des Klagenfurter Wettbewerbs mit sportlichen Ausscheidungs- und Endkämpfen wurde mir deutlicher. Selbstzweifel kommen hinzu. Besitze ich immer die nötige Schlagfertigkeit? Die Sofortanalyse des vorgelesenen Textes, das *Hic Rhodus, hic salta!*", die Notwendigkeit der Spontankritik erscheinen mir inzwischen fragwürdiger als zu Anfang. (Zu welchen Irritationen beim Autor solche Spontankritik in der Arena führen kann, hat Dieter Wellershoff im Bericht über seine vierte Lesung in der „Gruppe 47" beschrieben). Der Schaltprozeß zwischen der Aufnahme des Textes und der Urteilsbildung kann leicht zu Kurzschlüssen führen. Mir verursacht das Schnellschuß-Verfahren dieser Kritik Skrupel. Und schließlich ist mir die Allgegenwart der Fernsehkamera bedenklicher geworden. Ein literarischer Wettbewerb steht in Gefahr, zur Show zu werden.

Inzwischen macht das „Literarische Quartett" Furore. Waren die Regeln des Ingeborg-Bachmann-Wettbewerbs den ungeschriebenen

Gesetzen der Lesungen in der „Gruppe 47" entlehnt, so ist Reich-Ranickis Konzept des „Literarischen Quartetts" sicherlich aus den Klagenfurter Erfahrungen hervorgegangen. Die Gefahr der Urteils-Schnellschüsse ist vermieden. Grundlage des Streitgesprächs sind bereits erschienene und von den Kritikern gelesene Bücher. Der Literatur wird hier eine Öffentlichkeit verschafft wie nie zuvor. Das Gespräch über Literatur erhält Unterhaltungswert. Wo man hinkommt, wird über das „Literarische Quartett" gesprochen. Es sind aber mehr die Star-Kritiker des Quartetts als die Bücher, über die geredet wird. Gewiß regt diese Fernsehrunde zum Bücherkauf an, und in manchen Fällen katapultiert die Empfehlung Bücher in schwindelnde Auflagenhöhen. Nur wer im „Literarischen Quartett" besprochen wird, steht im vollen Scheinwerferlicht. Gefördert wird eine Strategie, die der Buchmarkt ohnehin schon, zumal in Amerika, mit einseitigen Werbekampagnen verfolgt: Bestseller zu „machen". Zu befürchten ist, daß die Käufer und Leser anderen Autoren und Büchern verloren gehen.

Nur selten stellt das „Literarische Quartett" einen jungen deutschen Autor vor. Das entspricht der allgemeinen Klage über den Zustand der deutschen Literatur, über ihr Zurückbleiben hinter den internationalen Standards. Gewiß, man hat sich zu hüten vor Generalisierungen, auch vor Vorurteilen, die ausgestreut werden von Verlagen, die sich fast ganz auf Übersetzungen ausländischer, zumal amerikanischer Literatur verlegt haben. Dennoch läßt sich nicht leugnen, daß die Streitgespräche über Debüts und neue Talente seltener geworden sind; es fehlen ihnen offenbar die Anlässe. Junge Autorinnen und Autoren von Erzählprosa haben lange Zeit den Wert des Erzählens selbst geringgeschätzt.

Kein Mißverständnis bitte! Die Entwicklung der Erzählliteratur wird von Experimenten weitergeführt, und keiner erwartet von unseren Autoren, daß sie noch erzählen wie Wilhelm Raabe oder Gottfried Keller (womit nichts gegen diese Autoren des 19. Jahrhunderts gesagt sein soll). Das Experiment ist der nötige Stachel gegen das Behäbigwerden in Erzählkonventionen, es justiert die Literatur und ihre Formen immer wieder auf die neuen Bewußtseinshorizonte. Wo es aber zum Selbstzweck wird und schon den einzigen Sinn des Werks ausmacht, bleibt sein Anspruch auf Interesse begrenzt. Insofern ist uns James Joyces „Ulysses" wichtiger als „Finnegans Wake" (bei aller Bewunderung für diese Supernova sprachlich-erzählerischer Artistik). Bei manchen unserer jüngeren Autoren hat man den Eindruck, daß der Erzählgegenstand ganz vom Erzähler-Ich und von Selbstreflexionen des Erzählens verschluckt wird.

Ein hervorragendes Beispiel dafür, wie die Verbindung von innovatorischem und sinnlich-anschaulichem Erzählen glücken kann, bietet Marcel Beyer in seinem Roman „Flughunde" (1955). Im Jahre 1989 stellte ich im sogenannten „City-Treff", einer Kölner Literaturveranstaltung, dem Publikum die jungen Autoren Marcel Beyer und Norbert Hummelt vor. Beyer las Gedichte, die Sprachspiele und Sprachexerzitien zugleich waren. Den Durchbruch als Schriftsteller verdankte er seinem zwei Jahre später erschienenen Roman „Das Menschenfleisch", einem virtuosen Balanceakt zwischen Verleiblichung der Sprache und Versprachlichung des Körpers: die Liebesbeziehung zweier Menschen als „unerhörlicher Spracherwerb aneinander".

Ein Zitat aus den Tagebüchern von Hitlers Propagandaminister, Goebbels' fast sentimentales Bekenntnis der Vaterliebe, dient als Vorspruch des Romans „Flughunde", und dieses Motto hat unmittelbar mit dem zu tun, wovon der Roman erzählt: den letzten Lebensjahren der sechs Kinder Goebbels' und ihrer Tötung im Berliner Führerbunker am 1. Mai 1945. Experimentelle Literatur und die Geschichte des „Dritten Reichs", so fragt man sich, wird das zusammengehen? Denn auch der neue Roman verzichtet auf die Selbstreflexion der Sprache nicht; sie ergibt sich aus der Tätigkeit des einen Erzählers, des Akustikers und Lautforschers Karnau, der neue Möglichkeiten der Phonologie und Phonographie erprobt.

Der Name Karnaus und ein biographisches Detail sind von einer historischen Person übernommen, von jenem Wachmann im Führerbunker, der den Westalliierten als erster den Tod Hitlers bezeugte. Beyers Karnau erregt durch seine Verbesserung der akustischen Anlagen bei Massenveranstaltungen die Aufmerksamkeit des Propagandaministers und kommt mit der Familie, zumal den Kindern, in engeren Kontakt. Zweite Erzählerfigur ist Goebbels' älteste – anfangs achtjährige – Tochter. So entwickelt sich der Roman in ständigem Wechsel zweier Stimmen und zweier Perspektiven.

Karnau wird mitschuldig. Man holt ihn zu einer Gruppe, in der Ärzte unter Bedingungen, wie sie auch aus den Konzentrationslagern bekannt geworden sind, Operationen an Versuchspersonen vornehmen. Menschen werden verstümmelt, bis nur noch „Rasseln aus versteppter Kehle" dringt. Am Ende sind die „Forschungen" gescheitert, nicht Stimmfehler behoben, sondern Stimmen gelöscht, Menschenleben vernichtet worden. Beyer verschränkt die beiden Erzählperspektiven so ineinander, daß Helgas Bericht über Goebbels' berühmte Sportpalast-Rede nach dem Fall von Stalingrad, die Aufpeitschung zum „totalen Krieg", und Karnaus Enthüllungen sich wechselseitig kommentieren.

Was als psychologischer Bruch erscheinen könnte, die Unvereinbarkeit zweier Personenhälften, des braven Freundes der Kinder und des besessenen, in menschenschinderische Versuchspraktiken verstrickten Lautforschers, ist vom Kunstprinzip des Romans her keineswegs widersprüchlich – es wiederholt und spiegelt die Goebbelsche Schizophrenie: den Gegensatz zwischen der abgöttischen Kinderliebe des Vaters und der Menschenverachtung des rhetorischen Einpeitschers.

Beyer hält sich in Distanz zum historischen wie zum realistischen Roman, ohne einige ihrer Elemente zu verschmähen. Er schmilzt sie in eine Form ein, die das Instrument des mächtigen politischen Propagandisten Goebbels, die menschliche Sprache und Stimme, zu einem weiteren Hauptsujet des Romans macht. So werden imaginäre Geschichtsdarstellung und Sprachreflexion in einen fesselnden Zusammenhang gebracht. In diesem Roman bewegt sich der Autor ganz auf der Höhe des Wissenschaftsstandes (hier der modernen Sprach- und Medienwissenschaft) und macht zugleich vollen Gebrauch von den Möglichkeiten anschaulichen, spannenden Erzählens.

Theater, Theater

Eine Stadt am südwestlichen Rand des Ruhrgebietes, die kein eigenes Theater besitzt, nur eine Stadthalle, in der Theater gastieren können, ausgerechnet diese Stadt Mülheim a.d. Ruhr will einen Preis für deutsche Dramatik aussetzen. Er ist gewiß einer der eigenwilligsten in jener Girlande der Kunst- und Literaturpreise, mit der inzwischen deutsche Städte die Kultur willkommen heißen und mit der sie sich selber schmücken – das theaterlose Mülheim erhofft sich wohl wenigstens einen Abglanz vom reichen Theaterleben in Deutschland. Die Idee zu diesem Preis stammt von Theaterleuten und Theaterkritikern. Denn prämiert werden sollen nur Stücke, die auch in einer Gastaufführung in Mülheim gezeigt werden können, von denen also ein Publikum und die Jury eine lebendige Anschauung gewinnen. Zugelassen sind nur neue, im letzten Jahr herausgekommene Stücke. Für Mülheim ausgesucht wird die jeweils beste Inszenierung eines Stücks durch ein Auswahlgremium, das aus den Theaterfachleuten und -kritikern Karl Richter, einem der Initiatoren, Henning Rischbieter, Jochen Schmidt, Werner Schulze-Reimpell und Hans Schwab-Felisch besteht. Aber die Jury soll eben nicht über die beste Inszenierung, sondern über das beste Stück entscheiden. Das bringt die Jury in ein Dilemma. Denn wie soll man, wenn Peter Steins Berliner Schaubühne, sein erlesenes und berühmtes Ensemble, und eine mittlere Bühne zusammentreffen, von der choreographischen und schauspielerischen Versinnlichung des Textes ganz absehen? Wenn der dramatische Text die Gestalt, auf die hin er angelegt ist, erst auf der Bühne findet – wie weit kann man die beim Wettbewerb präsentierte Gestalt einfach vergessen? Die Stadt Mülheim und ihr Kulturausschuß unter dem Vorsitz von Eleonore Güllenstern, der späteren Oberbürgermeisterin, will zumindest einen Versuch wagen. Für den deutschen Dramatikerpreis und die Mülheimer Theatertage im Mai 1976 hat man den Titel „Stücke '76" gewählt.

Irgendwann zu Anfang des Frühjahrs ein Anruf vom Mülheimer Kulturdezernenten. Kurze Information. Als ein Kandidat für die Jury sei ich genannt worden, ob mich die Aufgabe reize. Ich brauche nicht lange zu überlegen, sage zu. Für den Vormittag des Tages, an dem die erste Jurysitzung und die erste Aufführung stattfinden, sind wir zu einer Bootsfahrt eingeladen. Wir finden uns auf Mülheims „Wasserbahnhof" ein, der auf einer kleinen Insel in der Ruhr liegt und nicht nur mit seiner Reverenz vor der Eisenbahn, sondern auch mit einer Variation der üblichen Sonnenuhr, einer Blumenuhr, aufwartet. Wir legen vom Wasserbahnhof ab in Richtung Kettwig und erreichen bald die nächste Sehenswürdigkeit, die sich in mehr als 60 Meter Höhe über den Fluß und das Tal spannende Autobahnbrücke bei Mintard, ein ganz lichtes, mit seinen

Pfeilern fast filigranes Bauwerk. Vor Kettwig wenden wir. Nach der Rückkehr folgen wir einem architekturkundigen Führer zu Mülheims ältestem Baudenkmal, dem Schloß Broich und den Fundamenten einer spätkarolingischen Burganlage. Damit hat uns Mülheim sein historisches Profil gezeigt – wahrlich keine Stadt mit prunkvoller feudal-barocker oder klassizistischer Vergangenheit, eine nüchterne Industriestadt mit fast 200.000 Einwohnern und einem großen Arbeiteranteil, aber kein Ort mit Zechen und Hochöfen wie so viele Städte des Ruhrpotts. Hier also soll der deutsche Dramatiker des Jahres gekürt werden.

Am Nachmittag die erste Jurysitzung, eröffnet von Frau Güllenstern, die uns aber verläßt, sobald ein Sprecher der Jury gewählt ist, der auch den Vorsitz übernimmt. Ich habe meine Wahl nicht verhindern können und mich dann nicht geziert. Ich selbst hätte lieber den älteren Erwin Sylvanus an meiner Stelle gesehen. Sylvanus, Vertreter der Schriftsteller und von seinem vorübergehenden Wohnort London angereist, hat 1958 den Leo-Baeck-Preis des „Zentralrats der Juden in Deutschland" erhalten; ich erinnere mich an Heinz Hilperts Göttinger Inszenierung seines bekanntesten Stückes „Korczak und die Kinder", der dramatisierten Geschichte des Arztes im Warschauer Ghetto, der die Kinder eines jüdischen Waisenhauses freiwillig ins KZ begleitet. Neben dem Münchner Dramaturgen Michael Huthmann und zwei Redakteuren der Hauptzeitungen des Gebiets gehört auch der Kölner Theaterwissenschaftler Günther Erken zu den stimmberechtigten Mitgliedern der Jury.

Alle Aufführungen in der Stadthalle sind so gut wie ausverkauft. Von den fünf Stücken scheiden Peter Hacks' komödiantisches Goethe-Remake „Das Jahrmarktsfest zu Plundersweilern" und Wolfgang Bauers „Magnetküsse" bald aus der engeren Wahl. Die Diskussion spitzt sich zu auf die Entscheidung zwischen Franz Xaver Kroetz („Das Nest") und Heiner Müller („Die Schlacht"). Über Kroetz' „Das Nest" hat man lesen können, daß es unter seinen Zeitstücken das bisher beste sei.

Ein Lastwagenfahrer, Kleinverdiener, hat heimlich Chemikalien in eben dem Teich abgeladen, in dem sein Kind badet und sich eine tödliche Krankheit zuzieht; die schmerzliche Erfahrung lehrt ihn ein neues verantwortliches Denken. Das in den letzten Jahren unerhört geschärfte Bewußtsein vom Ausmaß der Umweltzerstörung mag mitsprechen bei der (wenn auch knappen) Entscheidung der Jury zugunsten dieses Stücks. Heiner Müllers „Die Schlacht – Szenen aus Deutschland" (in der Neufassung von 1974) kommt mit seinen Exzessen von Verrat, Brudermord und sogar Kannibalismus zwar dem nahe, was Gerhart Hauptmann das „Urdrama" nannte, überfällt aber anscheinend ein auf Müllers Dramatik noch nicht genug vorbereitetes westdeutsches Publikum mit zu starken Schocks. Die Aufführung des Hamburger Deutschen Schauspielhauses mildert das herausfordernd Krude nicht. Dagegen wirkt die Kroetz-Inszenierung des Theaters am Neumarkt in Zürich geradezu betulich, was freilich Titel und dominierendes Milieu des Stücks „Das Nest" auch nahelegen. Vielleicht hat sogar die Furcht, von der Wucht, Intensität und Perfektion der Hamburger Inszenierung überrollt und geblendet worden zu sein, ein bißchen den Ausschlag zugunsten des Textes von Kroetz gegeben. Im nachhinein läßt sich die Entscheidung der Jury kritisieren, sie zeigt aber, daß es noch an Maßstäben für die gewaltige theatralische Kraft Heiner Müllers gefehlt hat.

Wer insgeheim froh gewesen ist, daß nicht einem Autor aus der DDR der erste Mülheimer Dramatikerpreis überreicht werden muß, für den hält ein kleines Nachspiel, ein Vorfall am Tag der offiziellen Preisübergabe an Kroetz, einen Tort bereit. Die Teilnehmer einer Diskussion während des Festaktes, darunter Kroetz selbst, versammeln sich zu kurzer Besprechung, bevor das Publikum den Kammermusiksaal betritt. Plötzlich kommt Frau Güllenstern geeilt und bittet mich nach draußen. Vor dem Eingang ist Unruhe entstanden. Und der Grund der Aufregung? Eine Gruppe von vielleicht acht oder zehn Kindern zwischen sechs und zehn Jahren, eine kleine DKP-Jugendgruppe in Uniform mit rotem Wimpel, steht im Vorraum. Es ist ja kein Geheimnis, daß Kroetz zu dieser Zeit zum Vorstand der Kommunistischen Partei in der Bundesrepublik gehört. Ein Streit ist entbrannt, ob man die Kinder zurückweisen soll oder nicht; der Saaldiener wünscht eine klare Anordnung. Einige Aufgeregte befürchten eine politische Demonstration während der Feier. Ich schaue mir die kleinen Mädchen und Jungen an, die sich in einer Ecke aneinanderdrängen, eingeschüchtert, eher hilflos, offenbar von Eltern geschickt, die sich selbst nicht blicken lassen. Ein Mädchen trägt einen Strauß roter Nelken. Ich habe noch einige Protestveranstaltungen aus der Zeit der Studentenbewegung in frischer Erinnerung und sehe, daß von diesen Abgesandten der DKP keine Revolution im Kammermusiksaal zu erwarten ist. „Wenn Sie wollen", sage ich zu Frau Güllenstern, „daß die eine oder andere Zeitung aus der Mücke einen Elefanten macht, dann verbieten Sie diesen Kindern den Eintritt. Ich würde die Sache herunterspielen. Einfach nicht beachten!" Da andere einen ähnlichen Rat geben, dürfen die Kinder friedlich in den Saal einziehen.

Friedlich bleiben sie auch, schon deshalb, weil sie gar nicht recht begreifen, wovon bei der Feier geredet und worüber bei der Diskussion gestritten wird. Am Ende tritt das eine Mädchen vor und überreicht dem Preisträger wortlos die roten Nelken. Kroetz streichelt der Kleinen übers Haar und wendet sich wieder den Honoratioren zu. Wahrlich eine poetisch-politische Idylle. Der Wolf im Schafspelz, wie manche meinen? Ich bin überzeugt, der rührend-possierliche Auftritt der Kindertruppe bringt der DKP keinen zusätzlichen Wähler. Die Demokratie verträgt gut ein bißchen Gelassenheit.

Demokratisch entschieden werden muß über die Frage, ob die „Mülheimer Theatertage" fortgeführt werden sollen oder ob es bei dem einen Mal bleibt. Die Opposition im Stadtparlament befürchtet eine unerträgliche Belastung des Haushalts. Tatsächlich hat in diesem Jahr der finanzielle Engpaß nur durch einen Zuschuß des Landes Nordrhein-Westfalen behoben werden können. Aber warum kann das nicht auch in Zukunft geschehen? Die Entscheidung soll in einer öffentlichen Sitzung des Kulturausschusses fallen. Ich werde als „Experte" hinzugebeten. Es wird das einzige Mal bleiben, daß ich öffentlich in einer parlamentarischen Institution rede.

Meine Position ist von vornherein klar. Der Mülheimer deutsche Dramatikerpreis und die Theatertage waren nicht nur ein Kulturereignis mit verdientem großen Echo, sie haben auch Zukunft. Diese einzigartige Einheit von Förderung neuer Dramatik und ihrer alljährlichen Präsentation in Aufführungen deutschsprachiger Bühnen muß erhalten bleiben. Da Lob immer der beste Ansporn ist, lasse ich es an ihm in meinem Plädoyer nicht fehlen. „Wir hätten" – ich zitiere aus den Presseprotokollen – „nie geglaubt, daß in einer Stadt mit so viel Theater-Nachbarschaft so etwas wie eine Festspiel-Atmosphäre entstehen kann. Sie war aber wirklich während der Theatertage zu spüren. Hier gab eine Stadt dem Theater, dem Publikum und sich selbst ein Fest." Bestätigt wird das volle Gelingen des Wagnisses „und ein nationales Echo weit über die Provinz hinaus". Die Rede ist mehr an die Öffentlichkeit als an den Kulturausschuß gerichtet. Denn bei ihm kann am Ausgang der Abstimmung kein Zweifel bestehen: Die SPD verfügt über die absolute Mehrheit (als sehr viel später die CDU mit einer Koalition die SPD überraschend ablöst, ändert aber Helene Koch im Kulturausschuß die Strategie der Vorsitzenden von 1976 selbstverständlich nicht). Mit dem Beschluß, die Theatertage fortzusetzen, ist der Mülheimer deutsche Dramatikerpreis endgültig auf den Weg gebracht.

Zwei weitere Jahre gehörte ich noch zur Jury und war ihr Sprecher, dann war es Zeit für den Wechsel. Den Preis der „Stücke '77" holte sich eine Autorin, Gerlind Reinshagen. Nach dem Gegenwartsstück des Vorjahrs sammelte nun eine dramatische Auseinandersetzung mit dem „Dritten Reich", also mit der Zeitgeschichte jüngster Vergangenheit, die meisten Stimmen für sich. Gerlind Reinshagen sucht in ihrem Schauspiel „Sonntagskinder", anders als das Dokumentarische Theater der sechziger und siebziger Jahre, Authentizität (wohl auch biographische) dadurch herzustellen, daß sie das Stück aus dem Blickwinkel eines jungen Mädchens aufbaut, das im „Dritten Reich" groß wird und bei Kriegsende noch nicht einmal zwanzig Jahre alt ist. Glaubhaft wird auf diese Weise die geheime Faszination, die von den Liedern, Fahrten und Zeltlagern, vom Gemeinschaftsleben in der Hitlerjugend ausging. Deutlich wird auch die bereitwillige Anpassung so vieler Erwachsener, so daß weniger die strammen Marschkolonnen als die Masse der Mitläufer als Stütze der Diktatur erscheinen.

Im Mai 1978 bestach die Berliner Schaubühne am Hallischen Ufer das Publikum mit der Aufführung von Botho Strauß' „Trilogie des Wiedersehens": Die Besucher einer Kunstausstellung gehen nach der Mechanik einer Spieldose aufeinander zu und wieder auseinander, denn den Wunsch nach Nähe unterläuft immer wieder die Bindungsscheu. Strauß' Annäherung an eine neue Konservative Revolution (die sich freilich nicht pauschal als Irrationalismus abstempeln läßt), seine mir befremdlichen Entwürfe von Gegenwelten gegen unsere Zivilisation waren noch nicht abzusehen; seine Analysen dieser Zivilisation und der in ihr entstehenden Neurosen fesselten mich. So galt er mir als der preiswürdige Dramatiker des Jahres. Die Zwischendiskussionen in der Jury liefen auch auf ein Votum für die „Trilogie des Wiedersehens" zu, obwohl die Mehrheit am seidenen Faden hing.

Doch hatten wir nicht mit der Entschlossenheit eines Jurors gerechnet, der als Dramaturg eines Theaters aus dem Ruhrgebiet die Interessen der Kumpels wahren wollte und offenbar beeindruckt war von einem publizistischen Begleittext der Theatertage, in dem es über Botho Strauß hieß, er schildere nur „0,0001 Prozent der Realität". Diesem Dramaturgen gelang es, vor der letzten Sitzung einen anderen Juror umzustimmen – einen jungen Journalisten, der zuvor viel angelesenes Lob für Strauß, sein Stück und die Schaubühne wiederzukäuen wußte. Der Preis ging an Martin Sperrs Stück „Die Spitzeder" (das mitbefragte Publikum hatte seine Sympathie mit dem jungen Ruhrgebietsautor Willy Thomszyck und seinem Jugendstück „Leerlauf" bekundet). Als ich vor den Zuschauern, die nach der letzten Aufführung warteten, die Entscheidung für Sperrs „Die Spitzeder" und die Begründung verlas, muß man meiner Stimme den inneren Widerstand angemerkt haben.

Die Wahl der ersten Theatertage, Kroetz' „Das Nest", hatte bewiesen, daß die Jury der Verdacht ästhetisch elitärer Vorurteile nicht anzuhängen war. Auch gönnten alle Jurymitglieder dem Autor Martin Sperr, der nach längerer Krankheit und Unproduktivität an den Schreibtisch zurückgekehrt war, das Preisgeld von 10.000 Mark. Doch war eben die Geschichte von der Spitzeder, die durch unseriöse Geschäfte ins Gefängnis kommt, das schwächste aller Stücke Sperrs, nicht vergleichbar mit den kritischen bayerischen Volksstücken der frühen Zeit. Und zum Leitmaßstab des Preises für den besten Dramatiker des Jahres durfte nicht der Grad wirtschaftlicher Bedürftigkeit werden. Im übrigen fand ich die krasse Abwertung von Botho Strauß in einem offiziellen Begleittext unverantwortlich parteiisch, weil sie nicht nur Voreingenommenheit im Publikum zu wecken, sondern auch die Jury unter Druck zu setzen versuchte. So endete meine dreimalige Mitwirkung an den Mülheimer Theatertagen mit einem Mißklang.

Doch ließen schon die Veranstaltungen „Stücke '79", zu denen ich als Gast fuhr, den Ärger vergessen. Jetzt gesellte sich zur Reihe der Preisträger endlich Heiner Müller, ausgezeichnet wurde sein Stück „Germania Tod in Berlin" (gezeigt in einer Aufführung der Münchner Kammerspiele). Ich war dann ein paarmal noch, jeweils nach längerer Unterbrechung, Mitglied der Mülheimer Jury. Eine stille

Wiedergutmachung meiner Erfahrung von 1978 war die von 1982, als wir in der Jury, gegen die starke Konkurrenz von Tankred Dorsts „Merlin oder Das wüste Land", Thomas Hürlimanns „Großvater und Halbbruder" und Heiner Müllers „Quartett", Botho Strauß' „Kalldewey, Farce" zum Stück des Jahres wählten. Es folgt als eine Art Satyrspiel der tragisch überschatteten Handlung von Strauß' „Groß und klein" (1978). Das Thema der Zivilisationskrankheit taucht wieder auf, aber zugleich in seiner Umkehrung, als Parodie auf die unzulängliche Psychotherapie. Auf Elemente des Absurden Theaters greift Strauß zurück in der Darstellung der „Konsumentenkultur" als einer überfüllten Leere, eben einer absurden Kultur.

Ein Wiedersehen mit einem der Preisträger von Klagenfurt gab es beim Mülheimer Theatertreffen 1995, eine Wiederholung. Wir gaben Einar Schleefs „Totentrompeten", der stillen Intensität wegen, den Vorzug vor Stücken wie Elfriede Jelineks „Raststätte oder Sie machens alle" und Christoph Heins Komödie „Randow". Die Wahl des Preisträgers mußte das Jurymitglied Günther Rühle mit Genugtuung erfüllen. Als Intendant der Frankfurter Bühnen hatte Rühle zum Regisseur Einar Schleef gehalten, und in der Jury für den Kleist-Preis focht er in der Zeit, in der wir ihr gemeinsam angehörten, unentwegt aber vergeblich, für den Dramatiker und Regisseur Schleef. Den Kleist-Preis, dessen Wiederbelebung das große Verdienst des Freundes Hans Joachim Kreutzer ist, hätte endlich einmal, so argumentierte Rühle, ein Autor und Regisseur verdient, der mit seinem eruptiven Theater durchaus eine Kleistsche Dimension erreiche. Also nicht der Kleist-Preis, aber jetzt der deutsche Dramatikerpreis 1995 für Einar Schleef.

Über zwei Jahrzehnte nun schon existiert der einzige Literaturpreis, der im Rahmen eines Theaterfestes deutschsprachiger Bühnen ermittelt wird. Er ist zur Institution geworden, und er ist weiter daheim in Mülheim, obwohl er die Stadt auf den Geschmack brachte uns sie ihr eigenes Theater gründen ließ, das Theater an der Ruhr mit dem Ensemble von Roberto Ciulli. Von Anfang an widersetzten sich die Mülheimer Theatertage der politischen Teilung Deutschlands, indem sie auch Autoren der DDR in den Wettbewerb einbezogen. Darüber hinaus repräsentieren sie das deutschsprachige Drama und Theater im ganzen. Ich höre nicht auf mich zu freuen, daß ich mit an ihrer Wiege habe stehen können.

Alle Tätigkeiten, die mich ganz unmittelbar mit dem Gegenwartsdrama und -theater in Beziehung setzten, verhinderten, daß die Beschäftigung mit der Geschichte dramatischer Literatur bloß akademisch blieb. Auch hier hatte der Berufswunsch des Studenten nachträgliche Teilerfüllung gefunden. Ich hielt mich, wie schon bei meiner Brecht-Arbeit, immer auch an die sinnliche Anschauung. Da sich jedes lebendige Theater in der Auseinandersetzung mit dem klassischen Repertoire bewähren muß, fesselten mich die Klassiker-Inszenierungen nicht weniger als die Erstaufführungen moderner Stücke. „Müssen Klassiker-Inszenierungen ein Ärgernis sein?" heißt ein Essay, in dem ich meine Beobachtungen zusammenfaßte.

Natürlich waren Auswüchse des sogenannten „Regietheaters", Verkleinerungen oder maßlose Vergröberungen, vulgärpolitische Verflachungen oder besserwisserische Verstümmelungen des dramatischen Textes nicht gutzuheißen. Peter Stein eröffnete 1969 mit seiner Bremer „Tasso"-Aufführung eine Reihe von Inszenierungen, die statt Klassiker-Darstellungen Klassiker-Entlarvungen sein sollten. Stein und sein Dramaturg Yaak Karsunke meinten zugleich die bürgerliche Gesellschaft, wenn sie von der höfischen sprachen: „Goethes ‚Torquato Tasso' ist das Drama von dem überflüssigen (d.h. luxuriösen) Zuckerguß der Hohen Kunst, mit der das unnötige Elend überzogen wird, um es genießbar zu machen. Hergestellt wird diese Konditorware von einem Produzenten, den man für frei Kost und Logis einquartiert hat, und dem in der konventionell formalisierten Feudalgesellschaft die Rolle des Emotionalclowns zufällt." Peter Stein selbst wollte, als er anderthalb Jahrzehnte später eine Filmaufzeichnung dieser Inszenierung sah, vor Scham sterben, er hat sich ja auch bald in einer Kehrtwendung auf die ästhetische Gegenseite geschlagen, so daß Peter Rühmkorf ironisch von der Berliner Schaubühne als „Peter Steins Feinkostbühne" sprechen konnte. Also Klassiker-Inszenierungen müssen zum Ärgernis werden, wo der Regisseur nichts anderes im Sinne hat als Klassiker-Denunziation.

Doch kann andererseits auch der Begriff der „Werktreue" zum Fetisch werden. Mich hatte früh schon Goethes Theaterarbeit in Weimar interessiert – immerhin leitete er die Bühne ein gutes Vierteljahrhundert lang –, und das Jahr der 150. Wiederkehr des Todestages (1982) gab den Studien neuen Auftrieb, so daß für die Kleine Vandenhoeck Reihe der Band „Goethe – Mann des Theaters" entstand. In der Bearbeitung fremder Stücke für die Weimarer Bühne waren weder Goethe noch Schiller zimperlich. Eine Doktrin von der Unantastbarkeit des dichterischen Wortes gab es für sie nicht. Weder schonten sie die Texte der Tradition noch die der Gegenwart. Schiller kannte beim „Egmont" des Freundes kein Erbarmen; Goethe hat ihn später der Grausamkeit geziehen. Goethe selbst setzte mehrfach das Messer an seinen eigenen „Götz von Berlichingen" und mußte sich schließlich einer „bösen Operation" schuldig bekennen. Kaum für möglich halten würden die heutigen Anwälte einer „reinen Werktreue", wie Goethe mit Shakespeares „Romeo und Julia" verfuhr. Man käme nicht umhin, die dramaturgische Bearbeitung und die Aufführung von 1812, die kein Pardon gaben und vom Textkörper Shakespeares nur den Rumpf übrigließen, eine schlimme Amputation zu nennen, wenn man nicht die Bedingungen der kleinen Weimarer Bühne, die Konventionen der höfischen Gesellschaft oder die Erwartungen des Publikums und die Bedeutung der Oper für das Weimarer Sprechtheater mit in Rechnung stellte. Dennoch fällt es schwer, in einer Zeit, wo Regisseure wie Peter Zadek mit der Lupe nach der kleinsten Gelegenheit für „Allotria" in Shakespeares Stücken suchen, Goethes Urteil zu folgen, daß Shakespeares Theater allzu „viele disharmonische Allotria" enthalte. Soviel jedenfalls ist klar, unseren Klassikern waren die Texte der Klassiker nicht heilig, wenn es sie ins Hier und Jetzt ihrer Bühne zu holen galt.

Deshalb konnte ich mich nicht auf die Seite einer Pauschalkritik an der Regiepraxis des Gegenwartstheaters stellen. Hansgünther Heymes Versuch, die drei Teile des „Wallenstein" an einem Abend zu spielen (1969), die Verteilung von Zwischenspielen mit Szenenfragmenten aus „Wallensteins Lager" über das Drama, so daß neben der Geschichte der Heerführer Momentbilder aus der Sozialgeschichte des Dreißigjährigen Krieges entstehen, verdiente allen Respekt. Bedeutende Neuinterpretationen klassischer Stücke rechtfertigen Neuorientierungen der Regie. So folgten Peter Palitzschs Inszenierung des „Othello" am Münchner Residenztheater (1982) und Hansjörg Utzeraths Nürnberger Inszenierung des „König Lear" (1982) Anregungen von Jan Kotts Buch „Shakespeare heute" und stellten die Dramen unter eine groteske Weltsicht. Schillers Kritik am opernhaften Schluß des Goetheschen „Egmont" wurde nachträglich und ungewollt als Widerspruch enthüllt in Jürgen Flimms

Kölner Inszenierung der „Jungfrau von Orleans", die nebenbei den Restbestand an Rhetorik des barocken Trauerspiels und den Zug zur großen Oper in Schillers Stück sichtbar machte (1985). Klaus Michael Grübers Pariser Inszenierung von Racines „Bérénice" (1984) brach – was einem deutschen Regisseur leichter fallen mochte – mit dem traditionellen Deklamationsstil der Comédie Française und entdeckte so für das französische Publikum einen bislang ungehörten Klageton der Sprache, der erst die ganze Tiefe des seelischen Schmerzes fühlbar machte. Nicht Neuerung um jeden Preis kann die Devise sein; aber klassische Werke sind keine Museumsstücke, sie sind vor anderen ausgezeichnet durch die Unerschöpflichkeit ihres Sinngehalts, und das Theater darf nicht aufhören, übersehene, bislang noch verborgene Züge vom Bewußtseinshorizont der Gegenwart her aufzuschließen.

Immer neu lenkte Karl Jaspers' Satz „Geschichte und Gegenwart werden uns untrennbar", der mich von der frühen Studentenzeit her begleitete, auch mein literarisches Interesse. Nach einer einseitigen Orientierung an Gegenwart und Zeitgeschichte in der dokumentarischen Literatur der sechziger und siebziger Jahre begann eine Wiedereroberung der Geschichte: nicht als Flucht ins Gewesene, sondern aus dem Bedürfnis nach Aufklärung über unsere Vergangenheit. So war eine Neubewertung des deutschen historischen Dramas fällig. Nicht als einen „literarischen Mythos" (Friedrich Sengle), als den das 19. Jahrhundert es feierte, nicht als nationalgeschichtliches Schau- und Festspiel galt es das Geschichtsdrama zu sehen, aber auch nicht als Gegenstand eines interesselosen wissenschaftlichen Wohlgefallens. Zu fragen war, wie der Dichter im Geschichtsdrama den vergangenen und den Zustand seiner Zeit so miteinander verknüpft, daß die Geschichte der Gegenwart zum Verständnis ihrer selbst, aber auch zum Bild oder zur Ahnung einer möglichen Zukunft verhilft, und wie auf einer dritten Ebene mit dieser im Prisma des Dramatikers erschienenen Welt unser gegenwärtiges Bewußtsein zusammenstößt. So entstand, von mir herausgegeben, der Interpretationsband „Geschichte als Schauspiel. Deutsche Geschichtsdramen" (1981), an dem die sachkundigsten Literaturwissenschaftler mitarbeiteten, aber auch ein Geschichtsdramatiker (Tankred Dorst), ein Regisseur (Peter Palitzsch) und ein Theaterkritiker (Heinrich Vormweg), so daß die Untersuchung einer historischen

Reihe von Geschichtsdramen zwischen Andreas Gryphius und Heiner Müller in der lebendigen Theaterwirklichkeit verankert blieb.

Vor allem der Frage, ob und wie Geschichtsdichtung neben der Geschichtswissenschaft bestehen kann, geht der Band „Geschichtsdichtung" (1995) nach. Wie die neuere Theoriediskussion der Historiker die Kluft zwischen Geschichtswissenschaft und Dichtung eher einebnet (Hayden White: „Auch Klio dichtet"), so hat die Geschichtswissenschaft keineswegs, wie Friedrich Dürrenmatt meint, der Geschichtsdichtung den Boden entzogen. Uwe Johnsons Romantetralogie „Jahrestage" zeigt beispielhaft, daß die Wiedervergegenwärtigung des Vergangenen am überzeugendsten gelingt, wenn die Schaltstellen zwischen Gegenwart und Geschichte in der künstlerischen Form selbst sichtbar werden.

Nicht losgelassen haben mich einige Grundgedanken der Brechtschen Dramaturgie. Sie erhielten weitere Anstöße durch Ernst Blochs „Ästhetik des Vor-Scheins" (so der Titel der von Gert Ueding herausgegebenen Essays zur Ästhetik, 1974). Zusammengefaßt habe ich meine Überlegungen in dem Band „Theater der Hoffnung" (suhrkamp taschenbuch, 1988). Das christliche Drama kann, mit seinem heilsgeschichtlichen Versprechen, Theater der Hoffnung sein. Erst nach Lessings Kritik an der christlichen Märtyrertragödie aber richtet sich Hoffnung nicht mehr vornehmlich auf Transzendenz, sondern auf Zukunftsmöglichkeiten des sozialen Lebens. Das entspricht einem geschichtstheoretischen und -philosophischen Wandel: Erst im 18. Jahrhundert setzen sich „Entwicklung" und „Fortschritt" als universalhistorische Begriffe durch, Begriffe, die „zugleich Vorgriffe in eine veränderbare Zukunft" enthalten (Reinhart Koselleck).

Das „Theater der Hoffnung" zeigt die Tragödie als vermeidbar. Zum Wendepunkt wird Lessings „Nathan der Weise": Brüderlichkeit, Liebe und Toleranz schlichten den Konflikt der drei Religionen, sind aber zugleich aus der Glaubens- in die Lebenspraxis überführte Verhaltensmuster. Nicht zur Verhinderung der Tragödie kommt es in Goethes „Egmont", der Held endet auf dem Schafott. Aber der von Schiller als opernhaft kritisierte Schluß setzt mit dem Traum Egmonts, der Erscheinung einer Freiheitsgestalt mit den Zügen Klärchens, ein Hoffnungssignal, lagert Zukunft – die Freiheit der niederländischen Provinzen – in die Gegenwart ein. Wird in Goethes „Iphigenie auf Tauris" durch die vermiedene Tragödie Hoffnung erschlichen? Den Verdacht der „erpreßten Versöhnung", die Kritik, daß in „Iphigenie" Harmonie fingiert werde, weist Theodor W. Adorno entschieden zurück. „Hoffnung ist das Entronnensein aus dem Bann, die Sänftigung der Natur, nicht deren sture Beherrschung, die Schicksal perpetuiert". Und das „Faust"-Drama? Schillers „Jungfrau von Orleans" und Goethes „Faust" zeigen, wie sehr das Theater der Hoffnung in der deutschen Klassik noch auf christliche Bilder und Symbole angewiesen sein kann. Goethe umkleidet den Akt der Begnadigung Fausts und der Rettung seiner Seele durch die „ewige Liebe" mit Bildern und Figuren christlich-mittelalterlicher Herkunft. Derer bedarf es nicht mehr in Kleists „Prinz Friedrich von Homburg". Kleist setzt das Drama in den Rahmen zweier Wachtraumszenen, einer vorgespiegelten Wunscherfüllung, die das sich anbahnende tragische Geschehen unterminiert, und einer gewährten Wunscherfüllung am Ende. Doch ist der Hoffnungsanspruch noch einmal vertagt, der Lorbeer muß im Krieg gegen die Schweden neu errungen werden, die Liebeserfüllung bleibt ausgesetzt. Und vergessen wir nicht die Szene, in der Homburg an seinem eigenen Grabe stand. Auf falsche Harmonie, auf die Retuschierung von Widersprüchen läßt sich das Drama nicht ein. Die Hoffnung ist einer Grenzsituation am Rande des Todes abgewonnen.

Im naturalistischen Drama übernimmt das Milieu die Schicksalsrolle. Kritik an solcher Determiniertheit bringt Brecht auf den Weg zum Theater der Hoffnung. Aber wie sehr sich seine Dramaturgie von der Hoffnungsbotschaft des Lessingschen „Nathan" entfernt hat, wird am „Guten Menschen von Sezuan" sichtbar. Mit dem Davonschweben der Götter zerplatzt auch etwas von der Hoffnungsvision, wie sie bei Lessing möglich war. Dennoch bleiben menschliche Handlungen in konkreten Situationen (Kattrin, Grusche) Bürgen der Hoffnung. Dürrenmatts „mutiger Mensch" nimmt die Mitte zwischen Verzweiflung und Hoffnung ein: im „Standhalten" gegenüber dem Sinnlosen. An einem Endpunkt scheint Heiner Müller angelangt zu sein: Die Zukunft verspricht kein Erwachen aus dem Alptraum der (deutschen) Geschichte. Die Skepsis ist radikal.

Doch darf von ihr aus kein falsches Licht auf das Theater der Hoffnung fallen, das jenseits von Beschönigung und Falschmünzerei, jenseits der billigen Tröstungen steht. Denn immer ist die Hoffnung durch das Erschrecken hindurchgegangen, sie ist dem Scheitern und der Tragödie abgetrotzt. Eine Figur wie die Magd Grusche im „Kaukasischen Kreidekreis" zeigt, daß Hoffnung illusionslos sein und doch stark genug sein kann, Abhilfe zu schaffen.

Ein Riß vernarbt

„Wo der König / Sah zum letzten Mal Granada"

Sommer 1970. Besuch aus Melbourne. Gerhard Schulz fragt, ob ich Lust habe, nach Australien zu kommen. Noch einmal gewährt die Volkswagenstiftung eine Gastprofessur an australischen Universitäten. Ich werde der letzte Glückliche sein. Denn von Glück kann ich sagen; die Stiftung trägt auch die Flugkosten für meine Frau, wenn wir uns mit der Touristenklasse begnügen. Die Bundesrepublik hat noch die Spendierhosen an. Da die Australier Gegenfüßler der Europäer sind, kommen wir im Frühjahr 1971 zu einer kostenlosen Reise um den Erdball. Hinflug über San Francisco und Hawaii, Rückflug über Thailand und Nepal, wo mich Luciano Zagari erwartet. Dazwischen kürzere Aufenthalte in Brisbane, Canberra, Hobart/Tasmania, Adelaide und Perth, längere in Melbourne und Sydney.

Auf dem Flug von Europa in die USA der hinreißende Blick auf die weiße Dreieckspitze von Grönland. Anderthalb Jahre zuvor haben wir am Bildschirm die historische Sensation der ersten Landung auf dem Mond miterlebt. Jetzt, da tief unter uns und am Rand unseres Blickfelds Grönland vorüberzieht, fühlen wir selbst uns wie in einer Weltraumkapsel. Nur ein paarmal noch werden uns Luftansichten ähnlich beeindrucken: beim Flug über die rotbraune Wüste Australiens zwischen Adelaide und Perth, auf der Rückreise, zwischen Singapur und Bangkok, beim Flug über den Golf von Siam an der Küste entlang – und beim späteren Flug über meinen Heimatort und seine Umgebung mit meinem Neffen Volker, dem Sportflieger, und seiner Frau. Ja, zwischen der Weltraumsicht und dem Blick auf das Spielzeugdorf der Kindheit bestand ein schöner Zusammenhang.

Ankunft in San Francisco spätabends. Im Hotelzimmer liegt auf dem Nachttisch das Telefonbuch der Stadt. Plötzlich fällt mir ein, daß in San Francisco ein Verwandter von mir leben soll, ein Sohn meines Vetters Hinrich, des Gastwirts. Ich schlage im Verzeichnis nach und finde vier oder fünf Teilnehmer unter dem Namen Gustav Heins. Ich kenne die Adresse nicht, wähle dem Gefühl nach und habe gleich Glück. Großes Erstaunen am anderen Ende der Leitung, Freude. Denn jeder Besuch aus Deutschland ist hier willkommen. So haben wir gleich einen kundigen Führer durch San Francisco.

Gustav Heins ist, als er in die USA kam, zunächst von seinem Onkel Jakob aufgenommen und gefördert worden. Ein Stück Auswanderungsgeschichte wird lebendig. Die Küstenlandstriche an der Nordsee sind seit dem 19. Jahrhundert ein Gebiet, das einen starken Anteil an den deutschen Einwanderern der USA stellte; bald fand jeder Einwanderer schon Landsleute aus seiner engeren Heimat vor. In den zwanziger Jahren unseres Jahrhunderts, als die Arbeitslosigkeit wie die Pest grassierte, war der Drang, das Heil im Land der unbegrenzten Möglichkeiten zu suchen, besonders stark. Aus der kinderreichen Gastwirtsfamilie wanderten zwei Söhne, Jakob und Hans, zusammen aus. Die Vorbereitungen und die Abreise waren eines der Kindheitserlebnisse, deren Bilder am klarsten haften geblieben sind. Ich durfte mit meiner Tante die beiden Vettern nach Bremerhaven begleiten, ja am Columbus-Kai sogar noch die „Columbus" mit besteigen, einen der größten Überseedampfer des Norddeutschen Lloyd. Ich blickte bewundernd in einen der Gesellschaftsräume und sah schaudernd von der Reling des Decks in die Tiefe, dann hinüber zum Kai, auf dem das geschäftige Treiben noch einmal zunahm. Dort standen meine Tante und ich nachher, winkten Jakob und Hans nach, die für meine Tante nun auf Jahre hinaus verlorene Söhne sein sollten. Die Schiffskapelle spielte das obligatorische „Muß i denn, muß i denn zum Städele hinaus", dann ertönte dunkel die Schiffssirene, und langsam zog die „Columbus" die Weser hinab zur Nordsee hinaus. Jedem meiner Vetter stand das Abenteuer des Columbus bevor: Amerika zu entdecken.

Mit Schätzen, jedenfalls schien es mir so, kehrten sie nach Jahren zu ihrem ersten Besuch zurück. So mancher Dritt- oder Viertgeborener hatte das Dorf verlassen, und die Nachricht „Die Amerikaner kommen" war für uns Kinder immer wie ein Zauberruf. Ein „Amerikaner" sollte sogar bald eine Villa am Ortsrand bewohnen. Er war in Amerika zu Reichtum gekommen, hatte sich in Bremen Miethäuser gekauft und lebte nun von den Erträgen. Von Wohlstand oder gar Reichtum konnte natürlich bei Jakob und Hans keine Rede sein. Aber mit ihren schicken Sommeranzügen, ihren feschen Hüten und ihrem breiten amerikanischen Akzent brachten sie doch einen Hauch von Amerika ins Dorf. Uns Kindern aber erschienen sie wie Abgesandte des Wunderlandes. Denn sie hatten offenbar gelernt, Speiseeis herzustellen, und liehen sich jetzt in der Stadt einen Eiswagen, zogen mit ihm durchs Dorf und verteilten überall kostenlos, solange der Vorrat reichte, Eis an die Kinder.

Gustav in San Francisco war gelernter Bäcker und arbeitete als Teilhaber in einer kleinen Brotfabrik seines Schwagers. Das Geschäft florierte. Sie nutzten mit ihren deutschen Brotrezepten eine Lücke im Markt. Ihren Hauptkundenkreis hatten sie natürlich bei den Deutschamerikanern, aber auch bei ehemaligen Angehörigen der US-Besatzungsarmee in Deutschland, denen das pappige amerikanische Brot zu fade geworden war. Wir hatten Gelegenheit, von Gustavs Brot zu kosten, am Abend nach dem Anruf, als er uns in sein Haus auf der Höhe geholt und unterwegs eine fulminante Aussicht auf das Lichtermeer von San Francisco beschert hatte. Die frischen, delikat zubereiteten Meerestiere beim Mittagessen an der Fisherman's Wharf freilich hatten für uns den größeren Reiz.

Mitten im Schlund des Tourismus landeten wir auf Hawaii, genauer: auf der Insel Maui. Gewiß genoß man, wenn man vor wenigen Tagen auf einem von Spätschnee heimgesuchten Flugplatz Köln-Bonn gestartet war, die zwei Tage am Strand von Waikiki und die Fahrt durch die exotische Landschaft zum Wassertheater, der Delphin-Show. Aber wir fühlten uns doch ein wenig verloren in dem Gewoge schwerleibiger Amerikaner, die mit Jumbo-Jets herangeflogen worden waren. Jedenfalls war uns dann wohler an den einsameren australischen Stränden, obwohl dort Haie das Schwimmen gefährlich machten.

In Brisbane, unserer ersten Station, erlebte ich einen Moment der Desorientierung, als ich morgens vor meiner ersten Vorlesung, in meinen Manuskripten lesend, im Freien saß und plötzlich meinen Schatten vermißte. Ich glaubte schon, ein zweiter Peter Schlemihl zu sein, bis ich den Schatten auf der „falschen", der Südseite fand. Man mochte sich noch so sehr darauf eingestellt haben, nun auf der Südseite der Erdkugel zu sein – die tatsächliche Wahrnehmung, daß die Sonne einen anderen Gang ging, war bestürzend.

In den Goethe-Gesellschaften der Universitäten hörte mir ein Publikum von ungewöhnlicher Mischung zu. Immer kamen zu den australischen Kollegen und Studenten auch deutsche (oder in Deutschland geborene) Hörer hinzu, die es, wie ich aus den anschließenden Gesprächen erfuhr, aus sehr unterschiedlichen Gründen nach Australien verschlagen hatte. Außer Konsulatsangehörigen und vorübergehend hier lebenden Kaufleuten fanden sich ganz gegensätzliche Gruppen von Emigranten ein: die von Hitler exilierten, zumeist jüdischer Herkunft, und die teils ihrer Nazivergangeheit, teils der wirtschaftlichen Notlage wegen nach dem Krieg auswanderten. So spiegelten sich im australischen Publikum die Widersprüche deutscher Geschichte.

Geschichte in Australien. Was mir immer wieder auffiel, war der Zeigefinger, mit dem auf Geschichte aufmerksam gemacht wurde. Völker und Staaten mit sehr junger Geschichte neigen aus Mangel an Tradition zum Aufzäumen der Tradition. Das gilt selbst für die Vereinigten Staaten von Amerika. Australien tauchte erst mit James Cooks Landung im Jahre 1770 aus der Geschichtslosigkeit auf, und was dann folgte – die Gründung britischer Sträflingskolonien – konnte kaum Grundlage für Geschichtsstolz sein. Und über die Verjagung, die Ausgliederung der Ureinwohner, der Aborigines, über ihre Ausrottung in Tasmanien, ging man besser mit Schweigen hinweg. Was Australien zu bieten hatte, womit es glänzen konnte, war Natur, eine fremdartige, im ganzen noch unberührte, eine Natur von spröder Schönheit. Keine schönere Weltstadt haben wir kennen gelernt als Sydney mit seinen herrlichen sieben Buchten. Aber Natur kann Geschichte nicht ersetzen. Und so entdeckten wir an fast jedem öffentlichen Gebäude mächtige Erinnerungstafeln, stolze Verewigungen ihrer Einweihung durch irgendein Mitglied des britischen Königshauses. Wie solche und ähnliche Gedenktafeln und -steine geradezu Fetischcharakter bekommen, zeigte mir in absurder Zuspitzung an einem der Strände Sydneys ein Stein, auf dem nichts weiter eingemeißelt stand, als daß dieser Stein an diesem Tag des Jahres (das Datum ist mir entfallen) aufgestellt worden sei. Das bloße Kalenderdatum als Ersatz für das historische Ereignis, als Geschichtssurrogat.

Aber wir fanden das Land auch in einem Umbruch vor, trafen auf einen Wandel des historischen Bewußtseins, auf eine unvermutete Distanzierung vom englischen Mutterland, ein entschiedenes Unabhängigkeitsverlangen und folgerichtig auf eine neue Bewertung der Vergangenheit, nämlich der ersten Besiedlung Australiens durch Sträflinge. Keine Scham mehr spürte man über die dunkle Frühzeit der nationalen Geschichte, eher Entrüstung über die unglaubliche Härte der britischen Justiz: Weil man Sklaven brauchte, bestrafte man geringe Vergehen gleich mit der Deportation nach Australien. Geradezu wie eine politische Demonstration wirkte die Begrüßungsrede, mit der ich in der University of New South Wales, in Kensington (einem Stadtteil Sydneys), auf einem kleinen Empfang willkommen geheißen wurde. In seinem Lande, sagte der Dekan, setze sich Hochachtung für die tapferen Generationen der frühen Siedler, und eben auch der Zwangsarbeiter, durch, ja sogar Stolz auf diese Herkunft des heutigen Australien. Der Dekan demonstrierte etwas wie ein proletarisches Nationalbewußtsein.

In Sydney lernten wir Horst Bienek kennen, der im Auftrag des Goethe-Instituts einige australische Universitäten bereiste und ein paar eigene Filme im Gepäck hatte, darunter einen Dokumentarfilm über Ezra Pound. Bienek war nicht glücklich, überall mehr als Autor der „Werkstattgespräche mit Schriftstellern" (1962) denn als Schriftsteller selbst bekannt zu sein, und eigentlich ist er diesen Kummer erst nach dem Erscheinen der ersten Romane seiner Gleiwitzer Tetralogie losgeworden. Unsere Begegnung in Sydney hat eine lebhafte Brief- und Gesprächsbeziehung gestiftet, die bis zur letzten langen und ernsten Unterhaltung andauerte. Erst später verstand ich seine Melancholie: Er hatte schon Gewißheit über seine Aids-Infektion.

Bienek war nicht der einzige, dessen Weg ich zum ersten Mal im Ausland kreuzte. Einige deutsche Schriftsteller, so manchen Kollegen, so manchen Freund lernte ich bei Vorträgen oder Kongressen in fremden Ländern kennen. Den ersten Anlaß boten Gründung und Tagung der Internationalen Brecht-Society (1970), die ein breiteres Interesse an Brecht in den USA erst weckte. Mich holten Reinhold Grimm und Jost Hermand vom Flugplatz Madison ab. Beim Brecht-Symposion in Milwaukee übertraf den Schriftsteller und Theaterwissenschaftler Eric Bentley an Gründungseifer noch jener John Fuegi, der sich später vom Paulus in den Saulus zurückverwandelte und als unermüdlicher Brecht-Entlarver durch die amerikanischen und europäischen Lande zog.

Eine Tradition, zu wissenschaftlichen Kongressen auch Schriftsteller einzuladen, bildete sich in St. Louis. Hier nahm ich 1980, von Paul Michael Lützeler, dem späteren Freund eingeladen, eine Gastprofessur wahr. Ich wohnte im schönen Haus von Egon Schwarz, der zu dieser Zeit in Europa weilte. Egon Schwarz, mit seinen jüdischen Eltern von Wien ins Exil getrieben und in Südamerika durch eine harte Schule wechselnder Brotberufe gegangen, hatte mich mit seiner Autobiographie „Keine Zeit für Eichendorff" sehr beeindruckt, er auch ist es, dem ich die allererste Anregung und Ermutigung zu diesem Lebensbericht verdanke. Nach Jugoslawien, nach Zagreb, lud mich Viktor Žmegač ein, mit dem ich seit seiner Lektorenzeit in Göttingen bekannt war. Zwar bestand der Staat Titos noch, aber die Erben hatten ihn bereits an den Abgrund gewirtschaftet. Wenn man vom Flugplatz in die Stadt fährt, sieht man den Hinweis auf die Autobahn Zagreb-Belgrad. Als ich abends von den Erlebnissen des Gefangenen beim Autobahnbau berichtete, gewann ich mir durch meine Erzählung Helmut Kreuzer und Dieter Borchmeyer zu Freunden.

Ein Glücksfall war es, daß mich die Freundschaft mit Klaus Schulz zu einigen der wichtigsten Goethe-Institute des Auslands brachte. Von London aus, wo er den berühmten „deutschen Monat" organisierte, ein gemeinsames englisch-deutsches Kulturereignis, schickte er mich zu Abstechern an die interessantesten britischen Universitäten, von Athen aus nach Istanbul und Ankara. Den Besuch des Goethe-Instituts und der Universität in Kairo benutzten Sigrid und ich zu einer Fahrt nilaufwärts nach Luxor. Zwei prägnante Augenblicke sind mir noch heute gegenwärtig.

Wir hatten den Nachtzug nach Luxor genommen, und als wir vormittags das Hotel am Stadtrand erreichten, war das Zimmer noch nicht gerichtet. Wir verbrachten die Wartezeit in der gartenartigen Anlage am Nilufer. Ich wurde schläfrig und verfolgte die nilauf- und nilabwärts fahrenden Schiffe und Boote und die Landarbeiter am gegenüberliegenden Uferstreifen aus halbgeschlossenen Augen. In diesem Zwischenzustand verfiel ich in einen Wachtraum, in dem mit dem verschwimmenden Bild des Gegenwärtigen die Erinnerungen an das über ägyptische Geschichte und Kultur Gelesene, an die biblische Geschichte vom Leben des Volkes Israel in Ägypten und an Thomas Manns Romantetralogie „Jospeh und seine Brüder" zusammenflossen. Mir war für einen Moment der Mythos eines Urstroms der Menschheit real.

Den anderen prägnanten Augenblick erlebte ich in Karnak. Wie verloren zwischen den kolossalen Säulen des Tempels stehend, fragte ich mich ketzerisch, wem die Erbauer mit diesem dichten Wald von Steinriesen wohl mehr imponieren wollten, den Göttern oder dem Volk. Dann wurde mir plötzlich die Entwicklung religiöser Architektur als ein Prozeß der Verfeinerung bewußt: von diesen ägyptischen Säulenkolossen über die dorischen und dann die ionischen Säulen Griechenlands zu den mit filigranen und spitzen Formen zur Höhe empor-, dem Himmel entgegensteigenden gotischen Kathedralen. Darüber hinaus war eine Steigerung nicht mehr möglich.

Erst einige Jahre später, auf der Route der Barock- und Rokokokirche von Bayern nach Norden, wurde mir die neue künstlerische Lösung deutlich: Seit der Renaissance, vor allem in den Deckengemälden der Barock- und Rokokokirchen, holte man sich durch malerische Illusion den Himmel ins Gotteshaus selbst.

Unser Besuch in Andalusien, zusammen mit Klaus und Sabine Schulz, stand für mich unter einer besonderen Vorgabe. Gerade war mein Heine-Buch erschienen. In der Geschichte Andalusiens war mir ein welthistorischer Moment von außerordentlicher Beispielkraft begegnet: die wechselseitige Toleranz der drei monotheistischen Religionen, ein Zusammenleben, dessen Ende erst mit der Reconquista, mit dem Fall des maurischen Reiches, genauer der Kapitulation Granadas im Jahre 1492, endgültig besiegelt war. Der jüdische Philosoph Maimonides, in Córdoba geboren, und der jüdische Dichter Jehuda ben Samuel Halevy, zugleich Religionsphilosoph und Arzt in andalusischen Städten, von Heine in einer vierteiligen Romanze als „großer Dichter", als „Stern und Fackel seiner Zeit" dargestellt – beide Männer des 12. Jahrhunderts waren Kronzeugen der Möglichkeit einer gemeinsamen jüdischen, christlichen und islamischen Kultur, nämlich ihrer Realität in einem glücklichen geschichtlichen Augenblick. So waren alle Eindrücke der Reise nach Sevilla, Córdoba und Granada überlagert von Stimmungen und Gedanken, die meine Beschäftigung mit der Dichtung Heines in mir erregt hatte.

Überwältigend Granada. Wir wohnten im Hotel Parador und konnten vom Grenzumgang der Hotelanlage unmittelbar in die Gärten der Alhambra schauen. Und im Königspalast selbst, inmitten der Formenfülle maurischer Kunst und in der Harmonie der Räume, habe ich eine Gleichzeitigkeit von Entspannung, Muße und geistiger Konzentration empfunden wie an keinem anderen Ort. Und doch blieben mir immer im Ohr die Verse von Heines Romanze „Der Mohrenkönig", in der das fatale Gesetz, daß Sieger die Geschichtsschreibung diktieren, aufgehoben ist. In der Erzählung vom

Abschied des letzten Maurenkönigs nach der Kapitulation Granadas übernimmt das Lied die historische Ehrenrettung des Verlierers.

> „Berg des letzten Mohrenseufzers"
> Heißt bis auf den heutgen Tag
> Jene Höhe, wo der König
> Sah zum letzten Mal Granada ...
>
> Nimmer wird sein Ruhm verhallen,
> Ehe nicht die letzte Saite
> Schnarrend losspringt von der letzten
> Andalusischen Gitarre.

Aufbewahrt im Gedächtnis der Menschen ist nicht nur der „Triumphator", sondern auch der „blutge Sohn des Unglücks" und mit ihm die Würde des in diesem Lande unterlegenen Glaubens. Mir waren, mit Heines Plädoyer für die Besiegten, im glänzenden Granada immer auch die Schatten der Geschichte und die Verheißungen der Dichtung gegenwärtig.

Kein Hauch des Elegischen lag, fast zwei Jahrzehnte zuvor, über den Frühlingstagen in Griechenland. Es war noch die Zeit der Herrschaft der Militärjunta, und griechische Intellektuelle und Künstler, die im Goethe-Institut und bei Klaus Schulz und Anne, seiner ersten Frau, offen zu reden wagten, fühlten sich in der Mehrzahl der Opposition zugehörig. Die Zeit in Athen und die Fahrten ins Land sind mir im Rückblick immer wie ein momenthafter Einbruch des Goldenen Zeitalters in mein Leben erschienen. Die Erkundung Korinths, das abendliche Fischessen in Nauplia und, nach einer Nacht mit verdorbenem Magen, die allmähliche Wiederherstellung des Wohlbefindens in Epidauros, der alten Kurstätte und dem Ort des berühmten Amphitheaters, die Fahrt nach Euböa und der Sonnenuntergang am Kap Sounion, die Pilgergänge zu den Kunststätten Athens – die Tage randvoll mit beglückenden Entdeckungen, trotz des Widerspruchs zwischen kultureller Vergangenheit und politischer Gegenwart.

Am klarsten aus den Erinnerungsbildern treten die Abende in Athen hervor. Klaus und Anne Schulz' Wohnung lag hoch über der Stadt, auf dem Lykabettos, gegenüber der Akropolis. Vor dem Schlafengehen pflegten wir noch auf den umganghaften Balkon zu treten.

Es waren diese Abende, die mich noch einmal zum Vers zurückführten.

> Hoch auf dem Lykabettos
> die Wohnung der Freunde.
> Abende mild im April.
> Gäste. Männer und Frauen
> des geheimen Widerstands. Verschwörerische
> Gespräche über die Diktatur.
> Manchen Abend geopfert
> dem Weingott.
> Verflogene Räusche.
> Aber immer noch trunken
> das Auge:
> jenseits der Stadt
> die Akropolis
> im Scheinwerferlicht.
> In ihrer Gloriole.

Der chinesische Drache.
Towarischtsch Nikolaj und sein Aufpasser

„Wer ist Helmut Kohl?" wurde ich gefragt. Im *Institute for Research in the Humanities* von Madison/Wisconsin, in dem ich im Herbst und Winter 1982 die Freiheit einer Forschungsprofessur genoß, fanden sich die Mitglieder und Fellows des Instituts mittags mit ihren Butterbroten zu lockeren Gesprächen ein. In den Zeitungen – freilich nicht auf den vorderen Seiten, Meldungen aus Deutschland und dem Ausland überhaupt waren Nachrichten zweiten oder dritten Ranges – wurde von der Krise der sozialliberalen Koalition in Bonn und schließlich von der Neubildung der Regierung unter Helmut Kohl berichtet. Man wünschte meinen Kommentar. Den Amerikanern war zu dieser Zeit Helmut Kohl kaum bekannt, im denkbar größten Ansehen aber stand Helmut Schmidt, der in den Augen mancher amerikanischer Kollegen, seiner weltwirtschaftlichen Kompetenz und seines vorzüglichen Englisch wegen, sogar noch vor Ronald Reagan und Margaret Thatcher rangierte. Wie man einen solchen Mann stürzen könne, fragte man mich. Ich mußte also ein paar Erläuterungen zum parlamentarischen System der Bundesrepublik geben. Aber den an ihr Wahl- und Präsidialsystem gewöhnten Amerikanern blieb der Regierungswechsel doch im Innern fremd. Sie sollten Helmut Kohl bald besser kennenlernen, denn seine Kanzlerschaft erreichte eine Dauer, die ihm damals noch keiner hätte prophezeien wollen. So fiel in seine Regierungszeit auch die einschneidendste weltpolitische Zäsur der Nachkriegszeit, der Zusammenbruch der Sowjetunion und des Ostblocks.

Vor dieser Wende gab es ein paarmal Gelegenheit, Beobachtungen hinter dem Eisernen Vorhang zu machen, in den zwei führenden sozialistischen Ländern: der Sowjetunion und der Volksrepublik China. Nicht als Tourist kam ich, sondern mit Kulturdelegationen, denen gewisse Privilegien zugestanden wurden. Solche Vorrechte konnten aber kein Grund für Blauäugigkeit sein.

Im September 1986 flog eine Gruppe von etwa fünfzehn Westdeutschen nach Peking zum ersten chinesisch-deutschen Germanistentreffen. Das Ereignis spiegelte den Stand der Wissenschaftsbeziehungen zwischen der fernöstlichen „Volksrepublik" und der Bundesrepublik. Etwa achtzig deutsche Hochschullehrer hatten Kurzzeitdozenturen in China übernommen, der Deutsche Akademische Austauschdienst unterhielt dreißig Lektoren für Deutsch. Aber immer noch spürte man, wie tief der Schrecken der Kulturrevolution saß, die so viele Wissenschaftler aufs Land verbannt hatte. Noch waren auch Vertreter des kulturrevolutionären Kurses aus den Hochschulen nicht verschwunden. „Der Nährboden ist noch da", meinte einer der chinesischen Kollegen in der Diskussion über die „Narbenliteratur". Und was in der Eröffnungsrede gesagt wurde, war wohl keine Situationsbeschreibung, sondern ein Wink, ein Appell an die Mitglieder der staatlichen „Erziehungskommission": „Für die Wissenschaft gibt es kein Tabu. Die Wissenschaft erfordert Demokratie. Vor der Wissenschaft sind alle gleich."

Wir waren nicht als Claqueure ins Land gekommen, doch machten wir immer wieder erstaunliche Beobachtungen. Zum Beispiel beim Besuch in einer Pekinger Wohnung. An den Wänden und auf dem Tisch Fotografien vom Deutschlandaufenthalt – beide Ehepartner waren Professoren für Deutsch an der Fremdsprachenhochschule in Peking. Am meisten überraschte uns das Bild, das den älteren Sohn der beiden mit der Familie des niedersächsischen Ministerpräsidenten Albrecht in dessen Privathaus zeigte. Das Rätsel löste sich: Der Vater hatte beim Besuch Albrechts in China gedolmetscht, und der Sohn, Student für Maschinenbau an der Universität Hannover, war von der Familie Albrecht eingeladen worden. Zeichen einer beginnenden Normalisierung im Verhältnis von Staaten mit unterschiedlicher Gesellschaftsform.

Das Besuchsprogramm der deutschen Gäste entsprach dem touristischen Muster: vor allem die Chinesische Mauer, die Verbotene Stadt in Peking und der Sommerpalast. Nach dem Kongreß teilte sich die deutsche Gruppe zu Besuchen chinesischer Universitäten. Ich hatte die Route Nanking, Shanghai und Hangzhou gewählt, wie Peter Pütz, Norbert Oellers und auch Harald Weinrich, den die Chinareise zu Gedichten inspirierte, die später in den „Akzenten" erschienen. Die Akazienalleen in Nanking, die legendäre Brücke über den Jangtsekiang, die ohne die anfangs gewährte sowjetische Hilfe zu Ende gebaut werden mußte, die Schiffsfahrt von Shanghai aus durch die Mündung des Stroms zum offenen Meer, der Abschied von China in der Stadt Hangzhou, die an malerischen Seeufern liegt und die Marco Polo eine der schönsten Städte der Welt genannt hat – alles dies nahmen wir dankbar als angenehme Beigabe einer wissenschaftlichen Tagung an. Aber das eigentliche Erlebnis der Chinareise war doch die mächtige Aufbruchsstimmung, die man spürte, mehr in den großen Handelsstädten als in der sozialistischen „Residenzstadt" Peking.

Auf den Märkten der Städte schien der alte Handelsgeist wieder erwacht. Wo immer wir auftauchten, begegneten uns die Menschen mit Freundlichkeit. Sie hatte zwar für uns die fernöstliche Undurchdringlichkeit nicht ganz verloren, versteckte aber andererseits Unmittelbarkeit nicht. Denn wir waren die Botschafter einer Freizügigkeit, von der man sich auch etwas für sich selbst erhoffte. Solange man Fremde aus dem Westen im Lande sah, durfte man sich einer Liberalisierung des Lebens gewiß sein. Ja, wir waren die Garanten einer Öffnung Chinas zur Welt und deshalb so willkommen. Noch gaben das Blau der Einheitskleidung und der Mao-Rock oder – bei einigen chinesischen Kollegen – das helle Grau und der vornehme Schnitt jenes Anzugs, wie Chou En-lai ihn getragen hatte, den Ton an. Aber überall wagten sich auf den Straßen, am auffälligsten bei den Kleidern von Mädchen und jungen Frauen, leuchtende Farben hervor. Wir sahen einen politischen Frühling in China und wurden vom Optimismus, den das Land zur Schau stellte, angesteckt. Schon für das nächste Jahr waren eine Büchner-Tagung zur 150. Wiederkehr des Todesjahrs von Georg Büchner und eine Woyzeck-Inszenierung von Jürgen Flimm in Peking geplant. Es war auch Jürgen Flimm, dem ich meine Einladung verdankte. So kehrte ich schon nach einem guten halben Jahr nach China zurück.

Flimms Einstudierung des „Woyzeck" war die erste Inszenierung eines deutschen Regisseurs in Peking überhaupt. Er zog den Text auf eine Auswahl der wichtigsten Szenen zusammen und nutzte die artistischen Fertigkeiten chinesischer Schauspiel- und Opernkunst für eine ganz von der Bewegung her konzipierte Aufführung. Vorrang vor der Sprachregie hatte die Choreographie, eine dynamische Verbildlichung des Textes. Damit gelang ihm die bestmögliche Einrichtung eines deutschen Stücks für die Erfahrungen chinesischer Schauspieler und die Erwartungen eine chinesischen Publikums. Die Proben und die Aufführung fanden in der Theaterhochschule statt, die auch das Ensemble stellte.

Das Programm der Büchner-Tagung ließ genug Zeit für Stadterkundungen. Es war nicht nur der Wiederholungseffekt, der für eine Abkühlung sorgte, die mich selbst überraschte. Überschwang hatte einer Ernüchterung Platz gemacht. Im riesigen Mao-Bild auf dem Platz des Himmlischen Friedens, an der Mauer zur Verbotenen Stadt, enthüllten sich mir jetzt die Züge des Gewaltherrschers, der (so sehr ihn seine Nachfolger auch schonten) die schreckliche Kulturrevolution, die man später der sogenannten Viererbande in die Schuhe schob, zu verantworten hatte. Wir genossen die Vorrechte von Gästen der Kulturinstitutionen, uns standen Taxis zur ständigen Verfügung. Diese Taxifahrer machten Dienst nach Vorschrift, mit gelegentlichen Zeichen der Unwilligkeit. Ein Auto steuern und technisch warten zu können, verschaffte ihnen offensichtlich ein Überlegenheitsgefühl, und ich erinnerte mich an den vorhergehenden Herbst, an das Wort eines Hochschulrektors, daß der Chauffeur des Rektorats mehr verdiene als er selbst – man erhöhte die geistigen Tätigkeiten propagandistisch und entlohnte sie gering. Und ausgesprochen unwohl fühlte ich mich hinter den Vorhängen an den hinteren Fenstern der Taxis, die uns dem Blick der Passanten entzogen. Ich wünschte nicht für einen Staatsfunktionär gehalten zu werden. Nicht ohne Sarkasmus dachte ich an die Limousinen mit geschlossenen Fenstern, die ich in Moskau aus dem Kremltor hatte fahren sehen. Geradezu beklemmend war ein Zwischenfall in dem Hotel, in dem wir wohnten, einem schönen, flachgebauten Hotel in der Nähe des Himmelstempels. Ich hatte bei ihrem zweijährigen Aufenthalt in Deutschland eine Stipendiatin der Alexander-von-Humboldt-Stiftung, die Professorin Huang Wen-hua, wissenschaftlich beraten und sie bei ihren Deutschlandbesuchen, im Vorjahr auch in Peking wiedergesehen. Da sie an der Büchner-Tagung nicht teilnahm, besuchte sie mich eines Abends im Hotel. Immer schon war mir aufgefallen, daß sich in einem Raum am Eingang zu den Hotelzimmern mehrere Männer aufhielten, deren Aufgabe nicht erkennbar war – Gestalten und Gesichter, die uns beim Ein- und Ausgehen nicht mit der üblichen Verbindlichkeit des Hotelpersonals musterten. Die Funktion dieser Männer sollte mir an diesem Abend deutlich werden.

Frau Huang und ich hatten uns vielleicht anderthalb oder zwei Stunden unterhalten, als es plötzlich auf dem Flur laut wurde und mächtig an die Zimmertür gepocht wurde. Draußen stand der Hoteldirektor mit den Männern aus dem Eingangsraum, und mit vereinter Stimme beschimpften sie nun Frau Huang. Sie konnte mir nur noch kurz erklären, daß man ihr vorwerfe, die Sperrstunde überschritten zu haben. Unter heftigem Wortwechsel – Frau Huang ließ sich keineswegs einschüchtern – wurde sie abgeführt. Die Männer, die den Direktor begleiteten, waren, wie mir nun klar wurde, von der Geheimpolizei. Ich befürchtete Frau Huangs Verhaftung. Doch ließ man sie, so erfuhr ich am anderen Tag, mit einer drohenden Verwarnung davonkommen. Mir war das gewaltsame, auch einem ausländischen Gast gegenüber rücksichtslose Eingreifen der Beamten als Anschauungsbeispiel schon eindeutig genug.

Gewiß hatte ich beim ersten Chinabesuch mehr ein Auge für die Veränderungen und beim zweiten einen schärferen Blick für das Beharrende in den chinesischen Verhältnissen. Wie Frost legten sich über mein Bild vom chinesischen Frühling ein paar Jahre später, im Juni 1989, die Fernsehbilder vom Massaker an den demonstrierenden Studenten auf dem Platz des Himmlischen Friedens, das dem

Namen des Platzes Hohn sprach. Ich hatte einige Studenten der jungen Generation in der Peking University kennengelernt: offene, wissensdurstige, unangepaßte Menschen von graziler Intelligenz. Ihre Hoffnungen und unsere waren fürs erste zerstört. Sie, wir hatten den Reformwillen des Regimes überschätzt. Der chinesische Drachen, einst Staatswappen, erschien uns jetzt wie das Fabelwesen unserer Breiten: furchterregend.

Die aus dem Kreml kommenden verhängten Limousinen, an die ich als Peking-Besucher dachte, hatte ich im März 1983 auf dem Roten Platz beobachtet. Mit einigen deutschen Slawisten und Germanisten war ich zu einem Kolloquium gereist, das zwischen der Deutschen Forschungsgemeinschaft und der Sowjetischen Akademie der Wissenschaften vereinbart worden war und im Maxim-Gorki-Institut für Weltliteratur stattfand. Mehr als die Referate einer Tagung mit sehr allgemeinem Thema lockte uns die Entdeckung Moskaus. Unendliches Bedauern empfanden wir für die Menschen, die aus allen Teilen der Sowjetunion angereist waren und nun den überwiegenden Teil des Tages in der Schlange standen, die sich langsam ins Lenin-Mausoleum hineinwand. Wir hatten es besser, wurden zum Puschkin-Museum und sogar nach Jasnaja-Poljana in der Nähe von Tula, zum Landgut von Leo Tolstoj, gefahren, erlebten eine richtige russische Hochzeitsfeier – Jasnaja-Poljana war ein beliebter Heiratsort – und besuchten in Moskau auch das Stadtpalais Tolstojs.

In der Moskauer Metro kannten wir uns bald aus, und sie brachte mich mit ein paar anderen aus unserer Gruppe zum berühmten Taganka-Theater Jurij Ljubimows. Horst Turk, der am Zustandekommen des Moskauer Kolloquiums großen Anteil hatte, hatte Karten für zwei Aufführungen ergattert. Das Taganka-Theater führte, abseits von den Mausoleen der Staatskunst und des „Sozialistischen Realismus", eine moderne, auch experimentelle Theatertradition weiter, Versuche von Tairow, Meyerhold und – ausdrücklich – auch Brecht. Für uns wurden die Abende in Ljubimows Theater zu elementaren Erlebnissen, vor allem eine Inszenierung von Brechts „Gutem Menschen von Sezuan". Das Stück war auf unseren Bühnen zu einer Mischung von Klassenkampfdemonstration und Chinoiserie oder zu einem über die Stunden sich hinschleppenden Lehrstück ausgetrocknet. Auf der Taganka-Bühne pulsten im Parabelstück das Leben und das Theater selbst. Leben hauchten ihm

Blutspenden aus der russischen Folklore – zwei Musiker traten vor den Szenen auf – und aus dem Groteskstil und der Bewegungsdynamik der Commedia dell'arte-Tradition ein, auch ein Schuß Emotion, den Brecht selbst wohl mit Mißfallen wahrgenommen hätte, der aber hier dazu beitrug, aus einem möglichen Bühnenlangweiler ein Theaterereignis zu machen. Ins Herkömmliche, nicht nur in das erstarrte System der russischen Stanislawski-Schule, sondern auch ins Epigonentum des nachbrechtschen Berliner Ensembles, brach ein solcher Regiestil wie ein Sturmwind ein.

In Deutschland hat sich vierzig Jahre nach Brechts Tod in einigen Feuilletons aus der abwinkenden Gebärde der Brecht-Müdigkeit eine Geste des süffisanten Mitleids entwickelt. Man nimmt den Titel des Gedichts der „Hauspostille", „Vom armen B.B.", sehr wörtlich und nennt sein Theater und selbst die Stücke der Exilzeit verstaubt oder verkalkt. Nicht unschuldig daran ist Hellmuth Karasek mit seinem Brecht-Buch. Eine Zeitlang hielten sich Regisseure, die Brecht nicht preisgeben wollten, an die frühen Stücke, vor allem an „Baal", aber auch „Im Dickicht der Städte". Rainer Werner Fassbinders Darstellung des Baal als Gestalt geballter Sinnlichkeit, Jürgen Flimms Kölner Inszenierung des Stücks als Drama der Ausgeflippten, die in der U-Bahn hausen, die Wiederentdeckung des „Dickicht" als Chiffre menschlicher Existenz in den modernen Großstädten, sie zeugten nach wie vor für die Lebendigkeit des Stückeschreibers Brecht. Geradezu ein Evergreen des Theaters blieb die Brecht-Weillsche „Dreigroschenoper"; international erfolgreich war die Inszenierung von Günther Krämer, die die Schauplätze auf eine mächtige Treppenkonstruktion verlegte. Und allen Unkenrufen zum Trotz behauptete sich „Mutter Courage" als Zugstück gerade für die jüngere Generation.

Aber die anderen großen Stücke der Exilzeit, von Karasek und dem Troß der Brecht-Verächter ins Museum verwiesen, büßten – vom komödiantisch ausgespielten „Puntila" vielleicht abgesehen – ihre Faszinationskraft für Regisseure ein. Wenig hilfreich waren die Versuche, in das dem Dramatiker verloren gegangene Terrain den Lyriker Brecht einrücken zu lassen, den Abschied vom Stückeschreiber durch das freudige Willkommen für die Gedichte Brechts zu versüßen. Zumal Marcel Reich-Ranicki ist nicht müde geworden, seine zunehmende Distanzierung vom Theatermann Brecht durch zunehmende Begeisterung für den Lyriker auszugleichen. Nichts läßt sich einwenden gegen das Lob der Lyrik, wird doch tatsächlich ihre unendliche Vielfalt immer offenkundiger. Doch ist die Lyrik kein Blutsauger am Leib der Dramatik, und man sollte ihr auch solche Rolle nicht aufdrängen.

Fragt man die Kritiker Brechts, wer denn wohl in der zweiten Hälfte unseres Jahrhunderts den Rang Brechts erreicht habe, herrscht zumeist betretenes Schweigen. Kein Zweifel, Peter Weiss' historisches Schauspiel „Die Verfolgung und Ermordung Jean Paul Marats dargestellt durch die Schauspielgruppe des Hospizes zu Charenton unter Anleitung des Herrn de Sade" (1964/65) ist unter den Stücken dieses Autors ein einsamer Höhepunkt: geschichtlicher Stoff geht in ein Totaltheater ein, drei Zeitstufen und drei historische Perspektiven überlagern sich, das Theater wird zu einem Geschichtsprisma, das dem Zuschauer viel erkenntniskritische Eigentätigkeit abfordert – ein Stück also, das wie kein anderes die Brechtsche Dramaturgie produktiv weiterführt. Aus der Reibung an der Geschichtssicht Brechts entsteht die rasant-groteske Komödie Friedrich Dürrenmatts („Besuch der alten Dame", „Die Physiker"). Und blank wie Urgestein liegen die Trümmer der Geschichte in den Handlungen von Heiner Müllers Stücken, aber seine dramatischen Entwürfe sind auch, wie ihm selbst bewußt war, „Sackgassen". Diese drei Autoren geben Antworten auf Brecht, die sich auf der Höhe der Herausforderung bewegen. Aber Brecht bleibt die große Schaltstelle im Drama und Theater des Jahrhunderts. Niemand, heißt es im Shakespeare-Buch von Peter Brook, komme an Brecht, der Schlüsselfigur unserer Zeit vorbei. Mit Brechts Theorie und Wirken fange die gesamte Theaterarbeit unserer Zeit an, zu ihr kehre sie zurück. – In der Tat, Jurij Ljubimows Inszenierung des Parabelstücks „Der gute Mensch von Sezuan" war ein Zeichen dieser Wirkung, aber auch ein Beispiel dafür, wie man Brechts Theaterarbeit weiterentwickeln muß, um sie lebendig zu erhalten.

Die Themen der großen Stücke Brechts verstaubt? Haben denn in einer Zeit, da der freie Markt – das Reizwort Kapitalismus lassen wir ganz aus dem Spiel – als Tummelplatz der ökonomischen Kräfte die Gesetze unseres Lebens bestimmt, das Offenlegen der Unerbittlichkeit privatwirtschaftlichen Wettbewerbs und der Appell an soziale Verantwortung auch nur den Hauch des Gestrigen? Mit der

Oberlehrerattitüde derer freilich, die den Zeigestock des Bänkel-
sängers Brecht mit dem eines Schulmeisters verwechseln, wollen
wir uns den Sinn der Stücke Brechts nicht eintrichtern lassen.
Seine eigene Inszenierung des „Kaukasischen Kreidekreises" war, wie jede
der Proben bewies, der unablässige Versuch, die Geschichte aus
„alter Zeit", aus „blutiger Zeit" als ein Spiel, mit allen Mitteln des
Artistischen, vorzuführen. Und genau an diesem Punkt setzte auch die bewunderte Inszenierung des Stückes von Simon McBurney im Royal Theatre in
London (1997) an. Ich konnte die Aufführung, deren Ruhm längst
auch nach Deutschland gedrungen ist, nicht sehen und zitiere aus
Gina Thomas' Bericht in der „Frankfurter Allgemeinen Zeitung"
(25.4.1997):

„Die vierzehn Darsteller verschiedener Nationalitäten müssen
nicht nur sechzig Rollen spielen, sie mimen zugleich das Bühnen-
bild für die Fabel ... Mit einigen Holzstangen markieren die Statisten
Häusermauern, richten den zerstörten Steg wieder her, auf dem sich
Grusche wie auf einem Drahtseil balancierend mit dem Kind in
Sicherheit bringt. Und wie in einem Ballett wippen die knieenden
Männer und Frauen mit den Stangen auf und ab, um die sanften
Wellen des Stroms darzustellen, der die Magd von ihrem Verlobten
trennt. Im Hintergrund die zirpenden Klänge der Musik, die Simon
McBurneys Bruder Gerard im georgischen Traditionston für die
Aufführung komponiert hat. Mal wird eine Episode durch das dis-
krete Pizzicato einer Laute untermalt, mal durch sanfte Flötentöne
oder einen quasireligiösen Gesang, in den die ganze Truppe ein-
stimmt."

McBurneys Aufführung hat den „Kaukasischen Kreidekreis" aus
einem Grundbestand an Elementen herausentwickelt, die ich schon
in Brechts eigener Inszenierung vorfand: das Tänzerische, das Mu-
sikalische, das Theaterhafte, das Grotekse und doch auch Märchen-
hafte, kurz das, wofür Brecht zuletzt gern den Begriff „Schönheit"
benutzte. Für McBurneys Regie wie auch für Jurij Ljubimows Inszenierung des „Guten Menschen von Sezuan" gilt, was Goethe, in
wunderbarer Anschaulichkeit, über die Weimarer Aufführung von
Calderons 200 Jahre altem Drama „Der standhafte Prinz" 1811
schrieb: Wir haben ein Stück, das „unter ganz anderem Himmelstri-
che und für ein ganz anders gebildetes Volk geschrieben ward, so

frisch wiedergegeben, als wenn es eben aus der Pfanne käme." Es scheint, daß uns ausländische Bühnen lehren müssen, wie man die großen Exilstücke Brechts neu aus der Taufe hebt.

Aber zurück zum Besuch der Moskauer Akademie im Jahre 1983. Das wissenschaftliche Symposion verdiente seinen Namen nur zum Teil. Zu eigentlichen Diskussionen kam es nicht. Auf die Referate folgten von sowjetischer Seite vorher festgelegte, ausgearbeitete und nun vorgelesene Korreferate. Sofort erkennbar war die Hierarchie unter den Mitgliedern der Akademie und den Gästen von russischen Universitäten. Ungebührlich behandelt sahen wir einen so achtenswerten Geisteswissenschaftler wie Alexander Michailow. Wie jemand dem anderen das Wort gab oder es ihm abschnitt, wie jemand sich zu antworten befleißigte oder resigniert schwieg – das ließ ein klares Über- und Unterordnungsverhältnis erkennen, so daß man eher in einer Militär- als in einer Wissenschaftsakademie zu sein glaubte.

Munter ging es immer dann zu, wenn getafelt und getrunken wurde, im Haus des sowjetischen Schriftstellerverbandes oder beim Empfang in der Botschaft der Bundesrepublik Deutschland. Mit Dr. Meyer-Landrut, dem deutschen Botschafter in Moskau, tauschte ich Erinnerungen an unsere gemeinsame Zeit in der Göttinger Akademischen Burse aus. Beim Mittagessen sprach mein Nachbar, ein Beamter der Moskauer Kulturbürokratie, den die anderen russischen Gäste Towarischtsch Nikolaj nannten, sowohl den Speisen wie den Getränken mit wachsendem Wohlbehagen zu; vor allem den Wein aus deutschen Landen ließ er sich unermüdlich über die Zunge rollen, so daß sich bald schon ein Lallen ankündigte und mächtige Schwingungen des Gemüts – in radebrechendem Deutsch – nach außen drangen. Dem Beamten gelang es, allen Klischees vom Russen, der sich voll laufen läßt und dessen Seele überläuft, gerecht zu werden, und gegenwärtig wurde mir wieder Heinrich George in der Titelrolle des Films „Der Postmeister". Tatsächlich war Genosse Nikolaj von fülliger Gestalt und etwas bäuerlichem Aussehen, ein Mensch, dem man jeden unmäßigen Genuß zutraut und vor dessen plötzlicher brüderlicher Umarmung man nie sicher ist. Mehr und mehr glich er einer Gogolschen Komödiengestalt, und ganz aus der Groteskwelt Gogols schien der kleine, flinkäugige Mann zu stammen, der weiter unten am Tisch, ihm schräg gegenüber, saß und ihm ständig zurechtweisende und gleichzeitig doch untertänige Blicke zuwarf. Dieser Mann, dessen Gesicht im Profil etwas von einem Vogelkopf hatte, hängte sich an ihn wie sein Schatten, als wir schließlich den verhältnismäßig kurzen Weg von der Botschaft zum Maxim-Gorki-Institut zu Fuß gingen. Denn der unentwegt Freundschaft bekundende Nikolaj konnte sich von uns überhaupt nicht trennen, obwohl er keinen dienstlichen Anlaß hatte, uns zur Tagungsstätte zu begleiten. Nur mit Mühe hielt ihn sein Schatten zurück, mit uns das Gebäude zu betreten. Dann aber fiel ein Wort, das den Freundschaftsseligen augenblicklich ernüchterte. Willig wie ein Tanzbär ließ er sich nun von seinem Untergebenen wegführen. Er folgte seinem Aufpasser.

Am letzen Moskauer Abend waren wir zu Gast bei Ilja Fradkin, der mit seiner Frau und mit Sohn und Schwiegertochter in einer für Moskauer Verhältnisse großen, einer Zweifamilien-Wohnung lebte. Fradkin, Literaturprofessor an der Akademie, war unmittelbar nach dem Krieg Kulturoffizier bei der Sowjetischen Militäradministration beziehungsweise Kontrollkommission in Berlin-Karlshorst gewesen. Ich kannte sein Brecht-Buch und seine kritischen Bemerkungen zu meiner Dissertation. Er war nie ein „hardliner" gewesen; daß er in meiner Arbeit die richtigen Schlüsse marxistisch-leninistischer Literaturbetrachtung vermißt hatte, konnte mich nicht kränken. Ohne solche Einwände wäre die deutsche Fassung seines Buches in der DDR wohl nicht erschienen. Unsere Gespräche überwanden die systembedingte Sprachkluft sehr schnell.

Fradkin erteilte uns den denkbar besten Anschauungsunterricht in russischer Gastfreundschaft, mit einer unglaublich üppigen Tafel. Die verschiedensten Fisch- und Fleischgerichte und Gemüse, mehrere (kaukasische) Wein- und Schnapssorten wurden gereicht, und immer wenn man schon glaubte, keinen Bissen mehr herunterzubekommen, wurde man zu neuem Zugreifen genötigt. Ein Rätsel blieb uns, wie und wo sich unsere Gastgeber alle diese Kostbarkeiten hatten beschaffen können. Lebensmittel waren in der Sowjetunion bewirtschaftet. Wir hatten den Eindruck, daß die Rationen von Wochen, ja Monaten für einen einzigen verschwenderischen Abend hatten herhalten müssen. Wir waren verblüfft und – als Gäste aus dem reichen Westen – auch beschämt.

Gegen Schluß nahm mich Fradkin beiseite, zeigte mir ein Foto von Heinrich Böll mit dessen Widmung und erkundigte sich nach

Lev Kopelew. Kopelews Name galt, zwei Jahre nach der Ausbürgerung, in der Sowjetunion als tabu. Auch Böll, der Kopelew freundschaftlich aufgenommen hatte, war hier in Mißkredit geraten. Fradkin blieb ganz unsentimental – Warmherzigkeit zu zeigen, entsprach nicht seinem Temperament –, erzählte aber mit großem Respekt von beiden und gab mir Grüße für sie mit nach Köln. Die eigentliche Lektion der Moskau-Reise erhielt ich, als ich nach der Rückkehr bei meiner Bank die in Moskau eingetauschten und nicht benötigten Rubel zurückwechselte. Der Rubel, den ich für etwa vier Mark erworben hatte, war im Rücktausch nur einen kleinen Bruchteil einer Mark wert. Ein horrendes Gefälle bestand zwischen dem für Ausländer willkürlich festgesetzten und dem auf dem internationalen Markt tatsächlich geltenden Wert der Staatswährung. Dieses Land, so dachte ich mir, muß wirtschaftlich in der Sackgasse sein.

„Inzwischen fallen die Reiche". Im Sturmwirbel um Günter Grass

Im Herbst 1989 erlebte das Wort „Wahnsinn" seine historische Stunde. Ob es die Ostberliner waren, die mit großen ungläubigen Kinderaugen gerade durch die frisch geöffnete oder aufgeschlagene Berliner Mauer geschlüpft waren, oder die Millionen Zuschauer, die am Fernsehschirm die Wagen und die Menschen sahen, die sich, jahrzehntelang vom Eisernen Vorhang abgehalten, nun in Strömen westwärts ergossen – ihre Sprache hatte für die uns alle überrumpelnde Erfahrung kein anderes Wort bereit. Tatsächlich schien ja die Geschichte verrückt zu spielen. Eine Wand, die zwischen den politischen Blöcken entstanden und vom Kalten Krieg vereist war und die für alle Zeiten errichtet schien, zersprang wie von abertausend Blitzen getroffen. Was an Ernüchterung auch immer die folgenden Jahre gebracht, wie unterschiedlich auch die Generationen und Individuen die gewaltige politische Verwerfung registriert haben, ob sie den Emotionen der Elterngeneration etwas ratlos gegenüberstanden oder eine Renationalisierung Deutschlands befürchteten, wie immer sie schließlich den Gewinn oder die Kosten bilanzieren – das weltgeschichtliche Ereignis des Herbstes 1989 und unsere Fassungslosigkeit wie unser Überwältigtsein lassen sich im nachhinein nicht kleinreden.

Ungarn war das erste Land, das Urlauber aus der DDR in den Westen, nach Österreich, ausreisen ließ. Die Bilder vom durchschnittenen Stacheldraht, durch den die DDR-Bürger entweichen, seien nachgestellt worden, hieß es nachher. Warum nicht, wenn sie der Wirklichkeit entsprachen? Es waren Bilder von großer Symbolkraft: In den Stacheldraht, der ein riesiges Lager, das Gebiet des Ostblocks, umschloß, wurde das erste Loch gerissen. Ich hatte bei diesem Bericht und bei den Aufnahmen vom Durchbruch durch die Berliner Mauer etwas wie Déjà-vu-Erlebnisse: als sähe ich selbst noch einmal am Ende des Tunnels das Licht und die Freiheit. Die Bilder haben mich aufgewühlt.

„Inzwischen fallen die Reiche" heißt der Band zur „Poesie aus Ungarn", der Ende 1990 in Johann P. Tammens „edition die horen" erschien. Im Oktober nämlich hatte Gregor Laschen im Künstlerhaus Edenkoben ungarische Lyriker und deutsche Übersetzer zusammengerufen. Die eigentliche Vermittlerin aber war Zsuzsanna Gahse: in Budapest geboren und beim blutigen Ende des Ungarn-Aufstandes im Jahre 1956 mit ihren Eltern in den Westen geflohen, in Deutschland zur Schriftstellerin und Übersetzerin geworden, Freundin seit den Tagen des Ingeborg-Bachmann-Wettbewerbs in Klagenfurt. Sie auch verhalf mir zur Teilnahme an dieser denkwürdigen Begegnung deutscher Lyriker mit Schriftstellern eines Landes, das unseren Dank verdiente.

Es waren ungewöhnlich milde, wahrhaft „goldene" Oktobertage. Ich ging mit Zsuzsanna, die eine Zeitlang als Stipendiatin im Künstlerhaus Edenkoben gelebt hatte, durch die Weingärten. Wir schauten von den Hängen der pfälzischen Berge über die Weinfelder, über einen „Garten Gottes", hinunter zur Rheinebene. Im Norden, in Sichtweite Schloß Hambach, das Wahrzeichen der deutschen Freiheitsbewegung im 19. Jahrhundert. Assoziationen begannen sich zu kreuzen. Ich mußte an Heinrich Heines Gedicht „Im Oktober 1849" denken, an sein Requiem auf die Bürgerliche Revolution. „Es fiel der Freiheit letzte Schanz./ Und Ungarn blutet sich zu Tode." „Wenn ich den Namen Ungarn hör./ Wird mir das deutsche Wams zu enge."

Heines Klage über die tragische Niederlage der ungarischen Freiheitsbewegung wird zur Anklage gegen das österreichisch-russische Bündnis und Komplott. In unserem Jahrhundert fiel Ungarn wieder eine
Schlüsselrolle im Freiheitskampf zu, und es war eine russische Armee,
die den ungarischen Volksaufstand niederwalzte. Aber dem unglücklichen Jahr 1956 bot das Jahr 1989 Paroli, und diesmal war Ungarn
nicht die „letzte Schanz" der Freiheit, sondern das Tor zu ihr.
In der Woche nach der Wiedervereinigungsfeier fuhr ich nach
Berlin. Seit dem Bau der Mauer war ich nicht mehr in Ostberlin gewesen (in der DDR nur zu Tagungen der Goethe-Gesellschaft in
Weimar und bei Durchreisen zur Universität Breslau/Wroclaw). Allen
großen Worten abhold, habe ich doch die Trennung Berlins durch die
Mauer immer als einen Riß in meiner Existenz bezeichnet. Versperrt
war mir der Weg zum wichtigsten Ort und damit auch Teil meiner Jugend, und mit Passierschein und von Gnaden der Grenzpolizei wollte
ich nicht in den Osten. Nun stand die Wiederbegegnung bevor. Ich
ging vom Bahnhof Friedrichstraße zur Allee Unter den Linden,
schaute in die Stadtbibliothek und die Humboldt-Universität hinein,
ließ Knobelsdorffs Oper rechts liegen, blickte zur geliebten Museumsinsel hinüber, die den Ruf Berlins als Spree-Athen immer so
schön gerechtfertigt hatte, passierte den Repräsentationsbau der
DDR, den Palast der Republik, und bestieg am Alexanderplatz die
S-Bahn. Sie rasselte noch mehr als früher, und die Gegend um den
Bahnhof Ostkreuz war noch trostloser, aber es machte mir nichts aus.
Baumschulenweg, Schöneweide, Adlershof und Grünau – die Stationen, deren Namen im Sommer zur täglichen Litanei geworden waren
und dennoch nie etwas von ihrem Wohlklang, vom Hineintönen der
Natur in die Großstadt, verloren hatten. In Grünau stieg ich in die
Straßenbahn Köpenick-Schmöckwitz, deren Wagen sich nicht verän-
dert hatten, die aber noch stärker rumpelte und in den Kurven noch
lauter kreischte. Vorbei an den Bauten an der ehemaligen olympi-
schen Regattastrecke. Kiefernwald, Lichtungen, Blick auf den See.
Nach Jahrzehnten zum ersten Mal wieder in Karolinenhof. Das
Grundstück mit dem Haus, das wir bewohnt hatten, war nach dem
Mauerbau einem Ostberliner zur Nutzung überlassen worden. Ich
wollte keine Fragen stellen und keine beantworten und begnügte
mich mit einem Blick durch den Zaun. Dann nahm ich, mehr sprin-
gend als gehend, den Weg zur Badestelle am Langen See. Obwohl es

Spätherbst war, doch der vertraute Blick. In nördlicher Richtung die Müggelberge, auf dem See der Schiffsverkehr.

Hier hatte ich mich im Sommer im Dauerschwimmen geübt, war, gegen Onkel Hermanns Verbot und trotz des Schiffsverkehrs, zum anderen Ufer geschwommen. Zumal an Wochenenden war der Lange See, den viele Wasserstraßen mit der Spree verknüpfen, obwohl sie selbst ihren Lauf durch den Müggelsee nimmt, uns fast immer gegenwärtig, mit den Sirenen der Schiffe und am Nachmittag und Abend mit der Musik, die von den Ausflugsdampfern herüberdrang. Es hatte in den vergangenen Jahren in meiner niedersächsischen Heimat manchen Wiedererkennungsmoment gegeben, so während des Treffens der großen Hinck-Familie bei meiner Nichte Angelika und ihrem Mann, dem Verleger und Druckereibesitzer, die Fahrt im Moorkahn von Worpswede nach Osterholz-Scharmbeck, der untergehenden Sonne entgegen – sie hatten Abendstimmungen der Kindheit zurückgerufen. Aber die Rückkehr nach Berlin, nach Karolinenhof, an den See, die Rückkehr nach dem ganzen Berlin war von anderer Art. Hier hatte ich Jahre verlebt, die mein Bewußtsein geweitet hatten und im Speicher meines Gedächtnisses ganz frisch geblieben waren. Ja, als Weltkind war ich mit Spreewasser getauft worden. Und jetzt hatte sich der Riß, den ich seit der Teilung Berlins empfand, wieder geschlossen. Es war, als hätte ich einen verlorenen Teil meines Lebens wiedergefunden, als sei mein Leben wieder ganz.

Waren wir Deutschen nach der Vereinigung des geteilten Landes nun endgültig die Gewinner der Geschichte? Ich erinnere mich des ersten Besuchs an der Universität Breslau/Wroclaw in den siebziger Jahren. Sigrid und ich saßen am Morgen im Hotel beim Frühstück. Am Nebentisch unterhielten sich zwei alte Leute. Sie waren, wie wir gehört hatten, ein polnisch-jüdisches Ehepaar, das sich rechtzeitig vor Kriegsbeginn und Holocaust nach den USA hatte retten können. Die beiden sprachen Englisch miteinander und ahnten wohl nicht, daß wir sie verstanden. Ihnen fiel die große Zahl wohlaussehender Deutscher im Hotel auf, und sie sahen auch hier ihre bittere Erfahrung bestätigt: Ausgerechnet die beiden Nationen, die den Krieg angestiftet und verloren haben, die Deutschen und die Japaner, sind inzwischen die Sieger! Allerdings erlebten wir dann am Tage darauf auch die Einschränkung dieser Wahrheit. Wir fuhren in die Umgebung Breslaus, durch die schlesische Kleinstadt, in der Sigrids Mutter ihre Kindheit verbracht hatte, zum ehemals großelterlichen Gut Lenschütz (Lenciza). Das Gutshaus bot den Anblick einer Ruine; alle Fenster und drinnen alle Heizungen und Leitungen waren herausgerissen; in den leeren und offenen Räumen kroch der Schimmel die Wände hinaus. Nicht daß die Polen das Gut hatten verkommen lassen; die Häuser um den Gutshof waren bewohnt, große Stallungen errichtet worden, die Kolchose züchtete Schlachtvieh, das nach Italien verkauft wurde. Das große Haus aber, Zeichen deutscher Gutsherrschaft, sollte als Ruine stehen bleiben. Sigrid war vor allem betrübt über die Wildnis, die den ehemaligen Park, in dem sie als Kind gespielt hatte, nun bedeckte. Ich sah begreiflicherweise alles nüchterner als sie, und doch ergriff, als wir über die Felder gingen und zurückschauten, auch mich etwas von ihrer Traurigkeit. Ich habe immer Hochachtung für den starken Versöhnungswillen ihrer Familie gehabt, zumal für ihre Eltern, die sich als Vertriebene in die Gegebenheiten gefunden hatten, obwohl sie nach dem Kriege keinen rechten Boden mehr unter die Füße bekamen. Diese konkrete Begegnung mit den Resten der Vergangenheit aber machte mir unmittelbar bewußt, daß es in unserer Geschichte dieses Jahrhunderts nicht nur Verbrechen und (unverdienten) Wiedergewinn, sondern auch Verluste gab. Sigrids Wiederbegegnung mit ihrer Kindheit stand unter so ganz anderen Bedingungen als meine Rückkehr ins wiedervereinigte Berlin.

Den allzu großen Hoffnungen, den unverantwortlich genährten Illusionen konnte die Wiedervereinigung nicht gewachsen sein. Längst ereilt haben uns, nach dem Hochgefühl des Festakts vor dem Reichstag, die Mühen der Ebene. Die Geschichte kennt kein Happy-End; mit der Lösung des einen Knotens schürzt sich schon ein neuer. Und Risse verschwinden nicht spurlos, sie vernarben. Unsere Tochter Valeria machte neue Erfahrungen. Sie ist im Sommer 1996 als Ärztin an die neue Klinik „Bergfried" in Saalfeld/Thüringen gegangen. Nicht um, wie so mancher Wiedervereinigungsgewinnler der ersten Stunde, ihr „Schnäppchen" zu machen. Sie nimmt ein weit geringeres Gehalt in Kauf. Was sie nach Saalfeld zog, war die modernste Diabetes-Klinik unseres Landes. Sie fühlt sich in Thüringen wohl aufgenommen. Nicht über politische Sonntagsreden und -appelle, sondern nur über gemeinsame Arbeit läßt sich eine in vierzig Jahren zwischen den Menschen entstandene Kluft schließen.

April 1997. Tagung des P.E.N.-Zentrums West in Quedlinburg. Den Tagungsort hat noch die Präsidentin Ingrid Bachér ausgesucht, die Wahl kann ihrem Nachfolger Karl Otto Conrady nur recht sein. Denn das erste Treffen des westdeutschen P.E.N. in einem Ort der früheren DDR schlägt symbolisch eine Brücke zu den Schriftstellern Ostdeutschlands. Der Zusammenschluß der P.E.N-Zentren West und Ost ist unaufhaltsam. Den Gegenargumenten von Schriftstellern, die aus der DDR ausgebürgert wurden oder sich der geistigen Unterdrückung durch die Ausreise in den Westen entzogen, gebührt unser Verständnis. Aber der P.E.N.-Club kann auf die Dauer nicht die letzte Bastion gegen die Wiedervereinigung sein (und vom Mai 1998 an wird dieser Anachronismus tatsächlich der Vergangenheit angehören).

In einer der Abendveranstaltungen liest Peter Rühmkorf aus seinen „Tagebüchern 1989–1991". Aber das eigentliche Ereignis ist doch der Vortrag zweier Gedichte am Anfang und am Ende, und ich denke wieder an den Abend der Rühmkorf-Tage in der Evangelischen Akademie Loccum, als uns Rühmkorf mit seinem Partner durch eine mitreißende Verbindung von „Lyrik und Jazz" in Bann schlug. Ein Vagant, der virtuos mit den Echos aus der lyrischen Tradition und mit Techniken Heines, Benns und Brechts balanciert und in dessen Gedichten, eigentlich Liedern sich unbedenkliche Diesseitsbejahung und das Bewußtsein der Vergänglichkeit die Waage halten. So auch fasziniert er uns in Quedlinburg durch seinen Sangverston und seine unvergleichliche Mischung von Sinnlichkeit und Melancholie.

Am Nachmittag darauf eine stundenlange Pause bis zur Abendveranstaltung. Zufälliges Zusammentreffen mit Günter Grass; gemeinsamer Entschluß, in ein Café zu gehen. Wieder beeindruckt mich seine ganz vorbedingungslose Gesprächsbereitschaft und der völlige Verzicht auf Starallüren. Er erzählt von seiner letzten Begegnung mit Salman Rushdie. Zsuzsanna teilt nicht Rushdies vehemente Verteidigung des Romans gegen seine europäischen Kritiker (in einem Essay, aus dem am Vorabend Conrady einen Abschnitt vorgelesen hat, um an die Lage der verfolgten Schriftsteller zu gemahnen). Sie befürchtet die Wiederaufwertung einer allzu traditionellen Romanform. Wir vermuten ein Mißverständnis, widersprechen. Sigrid schwärmt von Grass' Roman „Der Butt"; aus ihm haben wir das Fenchel-Gemüse kennengelernt und in unsere Küche übernommen. Grass ist über solche Lektürewirkung keineswegs mißvergnügt, er erzählt von ähnlichen Fällen, ist auf die Eignung des „Butt" als Kochbuch sogar ein bißchen stolz. Sein Denken ist immer vom Leib mitgesteuert. Und überhaupt nicht geniert es ihn, vom Haftmittel für seine künstlichen Zähne zu sprechen, das er bei der Reise zu einem Vortrag vergessen hat. Die Erzählung, wie er das Malheur am Zielort entdeckt und wie Rettung naht, wird zur selbstironischen Anekdote. Zwangsläufig taucht das Thema, das sich so leicht nicht zu den literarhistorischen Akten legen läßt, auch in unserem Gespräch auf: wie vor anderthalb Jahren gegen den Roman „Ein weites Feld" eine ganze Phalanx von Verrissen aufmarschierte.

Ich dachte zurück. Vom Verlag hatte ich ein Voraus- oder „Leseexemplar" bekommen, gerade noch rechtzeitig, um es mit in die Sommerferien zu nehmen. Die Umstände, unter denen, und die Umgebung, in der man ein Buch liest, sind ja bei den Lektüreeindrücken oft mitbestimmend. Ich hatte Muße. Ich konnte die Lektüre auf gut zehn Tage verteilen, fühlte mich nicht gehetzt wie bei Büchern, auf deren Rezension gewartet wird. Ich wußte auch, daß ich den Band nicht zur Besprechung bekommen würde, las ihn also nicht unter Anspannung und nicht mit der Scharfeinstellung des Kritikerauges, sondern machte es mir bequem zu fast genüßlicher Lektüre. Eine Bank im Hotelgarten, unmittelbar am Ufer des Millstätter Sees, war mein alltäglicher Platz. Immer wieder unterbrach ich die Lektüre und blickte auf die bunten Segel der Surfer, auf die rasenden Wasserski-Matadore oder die ebenfalls vom Motorboot gezogenen gleitenden Drachenflieger. Sportarten und Geräte, die es zu meiner Schulzeit noch nicht gab. Und doch gingen beim Lesen der Geschichten über Fontane, das Fontane-Archiv und Fonty meine Gedanken immer wieder zurück zu jener Stunde am Neuruppiner See, als der Unbekannte meinem Schulfreund und mir seinen Fontane und ein Preußentum mit so humanen Zügen nahebrachte. Und es war die wohlige Entspanntheit, die mich auch über Abschweifungen und Ausschweifungen der Erzählkunst des Autors Grass hinweghob, ja mir die Ablenkungen sogar lieb machte. Ich befand mich etwa im Zustand eines Lesers aus dem 18. Jahrhundert, der gar nicht genug kriegen kann von den Fabulier- und Garnierkünsten des Erzählers. Wir müssen ja auch heute noch genügend Geduld mitbringen, wenn wir den endlosen „Digressionen" des Erzählers in Laurence Sternes „Tristram Shandy" folgen wollen. Kurzum, ich war in diesen Sommertagen vielleicht einer der gelassensten und dankbarsten Leser, die der Roman „Ein weites Feld" gefunden hat, und schrieb an Günter Grass einen entsprechenden Brief – er muß unter den persönlichen Äußerungen, wie ich einer Dokumentation entnehme, einer der ersten gewesen sein.

Meine Lektüre war auch dadurch nicht beeinträchtigt worden, daß ich Grass' unfrohe, ja sauertöpfische Reaktion auf die deutsche Wiedervereinigung, die man dem Roman anmerkt, überhaupt nicht teile. Muß ich denn ein glühender Anhänger des Schillerschen „Idealismus" sein, um von einem Drama Schillers gepackt zu werden? Muß ich an die Vorsehung als die große Ordnerin der Geschichte glauben, um mich von Leo Tolstojs „Krieg und Frieden" fesseln zu lassen? Lektüre als ein Vorgang des Einschlürfens, ganz ohne Widerstand, war nie mein Fall.

Nach dem großenteils sehr abweisenden Echo auf die vorhergehenden Romane von Grass war ich auf einiges gefaßt. Aber die Wucht, ja die Wut, mit der nun, von wenigen Ausnahmen abgesehen, die Literaturkritik über den Roman „Ein weites Feld" herfiel, machte mich doch fassungslos. Und sie weckte bald in mir den Verdacht, daß man hier auf den Erzähler einschlug und den Kritiker der Wiedervereinigungsprozedur meinte. So verhalf mir die Einladung, Ende September bei der Jahrestagung der „Europäischen Autorenvereinigung Die Kogge" in Minden den abschließenden Vortrag zu halten, zur willkommenen Gelegenheit, wenigstens einen Kommentar zum Schlachtfest der Literaturkritik abzugeben.

Keinen Zweifel ließ ich daran, daß ich Grass' Vorstellung von einer bloßen Konföderation der beiden Staaten Bundesrepublik und DDR angesichts der gesamteuropäischen Entwicklung, zumal der im früheren Ostblock, immer für illusorisch gehalten hatte. Auf dem Hintergrund solcher Einschränkung entwickelte ich meine Fragen und Antworten an die Kritik. Zugestanden, es gibt im Roman einige Längen und eine Fülle von literarischen Anspielungen, die man verstehen muß, um ein volles Lesevergnügen zu haben. Aber der Jahrhundertroman „Ulysses", den James Joyce selbst eine „spaßhaft-geschwätzige allumfassende Chronik mit vielfältigstem Material" nannte, liest sich auch nicht wie ein Kriminalroman. Gewiß, „Ein weites Feld" hat nicht den jugendkühnen grotesken Zugriff zur historischen Welt wie „Die Blechtrommel", der Roman, an dem mit Penetranz alle folgenden Romane immer wieder gemessen werden. Aber wer würde noch bei Goethe auf den Gedanken kommen, vom Autor des Spätwerks „Wilhelm Meisters Wanderjahre", eines Erzählkonglomerats, einen „Werther"-Roman zu verlangen?

Die polemischen Kritiker hatten offenbar nur ein schwaches Gehör für Grass' feine, von Fontane inspirierte Ironie und kein Organ für die phantasievollen, unendlich variationsreichen Übergänge und Verschmelzungen zwischen der historischen Figur des Schriftstellers Fontane und der fiktiven Figur des hundert Jahre nach Fontane geborenen Fonty (Theo Wuttke). Sie übersahen, daß Günter Grass' erzählerische Verknüpfung historischer Epochen, bei allen Unterschieden der Mittel, jener Ineinanderspiegelung der Zeitabschnitte verwandt ist, die wir aus Uwe Johnsons „Jahrestagen" kennen – nicht zufällig Grass' Hommage an Uwe Johnson in diesem Roman.

Der Mißmut Fontys, der Hauptfigur, über die nationalen Nebengeräusche der Wiedervereinigung ist unverkennbar. Warum aber fällt es bei der Kritik so wenig ins Gewicht, daß Grass diesem Mißmut einen Gegenpol gibt mit Fontys überraschend auftauchender, aus Frankreich angereister Enkelin Madeleine und ihrer Bewertung des nationalen Ereignisses? Verharmlost Grass die Stasi, wenn er Fontys „Tagundnachtschatten" Hoftaller genau mit jener Biederkeit ausstattet, unter der die Geheimdienstler sich tarnten – man denke nur an die Fernseh-Statements der Generale Mielkes in den ersten Jahren nach der „Wende" – und immer noch tarnen? Gewiß, das Wort von der „kommoden Diktatur" nimmt sich aus wie eine Verhöhnung der politischen Gefangenen, die im Zuchthaus Bautzen saßen. Aber es trifft die Mentalität einer großen Masse der Bevölkerung, die sich dem System anbequemt und im Datschen-Dasein Genüge gesucht hatte. Die Kritiker sehen die westlichen Wirtschaftsprinzipien durch Grass' Darstellung der „Treuhand" und der westdeutschen Wirtschafts-„Glücksritter" denunziert (und sicherlich macht es sich Grass zu leicht mit der Erklärung der Motive für die Ermordung des Treuhand-Chefs). Aber Hand aufs Herz, haben nicht auch wir uns oft genug über die schamlosen Wiedervereinigungsgewinnler geärgert und hat nicht auch Helmut Kohl, der „Schmied" der neuen deutschen Einheit, gegen sie gewettert?

Noch einmal, man braucht bei der Lektüre des Romans einige Geduld und Muße. Wem vom vielen Hin- und Herzappen am Fernsehgerät die Fähigkeit zur Konzentration abhanden kam, der ist auf dem „weiten Feld" des Romans verloren. Grass' Erzählen ist auch ein Affront gegen unsere im doppelten Sinne zerstreuende Medienkultur. Wer sich wirklich sammelt für die Lektüre, dem kann das anspielungsreiche, mal sarkastische, mal heiter-gelöste ironische Erzählen großes Lesevergnügen bereiten. Und so schloß ich meinen Kritiker-Kommentar, meinen Vortrag überhaupt mit einer demonstrativen Respektserklärung für Günter Grass.

Grass selbst sieht die Romanbeschimpfung inzwischen gelassener. Aber wir bleiben im Quedlinburger Café noch eine Zeitlang beim Thema. Die nacheinander erschienenen Verrisse in den großen Zeitungen hatten im Tenor viel Gemeinsames, aber das Vokabular verschärfte sich von Mal zu Mal, so daß die Überbietung zum eigentlichen Prinzip der Literaturkritik wurde. Den Begriff der Postmoderne benutze ich ungern, aber mir ist aufgefallen, daß Liebhaber des Begriffs gerade in Grass' Roman die „postmodernen" Züge übersahen: die Technik des Zitierens und der literarischen Anspielung, die Echoantwort auf die Fontanesche Ironie, das ständige Pendeln zwischen Vergangenheit und Gegenwart, ihre Verschränkung und die Verkörperung all dieser Züge in der Gestalt des Fonty. Grass hört aufmerksam zu. Er selbst vermutet auch in den unpolitischen Argumenten der Kritik versteckte politische Antriebe: Wer sich die Wiedervereinigung leichter vorstellte, als sie dann werden sollte, und enttäuscht war, hielt sich an einem Roman schadlos, der die Illusionen von der schnellen Lösung einer historischen Frage nicht teilt.

Am anderen Tag von Quedlinburg nach Saalfeld. Zum Schluß also: Gruppenbild mit Tochter. Wir fahren mit Valeria und ihrer Freundin Ilona eine Höhe hinauf, die einen Panoramablick auf Saalfeld gewährt. Auf der Gegenhöhe, beherrschend, die Klinik mit ihren mächtigen drei Flügeln, die schönste Klinik, die ich je betreten habe. Aber ihr majestätischer Anblick täuscht. Die Gesetze der Gesundheitsreform haben wie eine Amputation gewirkt. Von vier Stockwerken mußten zwei geschlossen werden.

Die Krise wird nicht von Dauer sein. Aber wir scheinen an einer anderen Art von „Wende" zu stehen. Eine lange Phase unangefochtener wirtschaftlicher Sicherheit für alle geht offenbar zu Ende. Das

Klima wird rauher; neu formuliert werden muß die Charta des sozialen Ausgleichs. Die Zukunft scheint offen zu sein wie lange nicht mehr; welche Erwartungen wird sie enttäuschen, welche erfüllen? Die Autobiographie stößt an ihre Schranke, sie hat das Raunen der Prophetie zu meiden.

Meinem Freund Winfried Hellmann danke ich für manche Verbesserung des Manuskripts.